普通高等院校纪检监察学专业系列教材
法学专业必修课、选修课系列教材

监察法学

（第二版）

主　编　谭宗泽　张　震　褚宸舸
撰稿人（以撰写章节先后为序）
王建学　邬　蕾　张　震　黄　鑫　张义云
梁洪霞　杨靖文　赵　谦　张玉洁　杨尚东
雷　振　谭清值　褚宸舸　陆伟明　谭宗泽
江登琴　廖帅凯

中国教育出版传媒集团
高等教育出版社·北京

图书在版编目（ＣＩＰ）数据

监察法学 / 谭宗泽, 张震, 褚宸舸主编. --2 版
. -- 北京：高等教育出版社, 2023.10 (2025.4 重印)
ISBN 978-7-04-061241-7

Ⅰ.①监… Ⅱ.①谭… ②张… ③褚… Ⅲ.①行政监
察法 –法的理论 –中国 –高等学校 –教材 Ⅳ.
①D922.114.1

中国国家版本馆 CIP 数据核字 (2023) 第 177090 号

Jiancha Fa Xue

| 策划编辑 | 程传省 | 责任编辑 | 程传省 | 闫润玉 | 封面设计 | 杨立新 | 版式设计 | 李彩丽 |
| 责任校对 | 刁丽丽 | 责任印制 | 刁　毅 |

出版发行	高等教育出版社	网　　址	http://www.hep.edu.cn
社　　址	北京市西城区德外大街 4 号		http://www.hep.com.cn
邮政编码	100120	网上订购	http://www.hepmall.com.cn
印　　刷	天津嘉恒印务有限公司		http://www.hepmall.com
开　　本	787mm×1092mm　1/16		http://www.hepmall.cn
印　　张	14.75	版　　次	2020 年 7 月第 1 版
字　　数	360 千字		2023 年 10 月第 2 版
购书热线	010-58581118	印　　次	2025 年 4 月第 3 次印刷
咨询电话	400-810-0598	定　　价	41.00 元

作者简介

谭宗泽

男,四川南充人,西南政法大学法学学士、法学硕士、法学博士。现任西南政法大学纪检监察学院、行政法学院院长、教授、博士生导师,兼任中国法学会行政法学研究会副会长,中国廉政法制研究会副会长,中共中央党校(国家行政学院)法学部研究员,重庆医科大学兼职教授,重庆社会主义学院兼职教授,《监察法论丛》主编,中国政法大学国家监察与反腐败研究中心研究员,中共重庆市委法律顾问,重庆市人大常委会立法咨询委员,重庆市人民政府法律顾问,重庆市行政复议委员会委员,重庆仲裁委员会仲裁员。主要研究领域为行政法、监察法等,在各类核心期刊上发表论文20余篇,主持国家级、省部级以及中外合作项目20余项。

张 震

男,河南南阳人,中南财经政法大学法学学士、法学硕士,中国人民大学法学博士,西南政法大学法学博士后,日本早稻田大学访问学者。现任西南政法大学学术委员会委员、教授、博士生导师,《西南政法大学学报》副主编,入选重庆市学术技术带头人,兼任海峡两岸关系法学研究会常务理事,重庆市政府立法评审委员,重庆市高校教指委委员,北京市监察法学研究会高级研究员。在《人民日报》《新华文摘》《中国法学》等核心期刊上发表论文80余篇,获得全国第七届、第八届、第十届青年宪法学者优秀科研成果奖,为中央马克思主义理论研究和建设工程重点教材《宪法学(第二版)》修订课题组主要成员。

褚宸舸

男,陕西西安人,西北政法大学法学学士,西南政法大学法学硕士,浙江大学法学博士。现任西北政法大学教授、博士生导师,校监察法学科带头人,行政法学院(纪检监察学院)监察法教研室主任,枫桥经验与社会治理研究院执行院长,入选"长安青年学者"特聘岗,兼任西南政法大学人权研究院兼职教授,浙江绍兴枫桥学院兼职教授,西安市人大监察和司法委员会专家库专家。主要研究领域为监察法、宪法、禁毒法、社会治理法、青少年法,出版专著12部(其中独著2部),参编教材10部,发表论文130余篇(其中34篇刊发在核心期刊和被人大复印资料转载）。

王建学

男，河北承德人，厦门大学法学博士。现任天津大学法学院教授、博士生导师，天津大学国家制度与国家治理研究院副院长，兼任北京市监察法学研究会高级研究员。主要研究方向为宪法学、监察法学。先后在《中国法学》《法学研究》等核心期刊上发表论文数十篇，多篇被社会科学文摘、人大复印资料转载或收录，出版个人专著4部，主持国家社科基金、教育部、司法部、中国法学会等支持的课题多项。

邬　蕾

男，湖北武汉人，北京大学哲学博士、法学博士后。现任西南政法大学行政法学院教师。主要研究方向为儒家伦理、法哲学与政治哲学、宪法学和国际法，在各类核心刊物上发表论文10余篇，出版译著《社会的起源与结构》《国家理性、政治宣传与三十年战争》《卢梭立宪学文选》等。

黄　鑫

男，四川安岳人，西南政法大学法学博士。现任重庆工商大学马克思主义学院讲师，重庆中国特色社会主义理论研究中心特聘研究员。主要研究方向为宪法学、监察法学，在各类核心期刊上发表论文10余篇，主研省部级以上课题多项，参与编写教材2部。曾先后就职于重庆市检察机关、纪检监察机关，历任四级检察官、纪检监察干部。

张义云

男，重庆巴南人，西南政法大学法学硕士。现任四川省成都市武侯区人民法院审管办（研究室）法官助理。研究方向为宪法学、监察法学、生态宪法，在各类核心刊物上发表多篇论文，主持和参与国家社科基金、司法部、中国法学会、重庆市等支持的多项课题。

梁洪霞

女，辽宁铁岭人，中南财经政法大学法学学士、法学硕士，西南政法大学法学博士。现任西南政法大学教授、硕士生导师、备案审查与宪法监督研究中心主任，兼任中国法学会立法学研究会理事、北京航空航天大学备案审查制度研究中心研究员。在《法律科学》《当代法学》《政治与法律》《法学论坛》等核心期刊上发表论文40余篇，主持国家社科基金、教育部、司法部、中国法学会等支持的课题20余项。

杨靖文

女，重庆万州人，西南政法大学法学博士。现任西南政法大学行政法学院副教授、硕士生导师,兼任中国廉政法制研究会理事、重庆市教育委员会法律咨询专业委员会委员、《监察法论丛》副主编。主要研究方向为行政法学、监察法学,在各类核心期刊上发表学术论文数篇,主持和参与国家社科基金项目、省部级重点项目10余项。

赵　谦

男,湖北荆州人,中南财经政法大学法学学士、法学硕士、法学博士,西南政法大学法学博士后。现任西南大学法学院教授、博士生导师、宪法学与行政法学学科负责人、西南大学国家治理学院博士后合作导师,兼任中国法学会立法学研究会常务理事、中国法学会宪法学研究会理事。出版专著3部,主编教材3部,发表论文150余篇(其中CSSCI论文50余篇),主持国家社科基金项目2项、省部级课题11项。

张玉洁

女,山西长治人,上海交通大学法学博士,澳大利亚麦考瑞法大学法学博士。现任西南政法大学行政法学院专任教师、硕士生导师,兼任《西南法律评论》执行主编,重庆市教育委员会法律咨询专家委员会委员,重庆市宪法国民教育科普基地秘书长。出版学术专著和译著多部,在《法学论坛》等核心期刊上发表论文多篇。

杨尚东

男,四川平昌人,北京大学法学博士,美国加州大学伯克利分校联合培养博士,西南政法大学经济法学博士后。现任西南政法大学纪检监察学院教研室主任、副教授、硕士生导师,《现代法学》学术编辑。主要从事行政法、监察法、宪法等问题研究,在《政治与法律》等核心刊物上发表论文10余篇,主持国家社科基金项目和省部级项目多项。

雷　振

男,重庆长寿人,中国人民大学法学博士。现任西南政法大学行政法学院讲师、硕士生导师。从事宪法与行政法理论研究。在各类核心期刊上发表多篇学术论文,主持和参与重庆市社科、重庆市教委等省部级以上科研项目多项。

谭清值

男,重庆丰都人,浙江大学法学博士。现任西南政法大学行政法学院副教授、硕士生导师,《西南政法大学学报》《备案审查研究》学术编辑。在《清华法学》《环球法律评论》《政治与法律》等核心期刊上发表论文10余篇,多篇文章被中国人民大学报刊复印资料全文转载,主持省部级以上课题多项。

陆伟明

男,上海奉贤人,中国人民大学法学博士,中国政法大学法学博士后。现任
西南政法大学行政法学院副教授、硕士生导师,行政法教研室主任、行政执
法研究所所长,兼任中国法学会行政法学研究会理事,重庆市法学会行政法
学研究会副秘书长,中国人民大学中国行政法研究所研究员。在学术期刊
上发表论文 30 余篇,出版学术专著 5 部,主持、主研完成国家社科基金、司
法部、中国法学会等支持的科研项目 20 余项。

江登琴

女,湖北襄阳人,中南财经政法大学法学学士、法学硕士,中国人民大学法学
博士。现任中南财经政法大学法学院副教授。主要研究方向为宪法学与行
政法学、监察法学。在《当代法学》《法学评论》等核心期刊上发表学术论
文多篇,主持省部级以上科研课题多项。

廖帅凯

男,广西北海人,西南政法大学法学博士。现任中共广西区委党校(广西行
政学院)法学教研部讲师。主要研究方向为宪法学、行政法学、纪检监察学。
在各类核心期刊上发表学术论文多篇,主持和参与国家社科基金、司法部、
中国法学会、重庆市、广西壮族自治区等支持的省部级以上课题多项。

第二版序言

习近平在十九届中央纪委六次全会上强调："坚持党要管党、全面从严治党，……坚持以零容忍态度惩治腐败，坚持纠正一切损害群众利益的腐败和不正之风，坚持抓住'关键少数'以上率下，坚持完善党和国家监督制度，形成全面覆盖、常态长效的监督合力。"党的二十大报告进一步强调："腐败是危害党的生命力和战斗力的最大毒瘤，反腐败是最彻底的自我革命。只要存在腐败问题产生的土壤和条件，反腐败斗争就一刻不能停，必须永远吹冲锋号。坚持不敢腐、不能腐、不想腐一体推进，同时发力、同向发力、综合发力。"这为我国纪检监察工作实践及监察法学理论研究提出了新的更高的要求。

《监察法学》第一版出版以来，得到了理论界和实务界众多同仁和读者朋友的悉心关照，提出了颇多宝贵的完善意见和建议。随着国家监察体制改革的持续深化，尤其是在纪检监察学成为法学门类之下独立的一级学科之后，监察法学的研究动态也悄然发生着转变。在此前，对监察法学的定位更偏重于传统的法学学科，习惯以法学的思维分析国家监察体制及其运行规律。但随着党风廉政建设和反腐败工作的不断推进，国家监察的任务和使命变得更加艰巨，仅停留在法学层面的监察法学研究恐难以满足反腐败实践的全新要求。为此，需要拓展监察法学的研究维度，在监察法学与法学、纪检监察学、中共党史党建学等相关学科的良性互动中对监察法学的学科属性、研究范畴和研究方法等作更深层次的把握，为纪检监察工作的不断规范化、法治化、正规化提供更加科学的理论指引。在监察法治实践方面，我国出台或修改完善了《公职人员政务处分法》《监察官法》《监察法实施条例》《纪检监察机关处理检举控告工作规则》《中国共产党党员权利保障条例》《中国共产党纪律检查委员会工作条例》等监察法律法规和党内法规。为更好贯彻党中央精神，服务我国监察体制改革，推进监察法治人才培养，充分体现本教材第一版出版以来监察法学领域最新理论研究成果及监察法治实践，本教材作者决定对《监察法学》教材进行修订。

此次修订，坚持以习近平新时代中国特色社会主义思想特别是习近平法治思想为指导，深入贯彻落实党的二十大精神，全面反映最新监察法律法规、党内法规及理论研究成果，进一步推动纪法、法法衔接，助力纪检监察学科体系、学术体系和话语体系建设，推进纪检监察人才培养。

本教材第二版仍分上下两篇,共 12 章。上篇讲述监察法原理,主要包括监察法学概论、监察制度的历史沿革与发展、国家权力体系中的监察权、监察权与相关权力之比较、监察权的功能、监察权的规范等。下篇讲述监察法制度,主要包括监察法概述与渊源、监察法的效力、监察机关和管辖、监察权限、监察程序、监察法律责任与救济等。

本次修订,由谭宗泽教授、张震教授、褚宸舸教授任主编,具体修订分工如下:

王建学:第一章;

邬蕾:第二章;

张震、黄鑫、张义云:第三章;

梁洪霞、杨靖文:第四章;

赵谦:第五章;

张玉洁:第六章;

杨尚东、雷振:第七章;

谭清值:第八章;

褚宸舸:第九章;

陆伟明:第十章;

谭宗泽、黄鑫:第十一章;

江登琴:第十二章。

廖帅凯参与了本教材的具体修订工作。

因编者水平有限,本教材难免存在疏漏及不当之处,欢迎各位专家同仁及广大读者不吝赐教,以便再版时修改完善。

谭宗泽　张　震

2022 年 10 月于重庆市渝北区宝圣湖畔

序　言

　　2018 年 3 月 11 日,第十三届全国人民代表大会第一次会议表决通过《中华人民共和国宪法修正案》(简称《宪法修正案》),在《宪法》第三章"国家机构"中增设"监察委员会"一节。专门对监察委员会的产生、组成、性质、地位、工作原则、领导体制,以及与其他有关国家机关的关系作出了详尽的规定,确立了监察委员会作为国家专责机关的宪法地位,将国家监察体制改革的成果宪法化,在宪法上形成"一府一委两院"的国家权力新格局。根据《宪法》规定,2018 年 3 月 20 日,第十三届全国人民代表大会第一次会议表决通过了《中华人民共和国监察法》(简称《监察法》),共分 9 章 69 条。《监察法》对国家监察的领导体制、国家监察机关及其职责、监察范围和管辖、监察权限、监察程序、反腐败国际合作、对监察机关和监察人员的监督、法律责任与法律救济等作出了全面规定。申言之,《监察法》的正式出台标志着国家监察体制改革成果的法律化,为监察机关和监察人员行使监察权提供了法律依据和制度保障。

　　《监察法》的颁布与实施,是贯彻落实党中央关于深化国家监察体制改革决策部署,以法治思维和法治方式开展权威高效反腐工作的集中体现。2018 年 3 月 20 日,在《监察法》表决通过之际,西南政法大学监察法学院成立。新成立的监察法学院是依托行政法学院,以培养本科、硕士、博士为目标的教学研究型法学院。其整合学校多学科的优势资源,凝聚法学、侦查学、审计学、管理学等学科,深入研究国家监察制度的实施与发展完善,解决国家监察体制改革中的具体问题,为完善国家监察体制,提高反腐败的科学化水平,国家监察与反腐败法治化发展提供人才和智力支持。

　　为服务我国监察体制改革法治工作实践,聚焦监察法治具体问题,推进我国监察法治人才培养,学院积极组织监察法理论专家与实务工作者共同编写了《监察法学》教材。

　　本教材是在国家监察体制改革理论与实践基础上的一次尝试,分为上下两篇,共 12 章。上篇主要讲述监察法原理,包括监察法学概论、监察制度的历史沿革与发展、国家权力体系中的监察权、监察权与相关权力之比较、监察权的功能、监察权的规范。下篇主要讲述监察法实务,包括监察法概述与渊源、监察法的效力、监察机关和管辖、监察权限、监察程序、监察法律责任与救济。通过对监察法原理与监察实务的贯通,为法学本科"监察法"课程提供较为清晰的教学与学习指导。

　　本教材是对国家监察体制改革成果从理论到立法的总结和提炼,特点主要是立足于我国构建"集中统一,权威高效"反腐体系化、法治化建设的需要,既注重国家监察的基本概念、基本知识、基本权力与权利等理论阐释,又注重监察法理论联系实务,力求表达清晰简洁。

　　本教材的编写大纲由谭宗泽教授、张震教授、褚宸舸教授共同草拟,经全体编写成员商议后确定。具体撰写分工为:第一章由厦门大学王建学教授负责编写;第二章由西南政法大学邬蕾博士后负责编写;第三章由西南政法大学张震教授、黄鑫助理研究员、张义云助理研究员负责编写;第四章由西南政法大学梁洪霞副教授负责编写;第五章由西南大学赵谦教授负责编写;第六章由西南政法大学张玉洁博士负责编写;第七章由西南政法大学雷振博士负责编写;第八章由西南政法大学谭清值博士后负责编写;第九章由西北政法大学褚宸舸教授负责编写;第十章由西南政法大学陆伟明副教授负责编写;第十一章由西南政法大学谭宗泽教授、黄鑫助理研究员负责编写;第十二章由中南财经政法大学江登琴副教授负责编写。

　　本教材在体例和内容上还处于探索阶段,难免存在疏漏及不当之处,真诚欢迎并衷心感谢各位专家同仁和广大读者悉心指教。

谭宗泽　张　震　褚宸舸
2019 年 8 月于重庆渝北区宝圣湖畔

目　录

下篇 监察法制度

上篇　监察法原理

第一章　监察法学概论

　　作为一门新兴法学学科,在性质上,监察法学主要从属于宪法学,具有权力法学、监督法学和廉政法学的属性。在特点上,监察法学主要表现出综合性、政治性、改革性和中国性四大区别于其他法学科的特点。监察法学的研究对象主要包括监察法学理论、监察制度设计、监察法律规范和监察法律实践四个既各自独立又相互联系的环节,这四个环节共同构成一个完整的系统,其中,监察法律规范是研究的重点和中心。监察法学的研究方法主要包括阶级分析法、规范分析法、实证分析法、比较分析法以及历史分析法等多种不同研究方法,其中最重要的是对监察法律规范进行法释义学意义上的规范分析。从学科定位与分工上看,监察法学与法理学、宪法学、行政法学、刑法学、诉讼法学和党内法规学等法学学科存在紧密联系,与法学以外的其他相关学科也存在一定交叉关系。

　　党的二十大指出,腐败是危害党的生命力和战斗力的最大毒瘤,只要存在腐败问题产生的土壤与条件,反腐败斗争就一刻不能停。监察法学的根本任务就是反腐败,其研究对象与学科定位要紧紧围绕这一根本任务展开,为健全党统一领导、全面覆盖、权威高效的监督体系提供理论支撑。

第一节　监察法学概述

一、监察法学的概念

　　监察法学是以监察法律规范为核心研究对象,具有综合性和专门性的新兴法学学科。

　　从发展时间上看,监察法学,孕育于 2016 年底开始的国家监察体制改革[①],随着 2018 年《宪法修正案》第 52 条及相关条文的通过、2018 年《监察法》的颁布得到确立,并随着国家监察体制改革的不断深入推进、相关法律的不断制定与修改得到发展和完善。上述背景决定了监察法学的早期研究"始于为监察改革提供正当性、合宪性证成并为监察法的制定提供智力支持"[②],但随着研究的日益成熟,监察法学的规范性、自主性和批判性不断加强。

　　从研究对象上看,监察法律规范是监察法学的核心研究对象。监察法律规范既包括《宪

---

① 参见《关于在北京市、山西省、浙江省开展国家监察体制改革试点方案》(2016 年 11 月 7 日中共中央办公厅印发);《关于在北京市、山西省、浙江省开展国家监察体制改革试点工作的决定》(2016 年 12 月 25 日第十二届全国人民代表大会常务委员会第二十五次会议通过)。
② 秦前红:《监察法学的研究方法刍议》,载《河北法学》2019 年第 4 期。

法》中以第三章第七节"监察委员会"为主体的基础性规范,也包括《监察法》中关于监察制度的主体性规范,还包括《监察官法》《公职人员政务处分法》等专门性单行法律规范,以及中央军事委员会、中国共产党中央纪律检查委员会和国家监察委员会等制定的诸如《国家监察委员会特约监察员工作办法》《监察法实施条例》等在内的监察法规和监察解释等。

从学科定位上看,监察法学是具有综合性和专门性的法学学科。监察法律规范调整的主要是国家监察机关行使监察权对公职人员进行监督所产生的法律关系。不同于民事法律关系、行政法律关系和刑事法律关系等传统法律关系,监察法律关系具有综合性和专门性,在此意义上,可以将监察法学视为相对独立的法学学科。但监察法在本质上具有规范和控制国家权力的功能,其所调整的法律关系在本质上也无法与宪法及宪法相关法相区别,因此监察法学的独立性必然是相对的。大体而言,可以认为监察法学是围绕监察权应当如何行使而产生的具有综合性和专门性的宪法性法学学科。

从总体上看,监察法学产生时间较短,其研究对象仍处在不断改革和探索中,其学科定位也有待在加强基础理论研究的基础上进行深入论证。通常而言,部门法学的独立地位取决于其所研究的部门法的独立地位,而部门法的独立地位又由其调整对象的独立性决定。因此,无论是监察法还是监察法学,都需要在未来的实践和理论研究中着力解决监察体制中的实际问题,丰富和发展监察法律规范并提高其内在的融贯性和体系性,有效协调监察法与其他法律规范之间的关系,从而促进监察法和监察法学的良性发展。

二、监察法和监察法学的性质

监察法和监察法学的性质是非常特殊的。总体而言,可以认为监察法作为宪法相关法,主要是关于监察权应当如何行使的权力法,是对行使公权力的公职人员进行全面监察的监督法,也是以反腐败为核心任务的廉政法。因此,监察法学在很大程度上从属于宪法学,具有权力法学、监督法学和廉政法学的属性。

(一) 权力法和权力法学

监察法主要是关于监察权应当如何行使的规范,因此在性质上首先是权力法。

权力法首先是宪法的性质,因为宪法的基本任务是规范和控制国家权力。监察委员会是宪法所创设的"国家的监察机关",其性质、地位、构成、组织、职权等在规范意义上都来自宪法的规定,由此决定了整个监察法律规范体系都以规范和控制监察权的行使为中心任务,既要保证监察权得到充分有效的行使,监督、调查和处置等职责得到落实,从而实现反腐败的目标;也要保证监察权得到正确合法的行使,防止其失去控制,侵害被调查人和其他相关人员的合法权利。

监察法律规范最重要的关键词是监察权,其关于监察权的作用可以分解为赋权和控权两个方面。比如,《监察法》作为对监察工作起基础性作用的法律,既"赋予监察机关必要的权限",又"严格规范监察程序",并"加强对监察机关和监察人员的监督"。[①] 赋权和控权

---

① 李建国:《关于〈中华人民共和国监察法(草案)〉的说明——二〇一八年三月十三日在第十三届全国人民代表大会第一次会议上》,载《人民日报》2018 年 3 月 14 日,第 5 版。

是一对看似矛盾但实则可以共存的概念,尤其对于监察权而言,"打铁必须自身硬"是必不可少的基本要求,赋权和控权必须同时发挥作用。这种定位决定了监察法既是赋权法,即创设监察机关并赋予其监察权;也是控权法,即规范监察权行使的条件、程序和机制并对其进行有效监督。

由于监察法具有权力法的性质,监察法学必须准确把握和处理以监察权为核心的一系列权力关系,并通过发挥理论建构和实践反思的功能,在权力与权力之间以及权力和权利之间实现适当的平衡。

(二)监督法和监督法学

监察机关行使监察权主要是对公职人员进行监督。因此,监察法在性质上又是监督法。

权力必须受到制约和监督,缺乏制约和监督的权力必然走向异化和腐败。在我国宪法设置的民主集中制政权结构中,一切权力属于人民,人民通过民主选举产生各级人大,因此,各级人大必须对人民负责并接受人民监督。人民代表大会产生其他一切国家机关,其他国家机关必须对人大负责并受人大监督。

在国家监察制度正式建立以前,我国原有的行政监察范围过窄,反腐败力量较为分散,体现专责和集中统一不够。[①]考虑到党的机关、人大机关、行政机关、政协机关、监察机关、审判机关、检察机关等在政治上都在党中央统一领导下行使公权力,为人民用权,对人民负责,受人民监督,因此,有必要通过创设统一的监察法律规范体系,"整合反腐败资源力量,加强党对反腐败工作的集中统一领导,构建集中统一、权威高效的中国特色国家监察体制,实现对所有行使公权力的公职人员监察全面覆盖"[②]。这是强化党和国家自我监督的重大决策部署,也是保证依规治党与依法治国、党内监督与国家监察有机统一的法律措施。

由于监察法具有监督法的性质,监察法学必须以监察监督为核心,并在权力监督的意义上处理好监察监督与党内监督、人大监督、民主监督、司法监督、群众监督、舆论监督等的关系,努力提高党和国家的监督效能。

(三)廉政法和廉政法学

监察机关行使监察权的目的是打击腐败、提升效能并推进廉政建设,保证国家机关及其工作人员的廉洁性,因此,监察法也具有廉政法的性质。

腐败行为在性质上是严重的违宪行为。因为当公权力成为其行使者用来牟取特定个人、阶层、团体、族群或党派利益的工具时,就违背了人民通过宪法创设该权力的初衷,导致国家治理的失灵,最终背弃了人民制定宪法的初衷。因此,国家必须采取一切可行手段打击贪污贿赂、滥用职权、玩忽职守、权力寻租、利益输送、徇私舞弊、买官卖官、浪费国家资财等一切形式的腐败,从而实现国家权力的廉洁性,保证社会主义各项事业健康发展。

打击腐败的功能不仅需要通过刑法设置刑事处罚予以实现,更需要整个政治系统从先法层面进行有效应对。在法治社会,反腐败必然也必须采取法治手段,实现法治反腐,"法

[①] 传统的反腐监督体制可以比喻为"三驾马车"模式:纪委为主导、检察院为保障、行政监察机关为补充,三轨并行、相对独立,分工运作、协作配合。参见秦前红、叶海波等:《国家监察制度改革研究》,法律出版社 2018 年版,第 4 页。

[②] 李建国:《关于〈中华人民共和国监察法(草案)〉的说明——二〇一八年三月十三日在第十三届全国人民代表大会第一次会议上》,载《人民日报》2018 年 3 月 14 日,第 5 版。

治反腐也是我国反腐败斗争严峻形势的必然要求"①。因此,有必要将国家监察制度确立在宪法中,并通过制定《监察法》和其他相关法律建立和发展有效的廉政法律体系。从制定意图上讲,"监察法是反腐败国家立法,是一部对国家监察工作起统领性和基础性作用的法律"②。这种预期目标与我国不断发展的反腐工作实践相适应。党的十八大以来,党中央坚持全面从严治党,在加大反腐败力度的同时,完善党章党规,实现依规治党,取得了历史性成就。诸如山西系统性、塌方式腐败问题以及湖南衡阳破坏选举案等都得到了严肃查处,但是要将反腐的效果予以固定化和长期化,必须采取立法手段实现制度化反腐。因此,"制定监察法是总结党的十八大以来反腐败实践经验,为新形势下反腐败斗争提供坚强法治保障的现实需要"③。

由于监察法具有廉政法的性质,监察法学必须在廉政建设的总体背景下,对廉政手段、廉政法规以及廉政制度等进行系统研究,为通过法治手段不断提高国家权力的廉洁性提供规范指南。

三、监察法和监察法学的特点

监察法和监察法学作为新兴的法律分支和法学学科,主要表现出综合性、政治性、改革性和中国性四大区别于其他法学科的特点。准确认识这些特点,有助于全面把握监察法和监察法学的基本定位、总体状况和历史脉络。

(一) 综合性

监察法规定了多种可行的监察措施,以便在最大程度上实现反腐廉政的核心任务,表现出综合性特点。

首先,监察法是党纪与国法的统一,通过将依规治党和依法治国、党内监督与国家监察有机地统一起来,有效地实现监察的任务。从逻辑上讲,党纪与国法是两个不同的系统,党内监督与国家监察也是相互区别的:党内监督是对全体党员尤其是对党员干部实行的监督,而国家监察则是对所有行使公权力的公职人员实行的法律意义上的监督。但在我国特殊的政治制度中,80% 的公务员和超过 95% 的领导干部是共产党员,这就决定了党内监督和国家监察具有高度的内在一致性,也决定了党内监督和国家监察相统一的必然性。只有将二者统一起来,才能最有效地实现反腐败的历史任务。由此,监察法和监察制度在将二者有机统一的同时也使其自身表现出鲜明的中国特色,这种设置是最有效也最符合我国国情的。

其次,监察法是历史与现实的统一,既整合了我国现行政法体制中的反腐制度资源,也吸收了中华优秀传统制度文化,是在借鉴中国历史上监察制度的基础上,探索出新的权力制约形式。众所周知,我国传统社会自秦汉由分封制改行郡县制以来,其国家治理结构主要是

---

① 顾闻、杨月斌:《我国法治反腐机制构建及其路径探究》,载《理论月刊》2017 年第 11 期。
② 李建国:《关于〈中华人民共和国监察法(草案)〉的说明——二〇一八年三月十三日在第十三届全国人民代表大会第一次会议上》,载《人民日报》2018 年 3 月 14 日,第 5 版。
③ 李建国:《关于〈中华人民共和国监察法(草案)〉的说明——二〇一八年三月十三日在第十三届全国人民代表大会第一次会议上》,载《人民日报》2018 年 3 月 14 日,第 5 版。

官僚君主制(Bureaucratic Monarchy)①的制度安排。在这种体制中,君权和科层式的官僚权力始终存在内在矛盾,为了保证各级官员廉洁奉公以及国家的政令畅通,必须通过特定的监察制度对公职人员进行纠举及弹劾。因此,名称虽然各异但均具有监察之实的制度形态一直由秦汉延续至清末。这种体制曾经被孙中山视为中华民族的优秀政治遗产,并体现在他所提出的"五权宪法"中。②因此,将历史与现实统一起来,借鉴传统社会中的治理手段,采行监察制度具有历史与现实的合理性。

最后,监察法也是多种法律手段的统一,以宪法为基础将行政法、刑法和诉讼法上的多种手段综合在一起,最终实现反腐功能的最大化。从监察手段的类型上讲,监察委员会整合了原行政监察机关的职能、检察院的相关刑事司法职能以及纪委的纪律检查职能等。因此,监察法集不同法律部门的多种法律手段于一身,以最大限度地发挥反腐功能。

因此,监察法是以反腐廉政为核心任务的多维度的综合。基于监察法的综合性特点,监察法学研究也必须充分体现实用主义哲学,尊重中国的特殊国情,讲求监察法的实际、实用与实效,着力讲好中国监察故事。

(二) 政治性

监察法和监察法学必须坚持正确的政治方向,严格遵循党中央确定的原则和要求,并且在政治上、组织上和思想上实现党政合一特别是国家监察机关和党的纪律检查机关合一,因此具有明显的政治性。并且,无论与其他的宪法相关法相比,还是与其他法律部门相比,监察法的政治性都是独一无二的。

监察法律规范从制定到执行都必须坚持正确的政治方向,严格遵循党中央确定的指导思想、基本原则和改革要求,把坚持和加强党对反腐败工作的集中统一领导作为根本政治原则,贯穿立法和执法的全过程各方面。因此,可以毫不夸张地说,"政治性是监察法的灵魂",《监察法》第2条、第3条等不少具体条文都"彰显了监察法鲜明的政治性特色"。③从机制上看,监察法律规范将党内监督与国家监察有机地统一在一起,使它自身与党内法规和纪检监察工作等紧密衔接。因此,监察法学与党内法规学、纪检监察学等政治性学科产生了紧密联系。

但是,在理解监察法和监察法学的政治性特点时,不宜将政治性片面地泛化,而应当对政治性始终保持准确且适度的认识。监察法尽管具有政治性特点,但它在本质上仍然是法律规范,是法的体系的一部分。监察法学同样属于法律科学而非政治科学。如果说政治性是监察法的"灵魂",法律性则是监察法的"躯体",后者构成前者的前提与基础。如果缺乏法律性这一载体,政治性就会无所凭借,颠覆法律法治的基本要求,与《宪法》第5条的"依法治国"和"建设社会主义法治国家"产生冲突。因此,在学习和适用监察法的过程中,必须协调其政治性与法律性。

---

① 这是历史学家孔飞力(Philip A. Kuhn)使用的概念,指在一种君主制与官僚制结合的特殊体制中,个人的专制权力与普遍规则的体系共存,而"君主和官僚都陷入了一种两难境地,并都对已经形式化的行政程序抱一种模棱两可的态度"。参见[美]孔飞力:《叫魂:1768年中国妖术大恐慌》,陈兼、刘昶译,上海三联书店、生活·读书·新知三联书店2014年版,第236页。

② "五权宪法"中的"五权"即立法、司法、行政、监察和考试五权。孙中山认为,中国从前的考试权和监察权都是很好的制度,宪法是决不可少的。参见孙中山:《五权宪法》,民智书局1925年版,第17页。

③ 吴建雄主编:《读懂〈监察法〉》,人民出版社2018年版,第1-2页。

(三) 改革性

监察法和监察法学诞生于监察体制改革过程中,并会随着监察体制改革的不断深化而相应调整,必须在不断的改革与发展中反复试错从而实现自我修正与提升。因此,改革性是监察法和监察法学的特点之一。

改革与法律既相辅相成又存在矛盾。一方面,法律本身必须稳定和统一,而改革则需要变化和突破,因此二者之间必然存在张力。但另一方面,法律也需要不断发展从而适应社会变迁,因此改革又成为法律不断完善的途径。监察法正是诞生于国家监察体制改革的过程中。国家监察体制改革是以习近平同志为核心的党中央作出的事关全局的重大政治体制改革,是组织创新、制度创新,必须打破体制机制障碍,建立崭新的国家监察机构。

国家监察体制改革具有高度复杂性,需要在深化改革的过程中不断摸索和积累经验,不断尝试新的机制。因此,监察法的改革性又可以称为试验性。监察法和监察体制改革就是一场规模宏大的政治试验。通过不断创新尝试、效果评估和经验反馈,不断积累可以复制的成功经验,并将经过实践检验的改革措施予以法律化,上升为正式的监察法律规范。因此,制定监察法是深化国家监察体制改革的内在要求和重要环节。

如学者所言,"监察委员会的试验是对我国长期以来继承的苏联监察模式的重要改革,它预示着重大的政治制度变革……对于全面深化改革、完善和发展中国特色社会主义制度、推进国家治理体系和治理能力的现代化,全面依法治国、建设法治国家、依宪执政和确保中国共产党长期执政等都具有重要意义"[1]。积极稳妥地不断深化监察体制改革,有助于确保政通人和、法治昌盛、国祚永延。因此,在学习和研究监察法的过程中,监察法学理论必须始终注重改革的作用,深入研究监察试验机制和措施的效果评估,从而不断提高监察法律制度的质量。

(四) 中国性

监察法是我国特殊的政治传统、宪法体制、社会结构和历史文化的产物,在世界范围内是独一无二的法律政治现象,中国性是其鲜明特点之一。

监察法和监察法学必须高举中国特色社会主义伟大旗帜,以习近平新时代中国特色社会主义思想特别是习近平法治思想为指导,是具有鲜明中国特色的法律分支和法学学科。监察法的中国性在根本上来源于我国宪法确立的独一无二的政权制度和政党制度。

我国宪法确立的政权制度是社会主义国家的民主集中制,在根本上不同于总统制、议会制等政权组织形式。人民代表大会制度既坚持社会主义宪法所共享的民主集中制原则,又根据中国国情对其进行了特殊创造。在社会主义宪法的历史上,从来没有在政治体制的意义上创设国家监察制度,而我国首创的具有中国特色的监察制度既丰富了人民代表大会制度的宪法内涵,也发展了社会主义宪法的民主集中制原则。将行使国家监察职能的专责机关纳入国家机构体系,"拓宽了人民监督权力的途径,提高了社会主义民主政治制度化、规范化、法治化水平,丰富和发展了人民代表大会制度的内涵,推动了人民代表大会制度与时

---

[1] 秦前红、叶海波等:《国家监察制度改革研究》,法律出版社 2018 年版,第 14—15 页。

俱进,对推进国家治理体系和治理能力现代化具有深远意义"①。

我国宪法所确立的政党制度是中国共产党领导的多党合作制度,其中,中国共产党是领导党。之所以采取这种政党制度安排,是因为我国是工人阶级领导的、以工农联盟为基础的人民民主专政的社会主义国家,社会主义制度是宪法确立的根本制度,而中国共产党领导是中国特色社会主义最本质的特征。在这种政党制度中,必须在反腐廉政领域坚持中国共产党的领导,反映中国特色,同时有选择地吸收不同政治制度的有益成分。因此,监察法坚持党内监督与国家监察有机统一,坚持走中国特色监察道路,首创了具有中国特色的监察制度。同时,监察法学也是富有中国特色的法学学科,在世界范围内很少存在同类项。

第二节　监察法学的研究对象与研究方法

一、监察法学的研究对象

作为一门学科,监察法学之所以具有综合性和专门性,是因为监察法学的研究对象具有综合性和专门性的特点。如封利强所说:"监察法学以监察法学理论、监察法律制度和监察法律实践为研究对象,是横跨多个法学二级学科而形成的综合学科。"②监察法学的研究对象可以分为不同层次和维度。从系统论的角度出发,监察法学的研究对象包括监察法学理论、监察制度设计、监察法律规范和监察法律实践四个既各自独立又相互联系的环节,它们共同构成了一个系统。其中,监察法律规范是监察法学的研究重点和中心。

（一）监察法学理论

监察法学理论主要是指关于监察法和监察制度的法学理论,主要包括基本理念、基础理论和历史发展等。

从基本理念上讲,深入开展反腐败工作,推进国家治理体系和治理能力现代化,是关系到国家政治制度稳定和政治安全的重大公共利益,这一公共利益与我国宪法所宣告的坚持中国共产党的领导、国家尊重和保障人权、建设社会主义法治国家等基本原则和价值存在关联,也需要进行一系列平衡。因此,监察法学必须始终根据时代发展准确定位反腐监察在我国法律体系中的基本定位。

从基础理论来讲,监察法学需要丰富和完善自身的基本术语、概念、规则、原则、范畴以及整个体系,这种理论任务需要法学方法的娴熟运用和法学方法论的科学指导,并且吸收各种有益的理论研究方法。此外,与任何其他基础理论学科一样,监察法学也需要通过原理性研究来准确阐释和发展自身的理论体系、学科定位以及与其他相关学科的关系,从而避免使自身沦为一个理论贫乏的操作规程。

从历史发展来讲,监察法学需要准确描述监察制度在人类政治制度史中的基本地位、监察制度发展与演变的基本规律、我国当前监察制度的历史意义与功能、监察法与监察体制改

---

① 李建国:《关于〈中华人民共和国监察法（草案）〉的说明——二○一八年三月十三日在第十三届全国人民代表大会第一次会议上》,载《人民日报》2018 年 3 月 14 日,第 5 版。

② 陈东升:《开展监察法学研究破解反腐法律难题》,载《法制日报》2018 年 6 月 15 日,第 5 版。

革的历史走向与出路等。这些关于历史发展的研究虽然对监察制度本身并不产生直接的实际影响,却是监察法和监察法学长期健康发展与不断完善的必要条件。只有深入进行历史发展的研究,才能使监察法学具有历史积淀。

(二) 监察制度设计

监察制度设计主要是决策论或立法论的范畴,包括监察制度的基本架构、监察法律体系的基本布局、监察法律规范的设计和拟定等。

监察制度设立的目的主要是实现公权力的廉洁性。因此,《宪法》和《监察法》赋予各级监察委员会依法对所有行使公权力的公职人员进行监察的权力,调查职务违法和职务犯罪,开展廉政建设和反腐败工作,维护宪法和法律的尊严。这一基本目的的实现需要具体的法律制度设计,而相关制度设计又需要体现在法律规范中。在监察体制改革的过程中,学术界对监察制度设计曾经提出相当多的建议,从宏观到微观都表达了对法治反腐的深度关切。比如陈光中提出:"修改《宪法》应先行于制定《监察法》,人大应对监察委员会进行有效监督,'尊重和保障人权'应写入《监察法》,监察委员会独立行使职权的表述应该修改,留置应当遵循法治程序,职务犯罪调查应允许律师介入,检察机关应拥有独立的审查起诉权,应当由全国人大依据立法程序主导《监察法》起草工作。"[1] 这些建议虽然没有得到完全采纳,但对于提高监察制度设计的质量发挥了重要作用。

从总体上看,监察制度设计处于不断的改革与完善之中,需要根据监察体制改革的经验不断调整,并把监察体制改革过程中积累的可复制的成功经验及时上升为正式的法律制度。从时间上看,监察制度设计的过程可以分为以下四个阶段:第一,自 2016 年底开始进行基本制度设计试验,即在北京市、山西省和浙江省进行监察体制改革试点,检验基本制度方案的可行性与实际效果,试点阶段积累了一定的成功经验。第二,2017 年 11 月,全国人大常委会决定将国家监察体制改革试点工作在全国各地推开,为监察制度的正式确立提供衔接和过渡。第三,2018 年 3 月,《宪法修正案》和《监察法》先后出台,完成了监察基本法的条文设计,监察制度的基本轮廓正式确立。《监察法》的出台标志着"我国的新监察体制正式步入了正轨,国家监察工作实现了有法可依,为监察机关与监察人员行使监察权提供了基本的法律保障"[2]。第四,2018 年 10 月,全国人大常委会通过《关于修改〈中华人民共和国刑事诉讼法〉的决定》,基本实现国家监察体制与刑事诉讼体制的有效衔接。

目前,监察制度的主体设计工程已经基本完成,未来需要在不断探索和积累经验的基础上进行补充性和衔接性制度设计,并出台和修订一系列相关法。监察法学的研究必须从决策论和立法论的意义上为监察体制的不断完善提供扎实的理论基础和精准的决策指导。

(三) 监察法律规范

监察法律规范是关于监察制度的法律规则的整体,是出于实用考虑综合不同法律规范制定的专门性法律规范,因此,在认识监察法律规范时必须具体区分种类和效力各异的法律

---

[1] 陈光中、姜丹:《关于〈监察法(草案)〉的八点修改意见》,载《比较法研究》2017 年第 6 期。
[2] 江国华:《中国监察法学》,中国政法大学出版社 2018 年版,第 1 页。

形式。在形式上,监察法律规范至少包括三部分:一是宪法中关于监察制度的根本内容,二是专门规定监察制度的法律、法规或法律解释,三是其他法律、法规或法律解释涉及监察制度的相关内容等。这些规范大体可以分为以下三个层级。

首先,宪法中关于监察制度的规定是监察法律规范中的基础规范和最高规范。其主体是宪法第三章第七节关于"监察委员会"的集中规定,涉及监察委员会的名称、性质、地位、组织、构成、职权、任期任届、领导体制和工作机制等。此外,宪法中还包括其他关于监察机关的重要条款。比如,根据《宪法》第3条第3款的规定,监察机关与行政机关、审判机关、检察机关一样,都必须由人民代表大会产生,对它负责,受它监督。由于监察机关属于《宪法》第三章规定的国家机构的组成部分,因此凡是宪法中关于国家或国家机构的规定都对监察机关具有当然的拘束力。比如,《宪法》第27条规定的一切国家机关必须"实行精简的原则""实行工作责任制""反对官僚主义"和"努力为人民服务",以及第33条规定的"国家尊重和保障人权",都对监察机关具有适用性,是监察机关设置、运作和履行职责的根本遵循。

其次,《监察法》可以说是监察制度的基本法,其关于监察制度的规定构成了监察法律规范的主体。一方面,从权限的角度出发,根据我国宪法和《立法法》第11条的法律保留原则,《监察法》必须由全国人民代表大会根据《宪法》第62条第3项的要求予以制定,因为其中既涉及监察机关的产生、组织和职权,是全国人大制定的基本法律的调整对象,也涉及对公民人身自由的限制甚至刑事和刑事诉讼制度,是法律绝对保留的事项。另一方面,从内容的角度出发,全国人大在《监察法》中不仅规定了监察制度的基本原则和监察工作的基本方针,还进一步设置了监察机关及其职责、监察范围和管辖、监察权限、监察程序、反腐败国际合作以及对监察机关和监察人员的监督等基本制度,这些内容在消极意义上不能与任何宪法条款相抵触,在积极意义上必须落实宪法关于监察制度的基本要求。《监察法》中的这些内容构成了理解和认识监察制度的最主要来源,也是监察机关和相关国家机关展开工作的直接依据。

除《监察法》以外,法律层面的监察法律规范至少还包括两个方面:一是《监察官法》和《公职人员政务处分法》等监察相关法,填补了《监察法》所遗留的法律空白;二是修改和补充《刑事诉讼法》[①]等法律并在其中增加与监察体制相关的条款,从而实现与监察体制的衔接。

最后,中央军事委员会、国家监察委员会等国家机关制定的监察法规和监察解释。《监察法》第68条授权中央军事委员会制定中国人民解放军和中国人民武装警察部队开展监察工作的具体规定。基于这一"特别立法授权"[②],一个既符合《监察法》基本原则和精神又体现军事监察工作特殊性的军事监察法规体系也将逐渐形成。随着军事监察工作的不断推开,中央军事委员会监察委员会在组建后可能会具有军事监察法规的解释权并制定相关监察解释。2019年10月26日,第十三届全国人民代表大会常务委员会第十四次会议通过《全国人民代表大会常务委员会关于国家监察委员会制定监察法规的决定》,授权国家监察委员会制定监察法规。2021年9月20日,国家监察委员会公布《监察法实施条例》,这是国家监察

---

① 参见《全国人民代表大会常务委员会关于修改〈中华人民共和国刑事诉讼法〉的决定》(2018年10月26日第十三届全国人民代表大会常务委员会第六次会议通过)。

② 马怀德主编:《中华人民共和国监察法理解与适用》,中国法制出版社2018年版,第274页。

委员会成立以来制定的第一部监察法规。

监察法规和监察解释在监察制度的未来运作中存在巨大空白需要填补。因为监察权的规范行使不仅必须在各个方面实现有章可循,还需要实现与原有纪检监察工作的有序衔接,而现有的法律规范体系过于宏观,存在法律规范供给不足的问题。从总体上看,只有监察法规制定权或监察解释权得到有效运作,这些规范空白才能够得到有效填补。

以上三个方面的法律规范需要通过科学的规范释义在实质意义上融合成一个真正的整体。唯有如此,监察法作为独立法律部门的地位才能够得到确立。从总体上讲,监察法律规范是监察制度设计的形式以及决策与立法的结果,由于目前监察制度设计的主体已经完成,监察法律规范就成了监察法学的最主要研究对象。随着监察法律规范体系的不断丰富,其作为监察法学研究重点和中心的地位将继续得到巩固。

(四) 监察法律实践

监察法律实践是监察法律规范实施和适用的具体实践,是监察法律规范作用于其调整对象所产生的实际效果,也是人们通过特定的监察法学理论和理念能动地塑造反腐监察关系的实践性活动。

从广义上讲,监察法律实践既包括监察立法实践也包括监察执法实践,但在通常意义上讲,监察法律实践仅指监察执法实践,因为监察法律实践的核心关切是廉政反腐的效果,其中心是各级监察机关依法行使监察权的状况,这种核心关切只有在法律实施的过程中才能得到直接反映。因此,对监察法律实践的研究必须以监察机关和监察权为中心,密切关注监察机关行使监察权的行为、程序和机制,同时也要分析监察机关(的监察权)与被调查人、共同涉案人、相关人和证人等(的权利保障)之间的关系,以及监察机关与审判机关、检察机关、执法部门等其他国家机关的关系,特别是监察机关与国家权力机关的被监督与监督关系。

从定位上讲,监察法律实践受到监察法律规范的左右,而监察法律规范又是由特定监察理念通过制度设计决定的。但这并不意味着监察法律实践是监察法律系统的终点,因为监察法律实践的样态会影响理论与理念的反思。从一般意义上讲,"法学理论与法律实践的互融是一个反复磨合的渐进性良性互动过程,而且二者之间的完全融合是不可能实现的"[①]。监察法律实践与监察法学理论的关系亦不例外。监察法律实践与相关法学理论、制度设计和法律规范存在多元的互动与互融关系,客观的监察法律实践构成其他三个层面研究对象的物质基础。

二、监察法学的研究方法

监察法学的研究方法是分析监察法并揭示其内在属性和规律的工具和手段,主要包括阶级分析的方法、法释义学的方法、法社会学的方法、比较分析的方法等多种研究方法。如学者所说:"当下监察法学的研究应该围绕监察法的颁行开展规范释义、法律体系的融贯而展开,同时要密切跟踪观察监察法制实践,以辨思性立场对待监察实践样本,从而为补强监

---

① 王海军:《法学理论与法律实践的同一性》,载《中国社会科学报》2018 年 4 月 18 日,第 4 版。

察法规则短板,提升监察法法治水准作出法律学人的应有贡献。"① 因此,监察法学作为法学学科,应当将法释义学的方法作为最基本的研究方法,但这并不是要排斥其他研究方法。为了保证研究的准确性、全面性和科学性,监察法学必须以其他一切可用的研究方法作为辅助,从而促进自身的健康发展。

（一）阶级分析的方法

阶级分析的方法是马克思主义法学的基本研究方法,按照辩证唯物主义和历史唯物主义的方法论将阶级分析的方法运用到监察法学的研究中,有助于揭示监察法的社会主义属性以及整个监察法律关系中存在的基本利益结构。

从性质上讲,阶级分析的方法属于社会学研究方法,它注重分析不同阶级、集团、组织和个人在法律社会中的关系、地位、行为和利益指向。由于我国是社会主义国家,人民是一切国家权力的所有者,是一切国家机构服务的对象,因此,监察法的指导思路、立法原则和解释适用都必须坚持人民利益最大化的原则。按照这种思路,一切国家公职人员都必须为人民服务,必须依法履职、秉公用权、廉洁从政从业、严格遵守职业道德,凡是违法失职的行为都应当得到纠正和追究,从而保证人民利益的实现。监察法律规范以人民利益为最终依归,采取一切有效的法律手段推进反腐败工作,将"拍苍蝇"和"打老虎"并举,实现公权力运作的合目的性。

在以监察法律规范实现反腐败目的的过程中,必须运用阶级分析的方法揭示和发现前述基本利益关系,排除各种扑朔迷离的干扰因素,从而防止反腐败工作的盲目性。必须在错综复杂的反腐败斗争中,透过现象看到本质,对反腐败斗争的形势作出正确的判断,在监察法律规范的制定、修改、解释、实施和适用的过程中始终坚持正确的路线、方针和政策,努力实现党中央确定的反腐败工作目标。

（二）法释义学的方法

法释义学的方法是规范性方法,旨在准确解释监察法律规范的含义。法释义学的方法是整个法学研究过程中的最本质方法,监察法学的研究也不例外。监察法学的研究首先要以准确解释监察法律规范的含义作为第一功能,运用文义解释、逻辑解释、历史解释和体系解释等不同的释义方法。这不仅能够促进监察法律规范的准确适用,更有助于在不断适用监察法律规范的过程中实现监察法律规范的续造与发展。

按照德国法学家拉伦茨（Larenz）的说法,法学是"以某个特定的、在历史中逐渐形成的法秩序为基础及界限,借以探求法律问题之答案的学问","假使法学不想转变成一种或者以自然法,或者以历史哲学,或者以社会哲学为根据的社会理论,而想维持其法学的特色,它就必须假定现行法秩序大体看来是合理的"。② 由于法释义学的方法是监察法学的主要研究方法,所以监察法学研究必然持法教义学的立场,即承认监察制度的合理性或者至少承认这一制度在大体上是合理的,否则,释义学的研究就不具有开展的前提。不过,需要时刻注意的是,监察法律规范是一个由不同层级的规范构成的综合整体,其中既包括宪法和法律,也

---

① 秦前红:《监察法学的研究方法刍议》,载《河北法学》2019年第4期。
② ［德］卡尔·拉伦茨:《法学方法论》,陈爱娥译,商务印书馆2003年版,第19页。

包括法规和法律解释等,规范层级的多元性给下位规范违反和抵触上位规范创造了条件,因此,在研究监察法的过程中必须具有法律体系内的批判性思维,对规范冲突的现象保持清醒且警惕的认识,从而在最终意义上实现整个监察法体系的融贯性特别是监察法律规范体系的合宪性。

(三) 法社会学的方法

法社会学的方法是实证性方法,旨在准确描述监察法律实践以及监察法律规范据以存在和运作的社会背景。在法学研究中,法社会学的方法有助于人们准确认识规范背后的真实世界。霍姆斯(Holmes)曾精辟地指出:"法律的生命不在于逻辑,而在于经验。"[1] 整个监察制度的产生包括《监察法》的制定都来源于我国的特殊政治经验,是对我国特殊国家治理实践的回应。因此,对监察法的研究也必须采取法社会学的研究方法,从而准确认识监察法律规范背后的真实世界。

运用法社会学的方法研究监察法需要注意两个方面的研究维度。一方面是监察制度与监察法律规范据以产生的社会背景,包括我国建立监察制度的社会环境、政治因素、文化传统和历史渊源等。正是这些因素的综合作用促成了我国独特的监察制度以及这一制度的独特设计,只有准确认识这些因素,才能够准确把握监察法律规范本身。另一方面是监察法律规范的适用所产生的实际效果,既包括监察法律规范是否得到实施、得到多大程度的实施以及其实施对扼制腐败所产生的作用,也包括促进监察法律规范实施的社会因素以及对监察法律规范的实施具有负面影响的社会因素。只有准确认识这些因素,才能够更好地实现和反思监察制度设计的初衷,从而促进监察法律规范的良性运用与发展。

(四) 比较分析的方法

比较法在法学领域得到极为普遍的运用,但它只是一种研究方法而非一个法律部门。如同大木雅夫所说:"比较法不是像民法或刑法那样以法典为基本结构、从各种不同角度几乎穷尽所有法律问题进行详尽考察的学科分野,甚至不能说已形成了确定的体系。"[2] 在监察法的研究中,比较法(即比较分析的研究方法)有助于探究监察规范与制度的异同,从而揭示不同研究对象的优劣,并发现中国特色监察体制的优越性。

比较分析的方法既包括静态的比较也包括动态的比较。因此,在监察法学研究中既要进行传统的静态的规范比较,也要进行动态的功能性比较。通过静态的规范比较,对不同国家的监察法或监察制度进行法律概念、法律术语、法律条文、法律判例等的比较分析;通过动态的功能比较,从功能的角度提出具体问题,探索和比较不同国家解决类似问题的各种不同方案,甚至在更广泛的意义上比较道德、伦理、宗教、风俗、社会习惯等在反腐监察方面所发挥的作用或功能。通过运用不同的比较方法,客观评价不同法律体系实现反腐监察作用的基本规律及利弊得失等,从而为不断发展和完善我国的监察制度提供理论基础和制度借鉴。

(五) 其他研究方法

除以上主要研究方法以外,监察法学的研究还可以使用历史研究法、价值分析法、文献

---

[1] [美] 小奥利弗·温德尔·霍姆斯:《普通法》,冉昊、姚中秋译,中国政法大学出版社 2006 年版,第 1 页。
[2] [日] 大木雅夫:《比较法》,范愉译,法律出版社 1999 年版,第 8 页。

研究法、科学实验法、案例研究法、理论与实际联系法、定量研究法等各种或者宏观或者具体的研究方法。只要有助于监察法学研究的准确性、全面性和科学性,任何研究方法都是有益的工具,并无优劣之别。

历史研究法主要通过对历史演变的实证分析,揭示监察法律制度的历史规律,透析监察法的产生过程和发展阶段,从而在历史意义上准确认识其现状及成因。这既需要对我国现行的国家监察制度进行研究,也需要对我国历史上的监察制度进行分析。如学者所言:"中华优秀传统监察文化、监察制度源远流长,具有丰富的内容和形式,为当下深化国家监察体制改革提供了有益借鉴。"①因此,历史研究法的对象是历史,但其落脚点应是当下,即为当下的监察制度提供借鉴。

价值分析法主要通过认识和评价监察法的价值属性,揭示监察法律规范在制定、形成、解释、适用和发展过程中所涉及的基本法律价值,特别是反腐败的公共利益、监察机关的权力以及公民的基本权利保障等,并且在特定历史条件下对这些不同的法律价值进行平衡。需要注意的是,价值分析法往往集中在监察法的应然状态,甚至超出监察法律规范在道德、哲学或政治层面展开讨论,并不必然局限于规范的范畴。

文献研究法主要通过梳理与监察法和监察制度有关的各类文献资料,并对相关文献进行整理、鉴别、归类、对比和分析等来实现对监察法的科学认识。从一般意义上讲,文献研究法是一种古老而又富有生命力的科学研究方法,不过它往往具有目的性并限于特定的主题或课题,而且大体上只能揭示纸面或文本中反映出来的监察法及其实践。

科学实验法主要围绕监察法与监察制度的特定主题进行模拟仿真实验,从而检验特定监察法主体的行为或特定监察机制的实际效果。科学实验法原本是自然科学的研究方法,晚近以来逐渐被扩大运用到社会科学的研究中。就监察法学而言,由于其本身就带有改革性和试验性,因此通过模拟仿真的方式来验证特定的假设亦无不可。

案例研究法主要通过对监察法适用过程中产生的特定案例的研究来揭示具体个案中的法律关系和法律适用,分析不同法律解释方案的利弊得失,从而在个案意义上寻找更好的法律解释方案。案例研究法的意义并不局限于个案本身,一方面,从个案中得到的结论对整个监察法律规范体系的优化具有促进效果;另一方面,对于多个个案的综合研究具有体系化的功能。

理论与实际联系法主要通过将监察法学理论与监察法律实践进行对比、结合与呼应,以监察法律规范为中心实现监察法学理论与监察法律实践的同一性,既防止法学理论本身的空洞化,又纠正法律实践中的偏差。理论联系实际是唯物主义思想路线的具体体现,是党的三大作风之一,在监察法学研究中必须加以贯彻。

定量研究法主要考察和研究关于监察法和监察制度的"量",并运用数学工具进行数量分析。定量研究法是法社会学的具体研究方法,在监察法学研究中可以具体运用调查法、相关法、实验法等多种手段,特别是根据监察法律实践中的具体问题建立数学模型,通过数学建模求解,然后根据结果寻求实际问题的解决方案。

① 彭新林:《国家监察体制改革:历史借鉴与现实动因》,载《法学杂志》2019 年第 1 期。

第三节　监察法学与相关学科的关系

从学科定位与分工上看,监察法学与法理学、宪法学、行政法学、刑法学、诉讼法学和党内法规学等法学学科存在紧密联系,与法学以外的其他相关学科也存在一定交叉关系。

一、监察法学与法理学

"法理学是以'法理'为中心主题和研究对象而形成的知识体系、理论体系和话语体系,也是法学课程体系的核心与基础。"[①] 在所有的法律部门中都存在特定的法理,不同法律部门中的法理尽管存在差别,却是相互贯通的,并且所有的部门法学都需要借助法理学的基本话语、知识和理论,监察法和监察法学也不例外。因此,法理学与监察法学是一般与特殊的关系。

在监察法学的研究过程中,一方面要尊重法理学的基本常识、基本方法和基本路径,并且善于借用法理学的基本知识来推进监察法学的研究;另一方面,也要通过对监察法这一特殊法律现象的研究为法理学的发展提供独一无二的研究素材和资料,丰富法理学的基本内涵。监察法和监察法学是富有中国特色的法律现象和法学现象,深刻发掘监察法学研究中的基础理论有助于发展中国式法理并促进法理学的中国化。

二、监察法学与宪法学

监察法是宪法相关法,因此,监察法学主要从属于宪法学,构成其特殊的分支。宪法的最本质精神在于,通过限制专断性权力,广泛地保障人民的基本权利。宪法学特别是马克思主义宪法学必须以马克思主义为指导,始终站在广大人民群众根本利益的基础之上。监察法学作为宪法学的特殊分支也必须保持同样的立场,对权力腐败采取零容忍的态度,维护中国特色社会主义宪法和广大人民群众的根本利益,保证它们不受权力腐败和异化的侵害。

腐败是严重的违宪行为,打击腐败有助于促进宪法的落实。在此意义上,监察法具有促进宪法监督和实施的功能,监察法学也与宪法学的基本功能和立场相一致。不过在形式上,监察法作为监督宪法实施的手段,与传统的宪法监督手段存在差别,比如合宪性审查作为监督宪法实施的手段是一种程序开放的规范审查,民主监督和人大监督是一种基于民主政治过程的透明性监督,但监察监督则是党和国家的自我监督,在很多环节上需要保密和对外封闭,监察人员也需要承担职业上的保密义务,这就决定了监察法和监察法学与宪法和宪法学又存在诸多形式上的差别。

作为宪法学的特殊分支,监察法学的基本研究内容属于宪法学研究的一部分,但监察法学也存在与一般宪法学研究相比更为特殊的问题。一般而言,以下基本问题需要以宪法为基础进行宪法学和监察法学的共同研究:第一,国家监察权的性质;第二,监察机关的定位;第三,国家监察机关与其他国家机关的一般关系;第四,监察制度中的人权保障问题;等等。除这些基本问题以外,监察法学还需要研究一系列较为特殊和专门的具体问题,比如监察对

---

① 张文显主编:《法理学》,高等教育出版社、北京大学出版社 2018 年版,第 23 页。

象的识别标准、留置措施的具体适用等,这些问题的解决需要借助宪法学的基本知识,特别是不能违反基本的宪法常识。

三、监察法学与行政法学

监察法学与行政法学是两个相互独立的法学学科,但是二者也存在一定的联系。

在国家监察体制改革以前,原《行政监察法》规定的行政监察作为一种行政法制监督手段,属于行政组织法的研究范畴;因相关行政处分也涉及行政申诉与救济问题,因此还涉及行政救济法。随着国家监察体制改革的展开,原行政监察制度上升为国家监察制度,原行政监察机关也转隶至国家监察机关。对于这种特定改革时期的法律现象,监察法学与行政法学都需要进行研究。

在监察法律规范体系中,监察机关的调查和处置行为在特定的意义上具有类似于行政法意义上的调查和处置的性质。有学者认为监察机关的权力是一种二元结构,即在对职务违法行为和职务犯罪行为的调查和处置中,对违法行为的调查和处置显然具有行政性质,而对于犯罪行为的调查和处置则具有强烈的专门调查属性。因此,就适用法律而言,专门调查部门在行使专门调查权时必须严格遵循《监察法》的相关规定;而行政调查处置部门在行使职权时适用行政法律法规,如《行政强制法》《行政复议法》《行政机关公务员处分条例》等。[①] 因此,特定形式的政务处分决定等是否应当在行政法上进行内部救济、其相关的行政程序机制如何等,这些问题与监察法学和行政法学两个学科都有关系,也值得进行交叉研究。

四、监察法学与刑法学

监察法学与刑法学是两个相互独立的法学学科,但在两个方面存在研究对象的交叉。

一方面,就监察人员而言,其行为既受监察法规范调整,也受刑法规范调整,由此相关行为在涉及犯罪时就成为两个学科的共同研究对象。《监察法》对监察人员设定了一系列的职务性义务,一旦这些义务遭到违反并且情节严重,便可能构成犯罪,如玩忽职守罪、报复陷害罪、诬告陷害罪、泄露国家秘密罪,以及帮助毁灭、伪造证据罪或妨害作证罪等。对于这些行为的定性,监察法学和刑法学都需要进行研究。

在监察法律规范中还存在一些具有争议性的问题,比如监察人员是否属于《刑法》所规定的“司法工作人员”?《刑法》第 94 条规定:“本法所称司法工作人员,是指有侦查、检察、审判、监管职责的工作人员。”据此,监察人员利用职权实施的非法拘禁、刑讯逼供、非法搜查等行为就不受刑法调整。[②] 同时根据 2018 年修改的《刑事诉讼法》,监察人员的这些行为也不由检察机关进行侦查。类似规定是否存在问题,需要监察法学、刑法学与刑事诉讼法学的协同研究。

另一方面,就监察对象而言,其职务犯罪行为在程序上受到监察机关的监督和调查,而

---

① 郑曦:《监察委员会的权力二元属性及其协调》,载《暨南学报(哲学社会科学版)》2017 年第 11 期。

② 有学者认为,将监察人员解释为《刑法》第 94 条中的司法工作人员,不仅于法有据,而且有其现实可行性。参见李翔:《论〈监察法〉实施对刑事实体法的影响及完善》,载《东南大学学报(哲学社会科学版)》2019 年第 1 期。

在实体上则需要按照刑法的规定进行定罪量刑。监察机关的监察范围包括职务违法和职务犯罪两个方面,其中的职务犯罪行为在实体上属于《刑法》第八章"贪污贿赂罪"和第九章"渎职罪"等的调整范围。因此,监察法和刑法在此意义上存在实体与程序的相继关系,而监察法学与刑法学在研究对象上存在配合关系。

监察法学需要借鉴刑法学关于职务犯罪行为的研究成果,并在此基础上识别可能的职务犯罪行为,明确何种情况下应当适用政务处分决定或问责的程序,何种情况下应当适用移送人民检察院审查并提起公诉的刑事司法程序。

五、监察法学与诉讼法学

监察法是实体法和程序法的综合体,监察法学既具有实体法学的性质,也具有程序法学的性质。由于监察法需要与诉讼法特别是刑事诉讼法保持衔接,监察法学与诉讼法学就存在相互衔接与配合的关系。监察法学与刑事诉讼法学需要共同关注以下问题。

(一) 证据问题

监察机关依法收集的物证、书证、证人证言、被调查人供述和辩解、视听资料、电子数据等证据材料,在刑事诉讼中可以作为证据使用。此外,《监察法》规定监察机关在收集、固定、审查、运用证据时,应当与《刑事诉讼法》关于证据的要求和标准相一致。由此,监察过程中的证据问题需要监察法学与刑事诉讼法学协同研究。

证据问题必然同时涉及调查手段的问题。《监察法》规定监察机关可以采取谈话、讯问、询问、查询、冻结、调取、查封、扣押、搜查、勘验检查、鉴定、留置等措施开展调查。这些调查手段虽然不是《刑事诉讼法》规定的侦查措施,因此不适用《刑事诉讼法》,但与《刑事诉讼法》规定的刑事司法强制措施具有可比性,值得借鉴刑事诉讼法学的研究成果进行深入分析。比如,有学者提出:"为保障监察机关调查取证措施的正当性,监察法应以刑事诉讼法所确定的人权保障水平作为底线,参照刑事诉讼法对侦查取证行为的规制,对监察机关调查取证活动进行合理的法律规制。"[1] 由此,监察机关调查取证问题不仅直接涉及监察法与刑事诉讼法的规范,还在根本上涉及宪法中的人权保障原则。

(二) 起诉衔接问题

监察机关经调查认为被调查人涉嫌职务犯罪,事实清楚,证据确实、充分的,应当制作起诉意见书,连同案卷材料、证据一并移送人民检察院依法审查、提起公诉。对监察机关移送的案件,人民检察院依照《刑事诉讼法》对被调查人采取强制措施。人民检察院经审查,认为犯罪事实已经查清,证据确实、充分,依法应当追究刑事责任的,应当作出起诉决定;认为需要补充核实的,应当退回监察机关补充调查,必要时可以自行补充侦查;认为有《刑事诉讼法》规定的不起诉情形的,经上一级人民检察院批准,依法作出不起诉的决定。

根据《监察法》中的这些衔接性规定,从监察机关到检察机关最终到人民法院,存在一系列相继的程序性问题。解决好这些问题不仅需要监察法与刑事诉讼法意义上的具体技术

---

[1] 张中:《论监察案件的证据标准——以刑事诉讼证据为参照》,载《比较法研究》2019 年第 1 期。

进行有效配合,也需要宪法中统一的价值和原则作为指导。

（三）监察人员的刑事责任追究问题

监察人员作为特殊的国家工作人员,必须模范遵守宪法和法律,忠于职守、秉公执法,清正廉洁、保守秘密;必须具有良好的政治素质,熟悉监察业务,具备运用法律、法规、政策和调查取证等能力,自觉接受监督,违反《监察法》和其他监察类法律的规定,构成犯罪的,应当依法追究刑事责任。这些犯罪涉及《刑法》中的玩忽职守罪、报复陷害罪、诬告陷害罪、泄露国家秘密罪,以及帮助毁灭、伪造证据罪或妨害作证罪等。从程序上讲,监察人员的违法行为何时由所在或上级监察机关予以处分、何时需要刑事诉讼程序的介入,这些问题也需要监察法学与刑事诉讼法学协同研究。

六、监察法学与党内法规学

监察法学与党内法规学是两个存在紧密联系的新兴学科,产生于相同的历史背景,在研究对象上具有交叉性,在研究方法上具有共通性。

监察法学与党内法规学都是晚近出现的新兴学科。从本质上讲,二者的产生背景都是中国共产党以法律手段加强党的纪律和组织建设,因此,二者都是我国特定历史条件和特定时代背景下的产物,都是富有中国特色的学科。在此意义上,两个学科存在极为紧密的联系。

党内法规学以党内法规为专门研究对象,横跨法学、政治学、纪检监察学、中共党史党建学等多个学科。党内法规学的学科建设意识虽然在逐步增强,但学科建设还比较薄弱,需要借助其他学科尤其是法学的规范分析方法来整理、完善和发展。因此,党内法规学和法学的关系极为密切,在很大程度上与监察法学具有共通性。

从内容上讲,党内法规"是党的规章制度中规范化程度最高的制度形态,具有较高位阶,是管党治党最为核心的制度形式"①。在党内法规学的研究对象中,有不少党内法规涉及纪检监察制度以及党的组织建设,这些无疑属于监察法学与党内法规学的共同研究对象。从研究方法上讲,两个学科具有共通性,都必须将对相关监察规范的释义作为主要手段。

七、监察法学与其他学科

（一）监察法学与中共党史党建学

监察法学与中共党史党建学具有密切联系。党建党史学是中国特色哲学社会科学的分支学科,以中国共产党的历史及其自身建设为研究对象,新中国成立后便进入社会主义高等教育体系,并在改革开放新时期成为马克思主义指导下的中国哲学社会科学的主要内容之一。在最新版的研究生教育学科专业目录中,中共党史党建学成为法学门类之下的新设一级学科。监察法和监察制度有助于完善党的自身建设,在历史语境中加强和巩固了党的领

---

① 王伟国:《国家治理体系视角下党内法规研究的基础概念辨析》,载《中国法学》2018 年第 2 期。

导,因此,监察制度也属于中共党史党建学的研究对象。但是二者的研究方法和角度有所不同:监察法学作为法学学科,更强调规范和诠释;而中共党史党建学则倾向于从党的建设和党的历史方面进行宏观研究,揭示监察制度改革在党的历史发展中的地位以及它对党的建设的实际作用。

(二)监察法学与中外政治制度学

监察法学与中外政治制度学也具有密切联系。中外政治制度学是政治学一级学科下的二级学科,主要从国体、政体方面研究不同国家的政治体制与制度,其具体研究方向主要包括政治建设与基层民主研究、地方治理与农村问题、制度比较与政府管理等。从制度定位与历史影响上讲,国家监察制度在人类政治制度史中是具有独特代表性的制度形态,具有特定的地位和功能,属于比较政治制度研究的对象,并且是政治制度研究的新的知识增长点。但中外政治制度研究视野下的监察制度主要属于制度比较和描述的范畴,而监察法学的研究则以规范的诠释和适用为目的。

● 课后思考

　　1. 监察法学具有哪些性质和特点?

　　2. 监察法学的研究方法有哪些?

　　3. 监察法学与宪法学和刑事诉讼法学分别是什么关系?

典型案(事)例　　即测即评

第二章　监察制度的历史沿革与发展

第一节　监察制度概述

自人类建立政治秩序以来,腐败问题就像权力的影子一样,凡存在权力的地方就有腐败现象紧随其后。因此,任何有效的政治制度都需要对权力的行使加以监督。在西方历史上,对权力的监督制度在古希腊罗马时期就开始了,古希腊的公民监督和斯巴达的监察官制对权力的监督成为各种政治制度的开端,后来西方政治制度发展出多种多样的权力监督方式,如制度上的权力制衡、政治社会的民主参与以及社会的舆论监督等。在古代中国的漫长历史中,政治制度中的监察制度是其一大特色。夏商周以降,监察制度从初创到发展最后到成熟与定型,历代因袭承继、损益鼎革。古代和西方的监察体制对中国当下的监察体制改革具有启示性的意义。中国共产党在革命、建设和改革过程中积累了大量监察实践经验和理论知识,丰富了监察制度的内涵和外延。

一、监察制度的溯源、辨析

对"监察"进行词源学考察,对于理解监察制度的源流是非常必要的。在古代汉语中,"监""察"二字最早并不连用。《说文》中对"监"字的解释是"监,临下也"。在甲骨文的字形上,"监"字是左边一个人睁大眼睛往下看,而右边是一个盛水的器皿。因此,从"监"的字义上解释,以水为镜,从中可以照见自己的形象。《周礼·大宰》云:"谓公侯伯子男各监一国。"到了秦汉时期,"监"字的含义逐渐演变为"以上临下",也就是由上对下的监视与督查。"察"在《说文》中的解释是"察,复审也"。《左传·庄公十年》记载:"大小之狱,虽不能察,必以情。"从其本义,"察"有观察和仔细看的意思。秦朝之后,"监""察"开始连用,逐渐演变为专门履行监察职能的官名。

中国古代监察制度源远流长,是我国古代优秀政治文化的重要组成部分。在中国历史上,监察的官名也通常以某史命名,如御史、太史等。在夏商周时期,史官的主要职责是记言记事,对官员或者地方诸侯国的记录活动构成了对官员的监督。史官居君上之侧,既受到君主的信任,又因为其记录活动而发挥监察作用。御史明察天下图籍,上报各地地方政情,监察内外官员,因此御史成为君王的耳目。古代监察制度主要服务于古代封建专制统治,监察官以监督君主法令的执行为主要任务,同时也监督官僚体系的道德操守、廉洁从政等情况。监察制度对维护封建社会秩序、巩固皇权提供了重要的制度保障。

从监察制度具体表现形态上看,监察制度可以分为广义的监察制度与狭义的监察制度。

广义的监察制度不仅包括由特定的政府机构行使监督权,还包括诸如社会舆论、代议制组织和社会团体等多种主体对行使公权力的官员进行纠察、督促以及巡查的活动。广义的监察制度在古代和现代都是普遍存在的,古代的监察机构既包括中央的监察机关,如御史府、都察院等,也有地方的监察机构。除此之外,还有其他的监察方式,如谏言、巡守以及舆论监督等多种形式。这种广义的监督体制,既可以是自上而下的监督,也可以是自下而上的监督。西方社会也存在各种类型的监察制度,如古希腊时期,雅典的公民大会、五百人会议以及斯巴达的监察官制等监督形式,到近代之后,西欧各国又发展出诸如代议制的议会监督、行政体系的内部监督、司法监督以及社会舆论监督等多种监督形式。而所谓狭义的监察制度,主要是指以国家监察机关按照相关法律法规对行使公权力的公职人员进行监督的活动。狭义的监察制度需要设立专门的监察机构行使监察权。在 2018 年我国监察体制改革之前,在政府机构设立的反腐败和监察机构包括行政监察部门、预防腐败机构和监察机关查处贪污贿赂、失职渎职以及预防职务犯罪等部门。监察体制改革之后,国家反腐败机构是监察委员会,并与中国共产党的纪律检查委员会合署办公,构建了党"集中统一,权威高效"的监督体制。根据宪法和监察法的规定,中华人民共和国各级监察委员会是国家的监察机关。监察委员会依照法律规定独立行使监察权,不受行政机关、社会团体和个人的干涉。

二、监察制度的概念

监察制度是行使监察权、执行监察活动的权力性质、组织方式、行为规范以及具体做法的总称。在现代社会,监察制度是国家政治制度的重要组成部分,通过监督公职人员行使公权力的活动,实现保护国家利益、社会利益和公共利益的目的。监察体制包括监察法、监察权、监察主体和监察对象等,监察制度的设置是为了让监察机构能够充分地履行国家的监察职能。在我国,监察制度具体表现为:

（一）监察法

监察法是规范国家监察机关及其工作人员从事国家监察活动的法律、法规和规则的总称。监察法的目的在于调整监察机关与监察对象之间的特殊社会关系,明确监督机关行使监察权的权限、程序和法律责任,规定监察对象的权利与义务。一切涉及监察工作的法律规范,都可以是监察法的范畴,包括宪法、法律、行政法规及国务院颁发的其他规范性文件、地方法规等。《宪法》第三章第七节规定了监察委员会的性质、地位、组成人员和职权等,这是监察制度得以建立的宪法基础,与监察制度有关的法律、法规及其他规范性文件都不得与宪法相抵触。

（二）监察权

按照欧洲启蒙思想家的理论,任何性质的权力都可以划归为立法权、行政权和司法权中的一种。美国和日本就将监察权归为行政权,这种情况与我国监察体制改革之前的情况有些类似。但是,我国的监察体制是社会主义政治制度的重要构成部分,有其特殊性。根据宪法和监察法的规定,监察权是对所有行使公权力的公职人员进行监察,调查职务违法和职务犯罪,开展廉政建设和反腐败工作的权力。

（三）监察主体

监察主体是实施监察活动的主体,包括国家监察机关以及根据法律法规授权依法享有监察权的其他主体。按照宪法和监察法的规定,中华人民共和国各级监察委员会是国家的监察机关,各级监察委员会根据法律规定依法行使监察权。国家监察委员会由全国人民代表大会产生,地方各级监察委员会由本级人民代表大会产生。在中央层面,国家监察委员会是最高监察机关;在地方层面,县级以上地方各级监察委员会负责本行政区域内的监察工作,接受国家监察委员会的统一领导,是整个国家监察体系的有机组成部分。

（四）监察对象

监察对象是监察权行使的对象。根据监察法的规定,所有行使公权力的公职人员都是监察对象。对于监察对象,《监察法》列举出了六类人员:(1) 中国共产党机关、人民代表大会及其常委会机关、人民政府、监察委员会、人民法院、人民检察院、中国人民政治协商会议各级委员会机关、民主党派机关和工商联合会机关的公务员,以及参照《公务员法》管理的人员;(2) 法律、法规授权或者受国家机关依法委托管理公共事务的组织中从事公务的人员;(3) 国有企业管理人员;(4) 公办的教育、科研、文化、医疗卫生、体育等单位中从事管理的人员;(5) 基础群众性自治组织中从事管理的人员;(6) 其他依法履行公职的人员。总之,不管是否拥有公务员身份,只要行使国家公权力就有可能成为监察对象。除了这六类人员之外,以村干部为代表的基层群众性自治组织的管理人员也可能成为监察对象。

第二节　新中国成立前的监察制度

在漫长的古代中国社会,监察制度是一种具有双重职能的特殊制度:一方面,皇权利用其加强专制,因此它是维护皇权的工具;另一方面,它也是官僚制度自身净化、自我调节的重要机制。在不同朝代,监察制度作用的强弱与皇权的强弱以及君主是否真正重视监察制度有着十分密切的关系。中国古代的监察制度经过了一个漫长的发展过程,其成熟与完善受到多种因素的制约。先秦时期并没有成形的严格的监察制度,只是通过舆论、进谏、巡守的方式对中央和地方官员进行监察。在秦统一六国之后,秦朝中央政府设立了监察制度,监察官员由御史大夫和监御史担任,这一制度形态为后来的监察制度奠定了基础。后来汉、唐、宋、明、清各朝对监察制度各有损益、因袭沿革,形成了我国独特的监察制度体系。民国以降,根据孙中山的"五权宪法"理论,民国政府确立"监察权"为"五权"之一,并设立"监察院"。监察院制度是对中国古代监察制度的继承,同时也是西方政治制度影响的结果。它在制度完备性上具有历史超越性,但是民国政治制度中的监察院因无实权,最终没有发挥应有的作用。①

---

① 张晋藩主编:《中国近代监察制度与法制研究》,中国法制出版社 2017 年版,第 199 页。

一、中国古代的监察制度

中国古代的监察制度对当下监察制度的发展与完善具有重要的启示意义。中国古代社会漫长,监察制度的发展过程复杂而曲折,历代各有损益,若笼统言之则不着边际,但历代都加以介绍则过于繁复。因此,本书以中国历史上最长也最为重要的汉、唐、宋、明、清五个朝代为主介绍中国古代的监察制度。

(一)汉代监察制度

汉承秦制,在中央设立"三公九卿"。其中,"三公"为丞相、太尉、御史大夫。丞相掌管行政,太尉掌管军事,御史大夫掌管监察。"三公"之下设"九卿":太常、光禄勋、卫尉、太仆、廷尉、大鸿胪、宗正、大司农、少府。在中央政府当中,御史大夫主要是辅助丞相监察一切政治设施的高级官员。按照汉代的惯例,一般先做了御史大夫才可以升任丞相。汉初建立了以御史大夫为主的监察制度,汉武帝时还设立了丞相司直、司隶校尉,这二者与御史大夫一起构成了既相互独立又相互监督的监察体制。

御史大夫是首要的监察官员,其下设立御史中丞和御史丞。御史大夫是中央政府监察体制的核心,承担主要的监察职责。御史大夫作为"三公"之一,为副丞相,秩二千石。御史大夫的官舍为御史大夫寺,也称御史府,与丞相府并称"二府"。御史府除了御史大夫、御史中丞、御史丞和御史等诸官外,还有其他的属官负责日常具体事务。御史大夫作为副丞相,协助丞相处理政务,当丞相缺位之时御史大夫可以递补。御史大夫有权对丞相及丞相之下的官员进行监督。御史中丞在殿中兰台处理事务,执掌图籍秘书,监督地方官员,领导侍御史在宫中从事监察工作。而御史丞则负责弹劾百官和监察日常工作。御史中丞作为监察的实际执行者,可以对朝廷的百官进行监察,还可以对地方监察官员进行管理。御史府中的御史监察朝廷的行政、财政、军事、司法等各项事务。御史监察奉行以卑临尊的原则,御史中丞虽秩千石,却可以监察秩万石的丞相,这种做法可以调动监察官员的积极性,监察官员为了快速升迁和获得奖赏会积极从事监察。

除了御史大夫领导的监察体系之外,还有在汉武帝时期设置的丞相司直。丞相司直与御史大夫平级,其地位高于御史中丞。丞相司直是由丞相领导的监察官员,代表丞相监察从事行政工作的政府官员,但只负责监察而不能干涉行政。汉武帝在巫蛊之祸后设立司隶校尉,当时在西汉为秩二千石的高官,东汉后改为比二千石。汉武帝认识到御史大夫和丞相司直不能监察皇亲国戚,因此需要设立一个特殊机构来弥补监察体制的不足。司隶校尉位尊权重,专门监察京畿之地的百官以及皇亲国戚。司隶校尉一度具有领兵之权,率领一千二百名中都官徒隶的武装队伍。在汉代的监察体制中还有一个重要的言谏制度,汉初从事谏言的是太中大夫、中大夫。汉武帝之后设立谏大夫,由道德高尚的官员担任。后来东汉将其更名为谏议大夫,其虽然没有固定的官署,但是可以对皇帝提出的问题或决策进行讨论,甚至可以面陈朝政得失。

汉代的地方监察制度经过了从监御史、部刺史到州牧的历史演变过程。在汉武帝时期,中央政府设立部刺史制度,制定了《问事六条》,以明确中央对地方的监察事项,形成了分工明确、职责清晰的地方监察制度。西汉初时的地方监察制度,主要是对京畿之地的京兆、冯翊三辅郡进行监察,后来才设置郡监御史。郡监御史的主要职责是诉讼,逮捕盗贼,监察伪造钱币、官吏腐败等情况,但是由于其监察范围太广,且无重点,因此能发挥出来的监察作用是非常有限的。汉武帝时期为了加强对地方势力的监察,废除了郡监御史制度,将全国分为13个监察区,即13部(州),每部(州)设立刺史1人,这样就形成了刺史制度。刺史的首要职责是周行郡国、举刺不法。刺史属于中央监察体系,受御史中丞领导,与地方没有直接关系,保证了中央对地方的有效监察。汉武帝时颁布的《问事六条》规定了刺史的6项权力:监察田宅逾制、贪官污吏、官宦子弟为非作歹以及地方官员相互勾结的情况,以及定期巡行所辖郡国、接受吏民举报。刺史位卑权重,虽然秩六百石,但是由于是中央派出的官员,他们不受地方干涉,且升迁极快。东汉时期,刺史的权力不断加强,开始有固定的治所,设置属官处理政务,其权力已经不限于监察。东汉末年,刺史转化为州牧,管理民政、军政,最终导致地方割据。

(二) 唐代监察制度

汉唐制度之差异在于对相权制度安排的不同。相权制度变动,政治制度随之而变。汉代的丞相执掌政府的行政权,而唐代将相权分割成三部分,分别掌握在中书省、门下省和尚书省三个部门手中。中书省的首长是中书令,门下省的首长为侍中,尚书省的首长为尚书令。中书省负责发布政府最高命令,这种最高命令通常以皇帝的名义拟定,称为"敕"。而门下省拥有副署权,每一道命令必须由门下省副署,否则不得发布。诏敕由中书"定旨出名",并经门下复审署名完成之后送尚书省执行,尚书省仅有执行命令之权。尚书省是中央政府最大的行政机构,分为六部:吏部、户部、礼部、兵部、刑部、工部。汉代丞相为最高行政长官,御史大夫为副丞相,主管监察。在唐代,中央政府设立御史台,是一个独立的监察机构,不属于"三省六部"之一,因此将其并称为"三省六部一台"。唐代御史台沿袭隋代制度,御史台的名称经过宪台、左肃政台与右肃政台的演变,最终定名为御史台,并于御史台下设置台院、殿院和察院,形成独具特色的"一台三院"制。唐代御史台的正副长官是御史大夫和御史中丞。台院、殿院和察院的长官分别为台院侍御史、殿中侍御史和监察御史。"一台三院"负责弹劾文武官员的违法行为,监督百官在重大朝会仪式中的行为举止,参与司法审判,还可以对司法过程进行监察,监督国家财政收支和经济领域的贪污腐败行为。在军事领域,"一台三院"可以对军队和领兵的将领进行监督。这些职责需要"一台三院"相互协作,分工完成。

御史台以御史大夫和御史中丞为正副首长,御史大夫最初为从三品,唐武宗时期改为正三品,与六部尚书品级相同。御史大夫是掌管法制、礼仪和政纪的最高官员,而御史中丞则协助御史大夫工作。具体来说,其职责有四:第一,三司受事。对于涉及皇亲国戚以及五品以上官员的案件,若皇帝明发圣旨,则由御史大夫或御史中丞会同刑部侍郎与大礼寺卿共同审理,即所谓"三司受事"。从司法上讲,三司相互配合,可以对司法审判过程进行监督,发挥监察机构的作用。后来的"三法司会审"制度即源于此。第二,复查案件。如果遇到皇帝派员复查案件的情况,则由御史大夫或御史中丞与刑部尚书一起对案件进行查核。御史台最初还设有台狱以拘禁罪犯,后来于唐玄宗时撤销。第三,监察百官。御史为人君的耳目,作为皇权的延伸可以监察百官,御史独立行使监察、弹劾官员的职权,不受御史大夫的控制。弹劾的事由主要包括政府工作人员的失职、贪污受贿以及违法犯罪等,其弹劾的对象既有中央尚书省六部的官员,也包括地方州县的长官。御史在弹劾官员之前需要向御史大夫或御史中丞汇报情况,涉及重大案件的时候还需要由御史大夫和御史中丞以专折形式上奏皇帝。第四,在礼仪制度方面,御史大夫与御史中丞在重大礼仪和朝会过程中要担任礼仪先导。台院是御史台的主要机构之一,负责纠察百官、参与司法审判。台院侍御史在御史中权位最高,侍御史本来设两名,后增加两名,其品秩为从六品。殿院的主要职责是监察。在朝会、重大国家仪式活动中,殿院可以察举官员在行为、服饰等方面有无失礼的行为,也负责监察有关部门的财政收支情况等。殿院最初设殿中侍御史 4 人,品秩为正八品,后设 6 人,品秩为从七品。察院的主官是由 15 名正八品监察御史组成的,监察御史的主要职责分为分察与分巡。监察机构对中央政府的监察不包括中书、门下两省,但尚书省在监察之列,尚书六部中的每两部都要设御史监察一人,此为分察。中央政府将全国划分为 11 个监察区,即 11 道,往每一道派遣监察使或观察使,其主要职责是“掌持邦国刑宪典章,以肃正朝廷”[1],此为分巡。

唐代的地方监察制度经过了一个逐渐演变的过程。贞观年间,唐太宗将全国划分为 10个监察区,委任御史或其他官员担任巡察使、黜陟使。巡察使、黜陟使根据中央政令不定期巡视各州县。后来开始设置固定的按察使,任期两年,还设有判官为其助手,并制定《巡察六条》作为巡察地方的法律依据与行为准则。按察使负责对地方官员的贪污、品行、才德进行监察,并且可以监察地方的农业生产、社会治安及司法刑事方面的情况。到唐玄宗时期,在原来 10 道的基础上增加到 15 道,并在各道设置固定治所,可以常驻地方,是派驻到地方的一级监察机构。由此,府县两级就居于其下,地方行政就从两级变为三级。后来监察使巡视边疆就地驻扎,可以临时享有全权处置之权,从而演变为后来的节度使。因为节度使同时掌握军事指挥权、财政和民政大权,最后演变为藩镇割据局面。

(三) 宋代监察制度

宋代对相权的分割比唐代更为严重。虽然宋代设置三省,但是只有中书省设在宫中,门下和尚书两省被移出宫外,门下和尚书两省不再预闻中央最高决策命令。在中央政府机构中,中书省一家独大,称为政事堂。政事堂与管理军事的枢密院并称“两府”,同时设置其他新的机构分割六部的职权。因此,宋代形成了政事堂、枢密院、三司使、审刑院、审官院等机构,以代替原来的三省六部,差遣官或职事官取代了之前六部的正官。原来的“三省”长官不再预闻朝政,执掌最高行政权的是中书门下,它辅佐天子,总领百官,是独立处理国家政事的机构。宋代的军权、财政权和人事权彼此分割、相互掣肘,因此相权相对于军权更为低落。宋代的监察机构依然是御史台,也分为台院、殿院和察院,以御史中丞为首长。虽然宋代中央监察制度依然以御史台为主,但是出现了一个新的发展趋势,即台谏合一。

在宋代之前,台、谏二官是分离的。台是御史台,唐代的御史台是天子耳目,谏官则是宰相耳目,御史台独立于相权。而到宋代之后,谏言之权就从宰相手里独立出来,谏言之官开始谏言政府官员。以前是御史与谏官独立,前者不得言事,后者不得纠弹,二者合一是为了突出皇权,发挥监察制度的作用。

宋代的中央监察体系由御史台和谏院构成,御史台承继汉唐制度,而谏院到宋代发展成独立的机构,自成体系。宋代的御史台仍然设立台、殿、察三院,但是各院的主官比唐代大为减少。宋代御史台的主官多为兼职,虽然御史大夫是主官,但是并不常设,更多的是加官和

---

[1]《旧唐书·职官三》。

虚衔。实际主持御史台工作的是御史中丞。宋代的御史台主要弹劾文武百官违法乱纪行为，以弹、劾、纠、奏四种方式进行检查，对重大罪行的监察为"劾"，对较大罪行的监察为"弹"，对罪行较轻的监察为"纠"，对一般性违法失礼行为的监察则为"奏"。除此之外，御史台还对钱粮、财政、官员考绩等进行督查。与唐代相比，御史台不再出巡地方进行监察，只负责对中央政府的六部以及京畿之地百官的监察职责。宋代的谏言系统由谏院、门下后省两个机构组成，行使谏诤、谏核和封驳三项主要职权。谏院沿袭唐制，设左、右谏议大夫，左、右补阙，以及左、右拾遗，其官员由皇帝直接挑选，谏院成为直接听命于皇帝的独立机构。谏院对皇帝的疏失言行进行规劝，是为谏诤，而对宰相和一般普通官员言行失当的违法行为可以进行监督和弹劾。到了宋代，御史和谏官之前各司其职的情况发生了变化，台官可以言事，谏官可以弹劾，出现了职权交叉。

宋代的地方监察体制主要由通判、监司和走马承受组成。宋代地方行政体制为州、县两级，其长官为知州和知县。宋太祖为了加强对地方的监督，设立 1—2 名官员，称"通判州军事"，简称"通判"。通判既不是知州的副职也不是其属官，而是州的最高监察官，由皇帝直接从中央选派。通判具有管理地方的权力，可以参与地方行政。若知州不法，通判可以直接向皇帝汇报。宋代州县之上本来没有更高一级的行政机构，后来为了适应军事需要，设立了路，初为 15 路，后至宋徽宗时增加为 26 路，路设转运使一人。初期，转运使没有监察职能，后因查问粮草、军需的需要，转运使成为事实上的监察官。但凡涉及地方的政治、经济、军事和民政等情况，转运使都要过问，后来逐渐演变为地方行政官。为了遏制转运使的权力，中央政府派遣转运司、提点刑狱司、提举常平司和安抚使司监督地方行政，这四司合称"监司"，直接对皇帝负责。监司要定期巡察其辖区内的情况，发现问题及时纠察。走马承受是皇帝的耳目，是用来监察转运使的，它虽不是监司的属官，却具有与监司一样的监察权。

(四) 明代监察制度

明代的政治制度与前代最大的不同在于废除了宰相制度，尚书省没有长官，六部各自负责，地位相等。六部加上掌管监察的都察院、管理奏章的通政司以及掌管刑案裁决的大理寺共同称为"九卿"。废除宰相之后，设立辅官协助皇帝处理政事，这是后来明代内阁制的雏形。最初，内阁仅为皇帝顾问，后来地位逐渐提高。明朝的监察机构，初期设御史台，后来废御史台而设都察院。都察院、大理寺和刑部合成"三法司"。

在中央，都察院为全国最高的监察机构，其官员由主官、一般官员和监察御史构成。主官包括左、右都御史，副都御史，以及佥都御史。左、右都御史为都察院的首长，其品秩与六部尚书同，为正二品。一般官员为都事、司狱等，监察御史是都察院中直接行使监察权的专职官员，虽然隶属于都察院，但是具有比较大的独立性，可以受皇帝派遣去地方执行监察任务。都察院为皇帝耳目，执掌风纪，不仅可以弹劾不法，审理刑狱，还可以对官员进行考察。其职权包括向皇帝进谏、纠察百官之失、司法审判，还可以行使逮捕权，与其他朝廷大臣参与朝政。都察院还可以监督军队及巡察边疆、河道、漕运等。在都察院成立之时，全国划分为 12 道监察御史，后来又划分为 13 道监察御史，监察的范围包括所有的行政部门，都察院和六科给事中也在监察的范围内。为了加强对地方的控制，中央政府还委派监察御史出巡地方从事监察工作，出巡的监察御史被称为巡按御史。

明代废除相权之后，相权分割为六部所有，各部直接对皇帝负责。六部地位提高后，为了监察六部官员的不法行为,在裁撤了省的谏官之后,保留了六科给事中。所谓六科,是指吏科、户科、礼科、兵科、刑科和工科。六科给事中是专门监察六部行政机构的独立监察机关,六科给事中直接对皇帝负责。都察院虽然是最高的监察机关,但并不是六科给事中的直接领导者,六科给事中与监察院互不统属,且它们相互监督。虽然明代的六科给事中的品秩仅为七品,但是位卑权重,除了可以监察六部之外,还对中央下达的政令具有封驳之权,而且在政令下达之后还可以监察政令的执行情况。另外,六科给事中还可以对官员的违法过失进行弹劾。六科给事中与监察御史合称科道。监察御史主要察事,以一般的行政官员为监察对象;而六科给事中则偏重言事,主要工作是拾遗补阙,封驳章奏。明代在建立完整的监察制度之外还制定了相应的监察法规,1439 年颁布了《宪纲事类》,对巡按御史的职权以及从事监察活动应遵守的行为规范等相关内容进行了规定。

明代还进一步加强了对地方行政的监察,都察院的监察御史不仅可以对六部百官进行监察,还可以接受皇帝指派以巡按御史的身份对各府、州、县进行监察和巡视,因此,都察院的监御史身兼两职。对地方的监察内容包括行政、司法、财政、治安、教育等方面,巡察后对中央汇报工作,交由中央部门处理。其主要职责包括考察官吏、复核与受理诉讼案件、考察地方风俗教化、稽查财政税收与地方灾患、勘察农田水利等。明代在省级行政级别上建立了"三司"制度,其中的"三司"即管理行政事务的承宣布政使司、负责监察事务的提刑按察使司以及管理军事的都指挥使司。提刑按察使司也称为臬台、臬司,负责监察,其监察区域也是按照 13 道划分的,这与都察院的 13 道监察御史相同。提刑按察使司的监察范围是非常广泛的,凡本省(布政司)、本道内的大小事项无不监察,而监察官吏和审理冤狱是其最主要的两项职责。虽然提刑按察使司和巡按御史都是监察地方,但是二者并无隶属关系,各自独立行使监察权,双方之间也可以相互监督。

因为明代地方三司之间互不统属,缺乏集中统一领导,后来实行总督巡抚制度。巡抚制度是从都御史巡察地方发展而来的,为了加强对地方的监督,皇帝不定期派出都御史巡察地方,监督考察地方行政事务以及地方官吏的违法行为,而担任出巡地方任务的都御史就被称为巡抚。明代的总督和巡抚最初是以皇帝特使身份巡视地方的,后来演变为地方军政长官,监察就不再是其主要职权。总督和巡抚都领受都御史衔对地方进行监察,但是二者还是有区别的:总督可以管理军事,其辖区也超出一省的范围;而巡抚一般不涉及军事,并且其管理范围也不超过一个省或者仅限于一个省内的某个地方。

(五) 清代监察制度

清代是我国古代最后一个王朝,为了加强皇权,维护其统治,进一步完善和强化了监察制度。清王朝建立之后,在政治制度上承袭了明代的内阁、六部、都察院、翰林院等政府体制,并对其损益完善。清初的内阁是中央最高行政机关,内阁设满、汉大学士。雍正年间为了加强皇权,设立了军机处,掌管军政大权。清代还承前朝旧制设立六部作为政府的执行机关,各部长官为尚书,副长官为侍郎,每一职务都实行复职制,设有一满一汉两位官员,以满为主。与六部并列的中央机构还有都察院、大理寺、太常寺、光禄寺、太仆寺、鸿胪寺、国子监、钦天监、翰林院、太医院、理藩院、宗人府、詹事府、内务府。其中,清代承袭明代设立都察院负责监察事务。

清代中央政府的监察机构以都察院为中心,并且将六科给事中并入都察院,这种做法有效地发挥了科道官员在监督政府官员时维护皇权方面的作用。清代的都察院权力更为集中，职责更为清晰，内部机构更为简化高效。清初设置都察院的主要目的是弹劾官吏和对皇帝进谏，其机构设置丞政 1 人，左、右参政各 1 人。顺治年间改承政为左都御史，改参政为左副都御史。后来光绪年间对官制进行改革，都察院改为设都御史 1 人，副都御史 2 人。都察院的所属机构众多，包括十五道、六科、御史处以及五城察院。

清代将全国划分为 15 个监察区，即十五道，每道由监察御史分道负责。十五道是都察院的下属机构，其职责是监督各地各级官吏。清代对地方官吏的监察采取双轨制：一方面在各省设立提刑按察使，另一方面又按省设道对地方进行监察。六科是清代仿明代监察制度设立的独立的监察机构，其主官为给事中。雍正时期设立军机处，六科监察六部的作用有所减弱，六科被并入都察院，接受都察院管辖，形成科道合一的模式。将谏官系统并入都察院意味着谏官系统的消失，同时加强了都察院的权力。而六科给事中就只能对在京的官署进行例行公事意义上的稽查工作，六科的参驳职能丧失殆尽。清代设立御史处，其主要职能是专门从事财务审计和监察。御史处分为两个机构：一是宗室御史处，二是稽察内务府御史处。宗室御史处负责监察宗人府。清代宗人府居于内阁、六部之上，设立宗室御史处就是为了稽查宗人府的钱粮册籍，审核盛京的账册。稽察内务府御史处的主要职责是对内务府进行监督。在清代，内务府是管理宫廷事务的机构，其管理内容十分广泛庞杂，包括宫廷的衣食住行等。稽察内务府御史处设内务府御史 2 人，一般由协理陕西道及掌贵州道满御史 2 人兼任。清代在京城设置五城察院作为首都地区的监察机关，五城察院的职责类似汉代的司隶校尉，由都察院专门设置巡城御史担任。与明代不同的是，这个位置不再由监察御史担任。五城察院负责稽察京城地区的治安，下设兵马司，其长官为兵马司指挥，可以负责缉捕和诉讼等。

清代重视监察立法工作，《钦定台规》是我国监察史上第一部以皇帝名义颁布的完整的监察法规。这部法规收集了清代以来的各种监察规定，是清代监察官行使权力的依据与行为规范，都察院负责让各监察机构遵守执行。《钦定台规》对于监察机构的性质、地位、建制、职能、任务以及监察程序等都作了明确规定。《钦定台规》明确强调都察院在皇帝的领导下执行监察任务，皇帝对监察活动有最终的决定权，都察院的人事权也最终由皇帝裁定。

清代为了加强对地方政府的监察而设置了总督、巡抚等职位，另外还通过按察使、道等多种方式对地方进行有效监察。总督和巡抚是明代旧制，明代前期总督和巡抚的主要职责是监察，后期转变为掌管地方军政的地方大员，都察院派出的总督和巡抚一般还领有都察院的都御史衔。清代承袭明代旧制，总督和巡抚原为皇帝派往地方的官员，到乾隆时期，总督和巡抚成为地方最高军政长官。总督一般为正二品，为了提督军务还会领兵部尚书或右侍郎衔，巡抚的品秩一般为从二品。督抚的权力极大，不仅可以监察地方事务，察举官吏，还可以参与狱讼，对地方官员具有黜陟之权。提刑按察使司是省级最高监察机关，负责监察地方官员，设置按察使 1 人，为正三品，位次于布政使。清代全国提刑按察使共 18 人，每省 1 人，主要职责是办理本省的司法案件，审理词状，管理囚犯，主持秋审，遇到重大案件还要和布政使共同审理，并向刑部和都察院上报相关情况。同时提刑按察使还要出任乡试的监试官，每五年还要在"大计"考核官吏时担任考核官。地方监察官还有道，道员本为布政司和按察使司两司的派遣官，并不属于地方的一个行政区域官员。道员一般也称为监司，分为两种：一种是守道，另一种是巡道。守道是由布政司派驻到地方的官员，兼领布政司的参议、参政衔，偏重于对于财政经济方面的监察。巡道是由按察使司派到地方的监察官员，一般兼领按察使司副使、金事衔,偏重司法方面的监察。道员还可以根据所监察事务的不同设粮道、河道、盐道等。乾隆年间取消道员的兼衔,正式成为地方的督抚实官,品秩为正四品。后来,守道、巡道的职责也逐渐趋同。

二、民国时期的监察制度

清代末期,清政府为了挽救其统治,对官制进行了改革,监察制度也是其改革的重要组成部分。虽然按照西方的制度建立了准监察制度,设立了资政院和各省的资议局,并且对都察院进行了改革,使其成为现代意义上的行政监察机构,但是最终并未真正发挥其监察作用。辛亥革命之后,受西方权力制衡思想以及中国古代监察传统的共同影响,孙中山将监察权纳入"五权宪法"之中。北洋政府成立之后,颁布了《平政院编制令》,规定平政院的组织和职权,根据法令设立了平政院履行都察院的弹劾职能,同时又在平政院下设立肃政厅,独立行使弹劾权以及承担行政诉讼之责。1928 年,南京国民政府根据孙中山"五权宪法"思想建立了五院制的政府体制,后来通过的《中华民国监察院组织法》对监察机构、监察官员以及监察区作出了详细规定,是"五权宪法"下监察院运行和组织的法律依据。

民国之初,中央政府废除了清政府的都察院体制,对于行政机关的监察涉及如何处理行政诉讼的问题。当时的主要争议是采取行政诉讼裁判系统的一元制还是二元制。一元制主张行政审判系统设置在普通法院之内;而二元制则主张将都察院改为惩戒裁判所,这样既可以保留古代都察院纠察官吏之权,又可以容纳审判官吏之权,与普通法院在权限上不发生冲突。《中华民国临时约法》采取了二元制的模式,设置平政院作为专职行政诉讼的法院。1914 年,北京政府颁布《平政院编制令》,对平政院的职权和组织作出规定。平政院一方面可以审理行政诉讼,另一方面还享有弹劾之权。平政院的建立既受到西方行政诉讼制度的影响,也保留了中国古代都察院的某些职能。平政院于 1914 年 3 月 31 日建立,根据《平政院编制令》,平政院直接受大总统的领导。平政院设院长 1 人,下设 3 个庭,每庭由 5 位平政院评事组成。平政院的主要职能有二:一是审理行政诉讼;二是处理弹劾案件。《平政院编制令》第 5 条规定:"平政院依行政诉讼条例及本令第九条之规定,就行政诉讼事件及纠弹事件,行使审判权。"平政院纠弹的职权由平政院下设的肃政厅行使,具体弹劾由肃政史执行。肃政厅设肃政史 1 人,由大总统任命,肃政史专门对违法官吏行使纠弹权,这种制度实际上是中国古代的监察制度的延续。平政院从 1914 年建立到 1928 年取消,实际存在了近 15 年。1923 年《中华民国宪法》("曹锟宪法")颁布,这部宪法重新将行政诉讼的审判权收归法院,使得平政院受理行政诉讼的权力被取消。这部宪法设计的监察制度实际上是以议会监察为主的监察体制。不过,这部宪法最终并未实施。

除了平政院之外,北洋政府还建立了文官惩戒委员会以及审计院来监督政府官员。文官惩戒委员会的主要职责就是对违背职责要求、废弛公务、有失官职威严和信用的官员行使惩戒权,主要惩戒手段包括褫职、降等、减俸、记过、申戒等五种。审计院直接隶属于大总统,每年审核国家财政收入、支出和决算等情况,还可以审计各官府每日之收支等。

在 1947 年《中华民国宪法》颁布之前,国民政府采用的体制是"一府五院委员会制",之后则采用"一府五院内阁制"。孙中山以"五权宪法"的理念设计政府体制,在西方立法权、行政权和司法权之外增加了两个中国固有的权力,即监察权和考试权。在政权和治权分离的前提下,将治权一分为五,政权由国民大会行使,而治权由政府行使,具体包括行政权、立法权、司法权、监察权和考试权。"五权宪法"既吸收了西方政治体制的设计思想,也继承了中国古代传统政治的特色。孙中山总结西方制度,认为将监察权隶属于议会有很多弊端,应将其从中独立出来。[①]

南京国民政府还将全国划分为若干监察区,实行分区监察。监察院向国民政府提请派遣监察使。监察使在全国各地监察区从事监察工作,还在监察区内设置监察使署。根据《监察使署组织条例》,监察使署内设秘书处、总务科、调查科等机构。监察使由监察委员担任,受监察院领导,任期两年,可以续任。监察使每年出巡 2—4 次,发现情况则向监察院报告,可以接受民众检举揭发公职人员违法行为的书状,认为必要时可以派员调查,对于违法失职的公职人员可以弹劾。

第三节　新中国监察制度的沿革与发展

新中国成立之前,中国共产党就开始探索如何有效地制约公权力。从土地革命时期到抗日战争时期,从解放战争到新中国成立,中国共产党领导中国人民对监察制度进行不懈探索。在苏维埃政权建设初期,主要学习苏联的监察制度,设立工农检察机关履行监察职责。在抗日民主政权时期,中国共产党根据实际情况又建立了参议会监察制。在解放战争时期,中国共产党又恢复了专门履行监察职能的监察机关,建立了人民监察院制度。1949 年新中国成立之后,监察制度也不断往前发展,从成立初期的人民监察委员会到 1954 年宪法体制下的监察部以及后来的监察体制改革,都是中国共产党自觉运用马克思主义基本原理与中国具体经验相结合的产物。

一、新中国成立初期的人民监察体制

新中国成立初期,中国人民政治协商会议通过的《中华人民共和国中央人民政府组织法》第 18 条规定,政务院设立政治法律委员会、财政经济委员会、文化教育委员会、人民监察委员会和各部、会、院、署、行,主持各该部门的国家行政事宜。人民监察委员会的任务是建立监察制度、监督行政部门,如监督公务人员是否执行政府决策和政策、是否违法贪污等。《中国人民政治协商会议共同纲领》(简称《共同纲领》)规定了中华人民共和国的国体、政体、国家的基本组织制度以及内外大政方针。对于监察制度,《共同纲领》第 19 条规定,在县市以上的各级人民政府内,设人民监察机关,以监督各级国家机关和各种公务人员是否履行其职责,并纠查违法失职的机关和公职人员。人民监察机关不仅可监督行政机关的工作人员,还可以监督行政机关之外其他机关的工作人员。政务院人民监察委员会是全国监察工作的领导机关,其主要职责是,监察全国政府机关和公务员是否违反国家法律、政策或存在损害人民利益的行为,指导全国各级监察机关的监察工作,接受人民和人民团体对国家机关及其工作人员违法失职行为的控告。

---

① 广东省社会科学院历史研究室等合编:《孙中山全集》(第 1 卷),中华书局 1981 年版,第 331 页。

二、1954 年宪法下的监察体制

1954 年制定了新中国的第一部宪法,根据宪法,全国人大通过了《国务院组织法》《人民法院组织法》和《人民检察院组织法》。据此,中央政府对人民监察委员会制度进行调整,将人民监察委员会改为监察部。在地位上,监察部与其他部委是平级单位,地位有所降低。1955 年 11 月,国务院常务会议批准了《监察部组织简则》,规定了监察部的组织、职权以及行使职权的程序,还规定了监察部的人员配备和内部领导关系。监察部的主要任务是监察国务院各部门、地方各级国家行政机关、国营企业及其工作人员是否正确执行国务院的决议和命令,对国务院各部门和地方各部门的财政预算等问题进行监督,接受公民对国家机关及工作人员的举报。对于地方监察工作,1954 年 12 月监察部颁布的《关于调整地方各级监察机构及其有关事项的指示》规定,在省、直辖市、设区的市的人民委员会中设置监察机关,县和不设区的市和市辖区的人民委员会则不设置监察机关,而在"工作特别需要的县和不设区的市,由专署或者省的监察机关重点派遣监察组,并且接受该监察机关的垂直领导"。1959 年,由于行政监察制度和工作都受当时极"左"思想的干扰和破坏,监察部被撤销。

三、1982 年至十八大前的监察体制

1982 年宪法全面修改,国务院的组成部门中并没有监察部,只是规定国务院行使的职权包括"领导和管理民政、公安、司法行政和监察等工作"。1986 年 11 月,第六届全国人民代表大会常务委员会第十八次会议根据国务院的提请作出决定,"为了恢复并确立国家行政监察体制,加强国家监察工作,设立中华人民共和国监察部"。国务院下发通知,各地随即在省、市、县三级行政区内设立监察机关,有的还在乡镇设立了行政监察机构,而且根据一些特殊工作需要还向有关部门派遣监察机构或人员。1993 年 2 月,根据中共中央、国务院的决定,中共中央纪律检查委员会和国务院监察部合署办公,合署办公后的监察部仍然在国务院的领导下工作,属于政府序列。这套制度一直延续到监察体制改革之前。根据原《行政监察法》的规定,监察机关是人民政府履行监察职能的专门机关,负责对国家行政机关及其工作人员和国家行政机关任命的其他人员,在执行法律、法规和政策过程中的违法违纪情况进行监督。监察机关根据法律、法规和政策行使监察权,不受其他行政机关、社会团体和个人的干涉,在监督监察工作中遵循监督检查和改进工作相结合、惩处与教育相结合的工作原则。原行政监察与国家人事管理相适应,地方各级行政监察机关受所在人民政府和上级行政监察机关的双重领导,在监察业务上以上级监察机关领导为主。

四、新时代的监察制度

党的十八大以来,党风廉政建设持续推进,反腐败斗争向纵深发展,迫切需要从制度上对监察制度进行改革。为此,中共中央开始探索反腐败的法治化路径。深化监察体制改革是中央进行的事关全局的重大政治体制改革,目标是集中整合反腐败力量,加强党对反腐败工作的集中统一领导,构建集中统一、权威高效的中国特色国家监察体制,实现对所有行使

公权力的公职人员的监察全面覆盖。

（一）监察体制改革与《监察法》的制定

监察体制改革最早在 2013 年 11 月的党的十八届三中全会《关于全面深化改革若干重大问题的决定》中被提出,要求"加强反腐败体制机制创新和制度保障"和"改革党的纪律检查体制"。2015 年 1 月,习近平在第十八届中央纪委会议五次全会上指出,反腐败体制机制还要进一步完善,并明确要求修改原《行政监察法》。根据党中央的决策部署,2016 年 12 月,第十二届全国人大常委会第二十五次会议通过《全国人民代表大会常务委员会关于在北京市、山西省、浙江省开展国家监察体制改革试点工作的决定》,随后山西、浙江和北京相继召开人大会议,选举产生了各自省级监察委员会主任,并由人大常委会选举产生各监察委员会的其他成员。经过一年多的试点工作,2017 年 10 月,中共中央办公厅印发《关于在全国各地推开国家监察体制改革试点方案》,部署在全国范围内深化监察体制改革的探索,完成省、市、县三级监察委员会的组建工作。

2018 年 3 月 11 日,十三届全国人大一次会议表决通过了《宪法修正案》,在《宪法》第三章"国家机构"中增加一节作为第七节。第七节从第 123 条到 127 条共 5 个条款,对监察委员会的性质、组成、任期、地位、领导机构和独立行使监察权等内容作了规定,也为《监察法》的制定和颁布提供了宪法依据。3 月 20 日,在十三届全国人大一次会议闭幕会上,《监察法》获得高票通过。

（二）国家监察体制改革

国家监察体制改革的重大决策部署是党的十八大以来以习近平同志为核心的党中央将马克思主义与新时代相结合创立的习近平新时代中国特色社会主义思想的具体制度实践。深化国家监察体制改革是习近平新时代中国特色社会主义思想的重要组成部分。

在监察体制改革之前,我国监督机制是以人大监督为主的国家监督体系。"一府两院"对人大负责、受人大监督,人大是国家权力机关和监督机关。人民法院是司法审判机关;人民检察院是法律监督机关,可以行使职务犯罪侦查、起诉权;行政机关内部设有行政监察机关,行政机关可以进行行政复议和审计监察;中国共产党在党内设有纪律检查委员会承担党内监督的职能。这套监督体系可以概括为纪委为主导、检察院为保障、政府监察为补充的监督体制。从具体的监督机构来说,行政机关不仅有监察部,还成立了审计署、预防腐败局,而人民检察院还设有反贪污贿赂局、反渎职侵权局等。但由于我国监察范围过窄,反腐败资源相对分散,不利于形成合力强化反腐败工作力度。

监察体制改革之后,在党的集中统一领导下,将行政监察部门、预防腐败部门和检察机关的反贪资源予以整合,形成合力,使执纪和执法贯通,建立了高效统一的反腐败机制。并制定了监察法,明确监察机构在反腐败问题上的法律地位、职权,以"留置"取代"两规",解决了长期困扰反腐败工作的法治难题。《监察法》第 3 条规定的"各级监察委员会是行使国家监察职能的专责机关"与《中国共产党章程》(简称"党章")规定的"党的各级纪律检查委员会是党内监督专责机关"相呼应,将国家的反腐败工作统一到党的领导之下,建构党统一指挥、全面覆盖、权威高效的监督体制。

(三)《监察法》及监察法相关法

制定《监察法》是监察体制改革的内在要求和重要环节。党的十九大指出:"制定国家监察法,依法赋予监察委员会职责权限和调查手段,用'留置'取代'两规'。"监察法的制定工作是将党的决策部署通过法律程序落实为国家意志,是法治反腐的重大举措。通过制定监察法,把党的十八大以来在推进反腐败工作中取得的重大成就、形成的新理念、创造的新经验以法律的形式固定下来,为反腐败工作提供了坚强的法治保障。《监察法》分9章,包括总则、监察机关及其职责、监察范围和管辖、监察权限、监察程序、反腐败国际合作、对监察机关和监察人员的监督、法律责任和附则。

《监察法》第一章"总则"共6条,分别对立法目的、指导思想、监察委员会的性质和职能、监察机关的职权和工作原则以及监察工作方针作出了规定。监察法的立法目的包括四个方面:一是深化国家监察体制改革;二是加强对所有行使公权力的公职人员的监督,实现监察全面覆盖;三是深入开展反腐败工作,合署办公形成合力;四是推进国家治理体系和治理能力现代化。《监察法》规定各级监察委员会是行使国家监察职能的专责机关,这里的"专责机关"不仅强调监察委员会的专业化特征、专门性质,更突出监察委员会的责任。根据《监察法》的规定,监察委员会具有三项重要职能:第一,对所有行使公权力的公职人员进行监察;第二,调查职务违法和职务犯罪;第三,开展廉政建设与反腐败工作,维护宪法和法律的尊严。监察机关在行使监察权办理职务违法犯罪案件过程中,要与审判机关、检察机关、执法部门相互配合。《监察法》还对监察工作的原则进行了规定,主要包括四个方面:一是严格遵守宪法和法律,以事实为依据,以法律为准绳;二是在适用法律上一律平等,保障当事人合法权益;三是权责对等,严格监督;四是惩戒与教育相结合、宽严相济。监察工作方针坚持标本兼治、综合治理,强化监督问责,严厉惩治腐败,深化改革、健全法治、有效制约和监督权力,加强法治教育和道德教育。

《监察法》第二章主要涉及监察机关及其职权。中华人民共和国国家监察委员会是最高的监察机关,在国家监察体系中居最高地位,地方按照省级监察委员会、市(地)级监察委员会、县级监察委员会设置,在乡镇不设监察委员会。《监察法》还规定了监察委员会的组成人员和任期:国家监察委员会由全国人民代表大会产生,地方各级监察委员会由本级人民代表大会产生,地方各级监察委员会对本级人民代表大会及其常委会和上一级监察委员会负责,并接受其监督。此外,第二章还规定了监察委员会监督、调查和处置的职责。党内监督和国家监察是中国特色治理体系的重要组成部分,具有高度的一致性,纪委、监委合署办公落实监督责任。党内监督主要对党组织和党员遵守党章、党规、党纪,贯彻执行党的路线方针政策的情况进行监督检查。监察机关监督的方式包括廉政教育和检查,通过列席或者召集会议,听取工作汇报、实施检查或调阅、查阅文件等方式对公职人员是否依法履职、秉公用权、廉洁从政及其道德操守等情况进行监督。调查是监察委员会的经常性工作,主要包括对涉嫌贪污贿赂、滥用职权、玩忽职守、权力寻租、利益输送、徇私舞弊以及浪费国家资财等职务违法和职务犯罪行为进行调查。监察委员会履行处置职能主要涉及四个方面:第一,对违法的公职人员依法作出政务处分决定;第二,对履行职责不力、失职失责的领导人员进行问责;第三,对涉嫌职务犯罪的,将调查结果移送人民检察院依法审查、提起诉讼;第四,对监察对象所在单位提出监察建议。

第三章涉及监察的范围和管辖。根据《监察法》的规定,监察权行使的对象包括六类:第一类是公务员和参公人员。包括:中国共产党机关公务员、人民代表大会及其常委会机关公务员、人民政府公务员、监察委员会公务员、人民法院公务员、人民检察院公务员、中国人民政治协商会议各级委员会公务员和民主党派机关和工商联机关公务员。第二类是法律、法规授权或者受国家机关依法委托管理公共事务的组织中从事公务的人员。第三类是国有企业管理人员。第四类是公办的教育、科研、文化、医疗卫生、体育等单位中从事管理的人员。第五类是基层群众性自治组织中从事管理的人员。第六类是其他依法履行公职的人员,这是兜底条款,防止监察对象列举不全。监察机关的管辖主要遵循基本管辖和地域管辖相结合的原则。各级监察委员会对本辖区内的监察对象进行管辖,涉及管辖权争议的,由两个或者两个以上的监察机关报请它们共同的上级机关确定管辖权。

第四章和第五章涉及监察权限与监察程序。《监察法》第四章以立法的形式对监察权限进行了规定。原《行政监察法》和《行政监察法实施条例》并未明确规定监察机关享有监察、调查、建议以及政务处分的权力,限制了监察机关职能的发挥。《监察法》通过后,以法律的形式对监察机关在办案过程中的职权进行规定,对于涉案财产和账户,监察机关有权采取查封、冻结、扣押等强制措施。而对于涉嫌严重职务违法和职务犯罪的公职人员,监察机关可以采取留置措施。另外,必要时,在履行了相关的手续之后,监察机关还可以采取技术调查、限制处境和通缉等手段。《监察法》将事前、事中和事后的监察和处置结合起来,有助于监察机关行使监察权。第五章规定了监察程序,是指监察机关在履行监察职责、办理监察案件时必须遵守的法定时限、时序以及法定的方式、方法和手续。监察程序是一种法律程序,这种程序是用来规范监察机关实施监察行为的基本规范,《监察法》对监察活动的立案、调查、处置和移送程序作了明确的规定。

第六章规定了反腐败国际合作。通过加强国际合作惩治腐败是国际社会的共识。对于我国签署的反腐败国际条约,国家监察委员会应组织国内有关部门研究如何开展工作,还要协调与其他国家、地区、国际组织开展反腐败的国际交流与合作。需要注意,反腐败工作主要包括双边合作与多边合作,监察委员会可以通过引渡、遣返、异地起诉、劝返、采取非常措施等方式开展境外追捕和调查工作。

第七章和第八章是对监察机关和监察人员的监督以及监察法律责任的规定。任何权力都要接受监督,监察权也是如此。对监察机关和监察人员进行监督是《监察法》的重要内容之一。根据《监察法》的规定,对监察机关与监察人员的监督既包括监察机关的内部监督,又包括人大监督、检察监督和人民监督等多种方式。监察机关的内部监督也就是监察机关的自我监督,包括在办案过程中,建立调查、审查各部门相互协调、相互制约的工作机制,加强办案过程中的监督,以及在内部设立专门的监督机构来完善监督机制。监察法律责任是指监察法律关系主体违反《监察法》设定的义务,需要依法承担的带有强制性的法律后果。《监察法》关于法律责任的规定包括两部分:一是被监察的组织和个人违反本法规定应当承担的法律责任;二是监察机关及监察人员违法行使权力,侵犯公民、法人和其他组织的合法权益而应依法承担的法律责任。

《监察法》的最后一章为附则,分两条,一是对中国人民解放军和中国人民武装警察部队开展监察工作所作的特殊规定;二是有关《监察法》施行日期以及《行政监察法》的废止日期的规定。

监察法相关法当前主要有《公职人员政务处分法》《监察官法》《监察法实施条例》等

监察法律法规。《公职人员政务处分法》规定了政务处分的种类、适用、程序和救济等内容，对于进一步规范政务处分、实现监察全覆盖提供了制度保障。《监察官法》对监察官的职责、义务和权利，监察官任免和管理等作了规定，对于加强对监察官的管理和监督，保障监察官依法履职，维护监察官合法权益，推进高素质监察官队伍建设，推进监察工作规范化、法治化起到了重要的推动作用。《监察法实施条例》是对《监察法》原则性精神和规定的具体细化，使其更具可操作性，为监察实践提供了更为清晰的指引。

第四节　西方监察制度的沿革与发展

从古希腊开始，西方社会也设计出了各种监察制度，这些制度在历史上相应沿革。监察制度最初起源于生产和分配中的记事活动，后来被引入到社会治理活动当中。从萌芽到成熟，西方社会的监察制度发展史可以划分为三个阶段：第一个阶段是古希腊时期的监察制度，主要以雅典的公民大会监督和斯巴达的监察官制度为代表；第二个阶段是古罗马共和国时期的监察制度，古罗马专门设置了监察官，监察制度是古罗马政治制度的重要组成部分；第三个阶段是近现代的西方监察制度。这种监察制度模式以启蒙思想家的政治思想为基础，各个国家发展出了各具特色的监察制度，并且形成了专门的监察机构。

一、监察制度的萌芽时期

在雅典城邦的民主政治中，负责监督的主要是公民大会、五百人议事会和公民陪审团。现代西方政治制度中的民主监督机制就发源于此。在雅典的政治制度中，公民大会是最高权力机构。公民大会选举产生行政官员，有权对行政官员进行弹劾和惩戒，主要方式就是公民大会通过提出不信任案来对行政官员或者公民的行为进行表决。当公民大会认为行政官员或者公民的行为危害城邦安全或者危害其他公民自由时，就会对不法官员或公民进行放逐。不仅如此，公民大会还有权听取高级官员的述职报告，对城邦的主要事务进行表决，审查官员的公职行为等。另一个行使监察权的机构是五百人议事会。五百人议事会是公民大会的常设机构，从雅典城的 10 个部落中按照人口比例以抽签的方式从 30 岁以上的男性公民中选出，任期为 1 年。五百人议事会再分成 10 组，每组 50 人，轮流担任主席团主持城邦的日常事务，主席团的任期为 1 个月。在公民大会闭会期间，五百人议事会行使监察权，监督造船厂、造械厂等制造业的生产活动，并对贸易和雅典的财政收支情况进行审查，还可以监督官吏的日常行为。除了这些权力机构的监督之外，雅典城邦的行政官员还要受到严格的审查。虽然雅典的官员由抽签产生，但是在任职之前必须经过考验，以确认其能力可否胜任。执政官和将军除了接受资格审查之外，还要接受每年 10 次信任投票，以此对其进行监督。

古希腊时期最早建立独立专门监察机构的城邦是斯巴达。斯巴达的政治体制是一种军事民主制。这种体制的最高权力部门主要由国王、元老院、监察官和公民大会组成。其中元老院由部落长老议会发展而来，由全体公民选举产生，由 2 位国王和 28 位 60 岁以上公民组成。元老院是斯巴达政治决策的主要机构，其权力既包括创制权，也包括对国家大事的审议和提出对策的权力。元老院与国王代表贵族利益，而公民大会与监察官则代表平民利益。

监察官每年选举一次,连续当选不得超过两次,而且监察官也不能担任军职,卸任后就恢复其普通公民的身份。

二、共和时期的罗马监察官制度

罗马在公元前 509 年建立共和政体,主要由行政官员、公民大会和元老院三层机构构成。受希腊政治文化的影响,罗马的政治制度同时具有民主性和等级性的特征。罗马最高官员包括执政官、副执政官(执法官)、监察官、市政官等,其中执政官是最高的行政官员。执政官是行政首脑兼国家元首,掌握行政权并享有军事指挥权,可以召集公民大会,向元老院提出驻外使节,提出法律议案,也可以支配财政,但是执政官在出任军事统帅、论功行赏以及重要官员任免方面要受到元老院的制约。罗马的公民大会由以血缘为基础的库里亚大会、以财产为基础的部落大会以及以部落和平民为基础的平民大会组成,这些大会或者会议享有一定的立法权。罗马的元老院由卸任的执政官和有权势的贵族组成,可以决定对外政策、征募与调遣海陆军队,还可以审定财政的预算和决算情况,批准法律以及决定宗教仪式及庆典等。在罗马奉行的"混合宪制"当中,各种权力相互牵扯、相互协调,监察官制有其特殊之处。监察官产生于公元前 443 年,设立监察官(Censor)是为了进行人口普查,监察官一般由卸任的执政官担任,两名监察官由百人团大会选举产生。最初,监察官都是从贵族中选任的,后来开始由平民担任,再后来法律规定,两位监察官之一应该为非贵族,而且任何公民不能担任两次监察官。

三、近现代监察制度

欧洲进入中世纪之后,监察制度湮没无闻,西方世界主要受基督教的影响,在政治上由封建制度和教会制度共同管理土地、人口与日常生活。英国在诺曼征服之后,国王的权力受到贵族们限制。英国召开的议会不仅有贵族、骑士参加,还有市民代表参加。14 世纪之后,议会分为上议院和下议院,上议院由教士和贵族组成,下议院由骑士和普通市民组成。下议院可以对滥用职权的大臣提出弹劾案,以此来行使对行政官员的监督权。

近代监察制度的发展与启蒙运动时期政治理论的发展密切相关。由霍布斯(Hobbes)、洛克(Locke)、孟德斯鸠(Montesquieu)、卢梭(Rousseau)等提出的契约论、人民主权和分权制衡理论,都立足于人性滥用权力的可能性,从制度上对立法、行政和司法进行分权,以实现相互监督。启蒙学者在论述国家产生和国家权力的时候总是主张国家权力源自所有人的自然权利。因此,反对国家权力的肆意妄为,也反对国家滥用权力干涉公民的个人自由。启蒙理论认为,制度设计的人性前提是人性恶,拥有公权力的个人从自私的倾向出发都可能滥用权力。因此,限制拥有权力的官员就是制度设计的主要目的。在制度设计上,逐渐形成了议会监督、行政监督、司法监督、政党监督、公民与社会监督以及舆论监督等多种监督方式。其中,不同的国家和地区形成了不同的监察制度。以议会监察为主、行政内部监察为辅,多种监察方式并行是近现代监察制度的主要特色。

以下以最具代表性的监察制度,如瑞典议会监察专员制度、美国监察长办事处制度、英国行政监察专员制度、法国政府督察团制度、日本行政监察制度、韩国监察院制度为例予以说明。

（一）瑞典议会监察专员制度

1809 年现代监察专员制度在瑞典诞生，其国际通用名称"ombudsman"就是瑞典语。议会监察专员是指由议会选举产生的、具有相对独立地位的、依公民投诉或依职权专门负责对行政机关及其公务人员的不合法、不合理行政行为实施监督的受任者。北欧的监察专员制度被公认为世界上最为模范的监察专员制度之一，在其制定 200 多年后在世界范围内得到迅速的发展。瑞典的议会监察专员制度随着 1809 年《政府组织法》的通过而创建，目前已形成了以《政府组织法》为核心，以《议会法》《议会监察专员指令法》《议会监察专员秘书处管理指令》等法律法规为主体的法律体系。

瑞典《政府组织法》规定了议会监察专员的独立地位。法律除了规定瑞典政府不得干涉监察专员的工作外，也限制议会就任何个案向监察专员发出任何形式的指示和命令。任职期间，议会监察专员享受最高法院法官的待遇，除议会外，任何机构和个人均无权对其进行罢免。监察专员虽隶属于议会，但他对议会也保持着一定的独立性。议会主要依据《议会监察专员指令法》指导监察专员的工作，不干涉其具体工作。公众相信监察专员能够保证自己权利不受公共部门侵害的一个前提，就是监察专员不仅在理论上而且在事实上都是自由和独立的。

议会监察专员由议会每 4 年选举一次，但议会的解散不影响监察专员的任期。选举采取秘密投票的形式，专员可以连选连任，不受限制。议会有权任命监察专员，也有权罢免监察专员，其他任何机构或个人都无权干涉。但议会不得干涉其具体工作，甚至不得对其决定施加任何影响。专员因故在任期届满之前离职的，议会应立即选出新的监察专员，并重新计算其任期。专员因病或其他原因长期不能工作的，则由议会选出一个人来替代其工作，直至原专员重新工作为止。专员因度假、疾病或其他原因临时缺席的，可由首席专员指定另一专员或由首席专员自己代为履行职责。

议会监察专员的监察对象主要为中央和地方的行政、司法机关及其公务人员。这里的"公务人员"范围很广，主要包括中央和地方政府机关的官员、法院的法官、检察官、公立学校的教职员工、医院的医师和护士、公立养老院的职员以及军队的下士以上军官等。此外，受行政机关委托代行其实际事务的雇员、非正式职员也属于议会监察专员监察的范围。

（二）美国监察长办事处制度

美国政府设立专门的机构查处联邦政府机关内部的贪污行为，该机构即监察长办事处。美国的监察长制最早出现于 1776 年，为了杜绝贪污行为，华盛顿特别任命了一名监察长。后来这个职位被取消，取而代之的是在行政部门内部设立调查及稽核机构，隶属于行政机关。后来美国政府发现贪污问题日渐严重，在 1978 年，美国国会通过了《监察长法案》，到 1988 年，美国在 25 个联邦、局、署设立了 50 多个监察长办事处。监察长由总统任命并经参议院投票通过，监察长和所在部门的法律总顾问及副部长处在同一级别，具有比较大的独立性。监察长的职责主要有两项：一是对财政的公共计划情况进行审核，防止贪污、欺诈和浪费资财等现象；二是对不合理不合法的财政支出进行调查取证，并提出相应的改进建议。监察长为了履行监察职责，可以制订年度监察计划，可以跟踪政府行政过程中的每个环节。监察长办事处还可以行使审查权，如果发现行政部门有舞弊或者违法行为，可以将有关材料移交调查部。除此之外,监察长办事处还可以接受举报,美国政府鼓励普通民众监督政府,并对政府的违法行为进行举报。

(三) 英国行政监察专员制度

英国在 1967 年通过《议会行政监察专员法》,并产生了英国议会行政监察专员。目前,英国行政监察专员由议会行政监察专员、卫生行政监察专员和地方行政监察专员等组成。

议会行政监察专员由英王任命,终身任职,只有在严重违法时才能由议会两院弹劾罢免。这样做是为了保障议会行政监察专员的独立性。议会行政监察专员的主要职责是监督政府及其工作人员,确保他们依法行政、合理办事,防止其侵害公民的正当权益。议会行政监察专员的管辖范围仅限于公民受到不良行政影响而遭受利益损害的情况,包括政府工作人员的疏忽、不称职等。议会行政监察专员是议会的代理机构,受到行政侵害的当事人不能直接向议会行政监察专员提出申诉,而必须先向下议院的议员提出,议员征得当事人同意之后转送给议会行政监察专员进行处理。议会行政监察专员受理案件后,必须通知有关部门的负责人或者相关政府工作人员对当事人的申诉陈述意见。议会行政监察专员可以决定调查方式,并在取得证据方面具有强制力。对于不良的行政行为,监察专员可以建议行政机关在法律规定以外补偿当事人损失,或者变更原来的行政决定。

卫生行政监察专员是英国根据 1979 年《国民卫生服务改组法》建立的监督卫生行政机构服务活动的专门人员。其主要职权是基于当事人提出的不良行政使其利益受到侵害的申请,调查卫生行政机构服务活动中是否存在缺陷,或者这些机构是否存在应当提供而未提供服务的情形,以及这些机构自己采取的或别人为它采取的其他行为中是否存在缺陷,若存在缺陷,应同时提出解决建议。

除了议会中设立的行政监察专员之外,地方还设有地方行政监察专员。地方行政监察专员可以对地方政府以及地方各委员会等机关进行监督,可以处理申诉、进行调查并对行政机关的不良行为进行报告。

(四) 法国政府督察团制度

法国中央政府一般在政府各个部门设立督察团。督察团在督察长的领导下从事监督工作。督察团要协助政府各部部长在行政管理、财务审计以及经济方面对政府官员、各个分支部门实施监督。经由有关授权,督察团还可以从事专门的调查工作,或者受指令对政府官员的操行进行评鉴,为政府部门的高级职务提供候选人。督察团内设于政府部门,有时候也被派往一些政府机构承担具体的管理事务。法国督察团的运作模式是法国行政体系的一个重要特色,督察团集协助、监督和管理的职能于一体,在一定程度上是各部部长办公机构的延伸,起着各部部长耳目的作用。以财政督察团为例,这个职位的人选由经济和财政部长在审计法院、财政监察署或经济和财政部各部门的高级官员中挑选。这一职位的主要职责是审核各个机构的财政支出和投入的具体情况,对经济与财政部长提供必要的经济信息,并向其监督的主要机构提供监察建议。法国政府督察团制度是一种预防性的督察,虽然有助于预防行政决策中的腐败和不合法的行为,但在某种意义上减缓了行政效率,抑制了各行政部门的积极性。这种监督模式虽然可以开展惩戒性的监督,其调查结论也有惩戒和警示作用,但是对行政部门的约束还不是非常有效。而且调查行为还受到各部部长的约束,若部长不支持其调查,督察团也无法独立地行使其监督权。

(五)日本行政监察制度

日本在行政改革中形成了社会、专家和专门机构相结合的监察体制,以此来检查和克服行政管理活动中的不善环节。日本的行政监察制度涉及中央监察、地方监察和特种监察等方面。中央监察机构即内阁监察局,其主要任务是制定重点监察课题,对行政过程进行有计划的监察,找出管理过程中的问题,经过总结分析形成结论,并由厅部长官予以集中,最后向省厅大臣汇报提出改进建议。日本的地方监察机构和中央监察机构在职能分工上略有不同,地方监察机构主要配合中央监察机构的工作,在地方开展业务,组织民间人士参与行政对话,通过恳谈等方式来谋求当地行政部门的行政效率,指导县一级行政机构所设立的监察事务所的工作。日本还在特殊的部门中设有特种监察机构,如邮政监察、人事监察与预算执行监察等。日本监察机构的主要职责包括以下四个方面:一是调查和检查各行政部门的工作情况,对政府体制和方针政策进行改革;二是评价有关部门在人、财、物三个方面的具体情况;三是若发现政府部门中存在问题,则可以向有关部门提出劝告和改进建议,督促其纠正、补救和改进;四是可以组织开展与行政部门以及普通国民的谈话,从而敦促政府解决国民关切的问题。日本监察体制的一个特色是注重公众参与。一方面,通过审议会、恳谈会等方式让社会人士参与监察事宜,并让其提供咨询意见;另一方面,监察机构还广泛开展地方"苦情"交谈活动,以了解和研究国民对政府行政的建议和看法,改进政府行政。在地方上,许多地方公共团体设置了市民商谈室用来组织地方的商谈活动,并设立相应的窗口接待国民。

(六)韩国监察院制度

韩国设有监察院,直属总统领导,是专门执掌监察职能的国家机关。监察院既不隶属于议会,也不隶属于政府,独立行使职权,不受任何机关、团体或个人的干涉,享有较高的独立性和权威性。监察院的主要任务是审计国家决算及受国家与法律约束的团体的财务,监察国家行政机关及公务员履行职务的情况,以及揭露公职人员违法违纪问题。监察院的监察方式主要是要求监察对象提交有关文件,必要时可以进行巡回监察。监察院有权冻结监察对象的仓库、物品等;根据监察结果,发现监察对象有违法行为的,有权移交司法部门处理;发现法律或行政工作有问题时,可以向有关机关提出修改建议或者改进行政工作的具体措施。

韩国现行《宪法》第四部分专门就监察院的职能、权利和义务、法律地位及组织机构等进行了规定。如《宪法》第97条(职责和归属)规定,为了监察政府财政预算收入、支出决算,政府部门及法律规定机构的账目,以及行政机关和公务员的行政管理职能,在总统领导下设立监察院。第98条(组成)规定,监察院由包括院长在内的5人以上11人以下的监察委员组成。院长经国会同意,由总统任命,任期4年,只连任一次。监察委员由院长提名,总统任命,任期4年,只连任一次。第99条(职责)规定,监察院每年对政府财政预算收入、支出决算进行审计,并于次年向总统和国会报告结果。第100条(组织、职责范围等)规定,监察院的组织、职责范围、监察委员的资格、监察对象、公务员的范围及其他必要事项,由法律规定。韩国于1963年12月13日公布了《监察院法》,并分别于1970年、1973年和1995年进行了修订,对监察院的组织、权限、审察要求等内容进行了详细规定。

● **拓展阅读**

1. 明辉:《"御史监察"的历史构造与运转实效》,载《法学研究》2020 年第 4 期。

2. 张晋藩:《中国古代的治国之要——监察机构体系与监察法》,载《中共中央党校学报》2018 年第 5 期。

3. 张晋藩:《中国古代监察思想、制度与法律论纲——历史经验的总结》,载《环球法律评论》2017 年第 2 期。

4. 张国安:《论中国古代监察制度及其现代借鉴》,载《法学评论》2009 年第 2 期。

● **课后思考**

1. 如何理解监察制度?

2. 简述西方监察制度。

3. 简述中国监察制度。

典型案(事)例　　即测即评

第三章　国家权力体系中的监察权

　　恩格斯说:"国家的本质特征,是和人民大众分离的公共权力。"[①] 国家产生后,就有了国家权力,国家权力的行使必须遵循公共利益原则,并以法律的形式固定下来。现代国家中,国家权力构造均要受到宪法的约束,如日本宪法学家杉原泰雄所言:"人类以国家为单位的各个历史阶段,每走过一个艰难困苦的里程,都要通过宪法来制定为克服困难所需要的新规则,以此来继续人要通过宪法来确定消除苦难所需要的新的政治及社会的基本形态,从而进入新的历史阶段。"[②] 因此,在人类发展的历史进程中,人类为了争取自身权利的实现,通过不断的艰苦斗争,求得了凝聚人类智识的文明成果并上升到国家法律层面,即形成以宪法为规范依据的权力体系。可以说,宪法是反映国家权力体系动态的"晴雨表",有什么样的宪法,就反映什么样的权力构造体系,同时权力体系动态实践反馈于宪法,宪法作出解释或修正,形成宪法与国家权力体系的动态平衡。

　　2018 年《宪法修正案》将"中国共产党领导是中国特色社会主义最本质的特征"写入,通过法律的形式将中国共产党的领导固定下来。可以说,这是深入贯彻党的十九大、二十大精神和习近平新时代中国特色社会主义思想,推进宪法完善发展的重要举措。国家监察体制改革作为"事关全局的重大政治改革",相较以往的改革有质的飞跃,是中国共产党坚持马克思主义的权力理论,创立了新型国家权力制约、协作机制[③],是践行马克思主义宪法发展观和国家权力体系中权力重新分配顶层设计的体现。因此,监察体制改革的最终目的是规范和约束国家权力(公权力),实现静态宪法与国家权力体系适应新时代改革的动态平衡,确保将权力关进制度的笼子里,实现国家权力在阳光下运行和为人民服务的根本宗旨。

第一节　国家权力及其主体

一、国家权力

　　在人类漫长的发展历程中,统治阶级为了维护其利益,一度将国家权力神化,说成一种超越世俗的公正、公平的力量。马克思、恩格斯通过考察社会阶级利益与国家产生的对立来揭示国家权力的本质,因此,阶级性是国家权力的根本属性。对国家权力,马克思进行了系

---

① 《马克思恩格斯文集》第 4 卷,人民出版社 2009 年版,第 135 页。
② [日]杉原泰雄:《宪法的历史——比较宪法学新论》,吕昶、渠涛译,社会科学文献出版社 2000 年版,第 1 页。
③ 参见王凤鸣、陈海英:《论权力集中与权力制约》,载《理论探讨》2014 年第 5 期。

统的、理论的论证。

恩格斯定义的国家"是社会在一定发展阶段上的产物;国家是承认:这个社会陷入了不可解决的自我矛盾,分裂为不可调和的对立面而又无力摆脱这些对立面。而为了使这些对立面,这些经济利益互相冲突的阶级,不致在无谓的斗争中把自己和社会消灭,就需要有一种表面上凌驾于社会之上的力量,这种力量应当缓和冲突,把冲突保持在'秩序'的范围以内;这种从社会中产生但又自居于社会之上并且日益同社会异化的力量,就是国家"①。恩格斯认为,国家及国家权力本质上具有阶级性和社会性。申言之,国家权力是存在于阶级社会且不同于原始社会公共权力的一种"特殊的公共权力",它是统治阶级运用国家机器实现其意志和巩固其统治的支配力量。

二、国家权力的特征

按照马克思主义经典作家的有关论述,国家权力的特征表现为如下四个方面。

(一) 阶级性

国家权力本质上是阶级统治工具。可是,国家权力在形式上却表现为超然于社会的独立力量。这是因为国家的存在证明阶级矛盾不可调和,而正是为了调和矛盾,维护统治秩序和利益,统治阶级才创立了国家,这就需要"国家权力作为表面上的调停人"出现,国家权力自然以表面上凌驾于社会之上的力量存在并发挥作用。尽管如此,仍然不能掩盖以国家权力存在的社会形式的阶级本质。

国家权力最根本的任务是实现、维护统治阶级的利益,为统治阶级的利益服务,其带有浓厚的阶级色彩,这是国家权力产生、形成、发展过程中最本质的特征。监察权作为国家权力体系中的一种权力,也具有阶级属性,是统治阶级实施专政的工具。在我国,监察权是维护工人阶级领导的、以工农联盟为基础的人民民主专政的工具。

(二) 社会性

国家权力在实行政治统治的过程中,通过具体运用国家公共权力管理社会各个方面的公共事务,表达统治阶级的意志,这就必须履行特定政治管理职能。恩格斯指出,国家的"政治统治到处都是以执行某种社会职能为基础,而且政治统治只有在它执行了它的这种社会职能时才能持续下去"②。可以看出,恩格斯深刻地揭示了国家权力在实行统治的过程中呈现两种职能,即政治统治职能与社会管理职能。监察权作为一种国家权力,具有政治治理职能和社会治理职能,一定程度上也表达着社会性,是对从国家到社会治理各个层面权力的监督制约,有助于保持政府清廉,提升公权力"为人民服务"的社会责任。

(三) 强制性

国家权力是一种特殊的强制力,是一种统治阶级运用国家机器实现其意志和巩固其统治的支配力量。主要表现在以下几个方面:第一,国家权力是由政权的组织形式、立法、司法、

①《马克思恩格斯选集》第4卷,人民出版社1995年版,第170页。
②《马克思恩格斯选集》第3卷,人民出版社2012年版,第560页。

规范程序等构建的系统。第二,国家权力是维护统治阶级的利益,巩固社会秩序,对付外敌入侵的保障。第三,国家权力是系统化、专业化的强制力。我国国家监察体制改革赋予监察委员会独立的调查权,其他国家机关负有依法协助的义务,充分保障了监察权依法行使的强制力。

(四)主权性

国家主权是一个国家独立自主处理自己内外事务,管理自己国家的最高权力。国家主权是国家区别于其他社会集团的特殊属性,是国家的固有权力。互相尊重国家主权是现代国际法确立的一条基本准则。监察立法充分体现了国家主权的属性。如《监察法》第六章"反腐败国际合作"分别就国际反腐败交流、合作、组织协调等方面作出了详尽的规定。监察实践中,我国组建专门的中央反腐败协调小组国际追逃追赃工作办公室,对外逃腐败分子实施"天网行动"。十九届中央纪委向党的二十大的工作报告显示,五年以来"天网行动"共追回外逃人员 7089 人,其中党员和国家工作人员 1992 人,追回赃款 352.4 亿元,"百名红通人员"已有 61 人归案。这充分说明监察权的主权属性。

三、监察权与国家权力主体

马克思主义经典作家对资产阶级的人民主权理论的阶级局限性进行了深刻的批判,从历史唯物主义的基本原理出发,科学阐释了人民应该成为国家权力的主人。因此,国家权力主体,即国家权力的执掌者,回答的是"谁执掌国家权力""谁来执政"的本源问题。具体来讲,奴隶社会的国家权力主体是奴隶主阶级,封建社会的国家权力主体是地主阶级,资本主义社会的国家权力主体是资产阶级,社会主义社会的国家权力主体是工人阶级和广大劳动人民。

在现代民主国家,国家权力的所有者属于人民已成为人类文明的共识。但现实中,由于国家权力的所有者人数众多,行使国家权力非常困难,人民只能把国家权力赋予以政府为核心的公共组织,而政府的公共职能需要依靠国家工作人员执行。因此,国家工作人员就成了国家权力的实际控制者和执行者,他们在行使权力的过程中就有滥用权力的可能。人民作为国家权力的所有者,必须通过制定法律规则、制度等监督国家权力行使者的行为。因此,理论上可以把国家权力主体分为国家权力所属主体和国家权力行使主体。监察权主体作为国家监察权力行使主体,其使命是行使人民赋予的监督权,对公权力的行使予以监督制约,形成从权力产生到权力制约的"闭环"。

第二节   监察权及其正当性

随着中国特色社会主义进入新时代,我国社会主要矛盾已经转化为人民日益增长的美好生活需要和不平衡不充分的发展之间的矛盾。人民对美好生活的向往,不仅在物质生活上提出了更高要求,而且在民主、法治、公平、正义、生态等方面的要求也日渐增长,对国家治理提出了新要求,深化国家监察体制改革便在这样的时代背景下应运而生。国家监察体制改革是新时代中国特色社会主义的重要组成部分,是推进国家治理体系和治理能力现代化的重大举措。

在新时代,党和国家治理体系建设包含两方面内容:一是依规治党,即依据党章党规党纪管党治党建设党;二是依法治国,即依据宪法及法律治理国家。新型监察权具有法治性、政治性等属性,因此,检验监察权的合法性标准既要体现法的规范性,又要符合权力来源于人民、为了人民的根本属性。

一、监察权在国家权力体系中的有益探索

由于我国是议行合一的社会主义国家,在我国国家工作人员中,"80%的公务员、95%以上的领导干部是共产党员"[①],党内监督与国家监察具有高度内在一致性、互补性、系统性,这两个方面的监督都是中国特色社会主义现代治理体系的重要组成部分。第一,从党内监督层面看,党的十八大以来,党内监督得到不断加强,全面覆盖了所有党组织、党员,不断增强党自我净化能力,保证干部清正、政府清廉、政治清明,不断完善党的自我监督。第二,从国家监督层面看,制定监察法,把监察对象由行政人员扩大到所有行使公权力的公职人员,实现了对所有行使公权力的公职人员监察全面覆盖,使监察对象由"狭义政府"转变为"广义政府",补齐行政监察范围过窄的短板,解决反腐败力量分散的弊病,真正将权力关进制度笼子里,使党的宗旨——全心全意为人民服务——更加明晰,使依规治党与依法治国、党内监督与国家监察有机统一和相互促进,构建不敢腐、不能腐、不想腐的长效监察制度。总之,推进国家治理体系和治理能力现代化,推进国家监察体制改革,有利于健全党和国家监督体制,有利于廉政法治教育和道德教育、弘扬中华民族优秀传统文化,对于确保党和国家长治久安具有重大战略意义。

与西方所谓"三权鼎立"的政治模式不同,我国实行人民代表大会制度,国家机关都由人民代表大会产生,受人民代表大会监督,由人民代表大会产生的国家机关相互独立、相互制约。《监察法》明确国家监察委员会是最高监察机关,建立了集中统一、权威高效的中国特色国家监察制度,实现了监察全面覆盖、监督无死角。出台《监察法》是深化国家监察体制改革的关键环节,通过国家立法把党对反腐败工作的集中统一领导制度化、长效化、法治化,为反腐败工作开创新局面,为夺取反腐败斗争压倒性胜利提供有力政治保障和法治保障,充分体现改革与法治同步推进的要求。

改革的深化需要依法治国,法治建设是在改革中不断推进和完善的。为深化国家监察体制改革,从有序开展试点到形成可复制可推广的经验,直至《监察法》的正式出台,充分体现了改革和法治同步推进的根本遵循。《监察法》开创了反腐败国家立法的新探索、新创制,使党的主张通过法定程序变成国家意志,有助于构建高效的中国特色国家监察体制。《监察法》把过去在推进党风廉政建设和反腐败斗争中形成的理论与经验以法律形式固定下来,保障反腐败工作在法治轨道上不断完善。

[①] 肖培:《以宪法为遵循健全党和国家监督体系——中央纪委副书记肖培就宪法增写监察委员会有关内容答记者问》,载《人民日报》2018年3月11日,第8版。

二、监察权在国家权力体系中的规范表达

(一) 监察权的本质

监察权的本质是国家监察制度的本源和核心问题。因此,正确认识监察权的本质,对推进国家监察体制改革具有重大意义。在分析、认识监察权时,既不能认为监察权就是行政权,也不能认为监察权是司法权或者类司法权,更不能认为监察权是行政权、司法权等权力的简单混合。首先,根据《宪法》对国家权力的划分原则,监察权独立于立法权、行政权、司法权,并与它们共同构成国家权力体系,属于专职行使国家监察职能的一种新型的国家权力。其次,根据政治权利归属的划分原则,将监察机关定位为政治机关。监察权具有直接的政治性,体现了权力来源于人民,权力受到人民监督的根本原则。而党代表广大人民的根本利益,因此,强调监察权的政治性是为了体现权力的正当性,更好地实现对权力的监督。最后,监察机关在独立行使监察权时,不能简单地认为其行使的调查权等同于侦查权,应当从新时代构建"集中统一,权威高效"国家监察体系,形成"预防 + 查办 + 惩治"三位一体的全面、高效反腐模式的角度去认识。

(二) 监察权的特征

1. 政治性。2018 年《宪法修正案》将"中国共产党领导是中国特色社会主义最本质的特征"写入总纲,将"党政军民学,东西南北中,党是领导一切的"政治原则宪法化。《宪法修正案》规定各级监察机关是行使国家监察职能的专责机关,监察机关与党的纪律检查机关采取合署办公模式。从两者的属性上看,党的纪律检查机关是经《党章》规定的党内监督专责机关,国家监察机关是经《宪法》确认的国家监督专责机关。因此,纪律检查机关和国家监察机关共同构筑起了党内监督和国家监督的"防线"。纪律检查机关与国家监察机关是构建党领导下的"党和国家监督体系"的统一体。在我国,依法治国首先是依宪治国,依宪治国首先要坚持党的领导,顶层设计上充分体现党的领导、依法治国和人民当家作主三者的有机统一。监察权表现的党法、国法结合性,必定要落脚到中国政党制度下的优化衔接。①

监察机关与党的纪律检查机关合署办公而非合并,这样的制度设计是为了实现党对国家监察工作的全面领导。如前所述,监察权既不是单一的行政权、侦查权、纪检权,更不是行政权、侦查权、纪检权的简单叠加或组合,而是一种全新的新型国家权力。应当将监察权置于发展马克思主义中国化的全局视野中进行考察,前述几种理解和表达容易造成对监察体制改革认识的片面化、碎片化。

首先,从革命到建设国家,党领导国家方方面面的工作。在我国,所有行使公权力的国家机关都属于"广义政府"的范畴。②构建"集中统一,权威高效"监察权,如果将监察权置于马克思主义中国化的国家权力观之视野中考察,置于我国人大制度下宪法权力框架范畴内

---

① 秦前红、叶海波等:《国家监察制度改革研究》,法律出版社 2017 年版,第 21–22 页。

② 中共中央纪律检查委员会、中华人民共和国国家监察委员会法规室编写:《〈中华人民共和国监察法〉释义》,中国方正出版社 2018 年版,第 52–53 页。

阐释,就不难明白中国共产党作为领导党和执政党,既要领导监察机关的全面工作,又要以"监察全面覆盖"的方式监督作为执政党的自身。因此,理解监察权应将其纳入实现对党和国家监督的范畴,它不是"旧酒装新瓶"的单一纪检权、行政权、司法权。

其次,纪检监察合署是纪严于法、纪在法前的监督逻辑位阶的体现,整体上是代表党和国家行使监察全面覆盖。之前"好同志"和"阶下囚"之间存在监督"真空"。国家监察体制改革以党内法规(党的法规)、国家法律为标尺,系统性地填补了党和国家监督体系化构建的间隙性"空白",扭转了原行政监察的对象仅为行政机关中的工作人员,检察机关反腐败法律监督主要通过查办国家工作人员职务犯罪实现,导致职务违法行为往往处于"三不管"地带,部分行使公权力的非国家工作人员缺乏有效监督的局面。虽然基于权力分散的反腐败治理模式取得了较好的实效,但易走向反腐败治理的"两个极端"。另外,原纪律检查机关"两规""两指"存在法治难证之弊端。国家监察体制改革后,在党的直接全面领导下,监察机关代表党和国家对所有行使公权力的公职人员进行"全面性、零死角"的监督,既调查职务违法行为,又调查职务犯罪行为。从位阶上看,监察权从依托纪检、拓展监察、衔接司法三个层次展开,指向构建"一加一大于二"的新型国家监察制度模式。

2. 全面性。国家监察体制改革面向构建多功能、多层级的一体化监察权,实现党纪监督权、行政监察权、检察监督权三项权能的有效整合、衔接、融合。《宪法修正案》正式将"监察委员会"定位为国家监察机关,从宪法层面实现了新型监察权反腐功效体系化、制度化、法治化的初步构建。

首先,监察对象依法全面覆盖。根据《监察法》第3条规定,监察机关依照本法对所有行使公权力的公职人员进行监察,改变了行政监察"监察对象失之过窄,权力监督存在盲区"[①]的弊端。整合后的监察权监察范围更广泛,覆盖了一切依法行使公权力的人员[②],从某种意义上来说,国家监察全面覆盖已经超越了传统"公权力"的涵义,有学者尝试以公权、公职、公务、公财等实质要件为要素判断这种新型公权力所涵射的监察范围。[③] 但可以肯定的是,监察权不会像"警察国家"权力那样无限度扩张,强调监察权的政治性也并不意味着其不受宪法和法律的规制,监察对象的"全面覆盖"必须坚持法治原则,受到宪法基本价值的规制,受到监察法、党内法规条文的良性规制及其他权力的监督制约。[④]

其次,调查措施依法全面覆盖。为全面开展监察工作,监察机关在行使调查权时可采取谈话、讯问、询问、查询、冻结、调取、查封、扣押、搜查、勘验检查、鉴定、留置等调查措施,这一系列措施几乎涵盖了刑事诉讼法规定的有关侦查强制措施。其中留置措施在限制人身、财

① 秦前红、刘怡达:《监察全面覆盖的可能与限度——兼论监察体制改革的宪法边界》,载《甘肃政法学院学报》2017年第2期。

② 《监察法》第15条列举式规定了六大类监察对象:中国共产党机关、人民代表大会及其常务委员会机关、人民政府、监察委员会、人民法院、人民检察院、中国人民政治协商会议各级委员会机关、民主党派机关和工商业联合会机关的公务员,以及参照《中华人民共和国公务员法》管理的人员;法律、法规授权或者受国家机关委托管理公共事务的组织中从事公务的人员;国有企业管理人员;公办的教育、科研、文化、医疗卫生、体育等单位中从事管理的人员;基层群众性自治组织中从事管理的人员;其他依法履行公职的人员。监察法对监察范围和对象的规定既有具体的列举,也有兜底性条款。如《监察法》第15条列举的监察对象包括"公职人员"和"有关人员"。显然,"有关人员"并非天然的"公职人员",但在其词义前采用"管理""公职""公务"作为前置修辞,可以推导出监察对象必须具有行使公权力的该当性。随着监察法研究的深入,期待立法出台更加明确、详实的标准。

③ 谭宗泽:《论国家监察对象的识别标准》,载《政治与法律》2019年第2期。

④ 秦前红主编:《监察法学教程》,法律出版社2019年版,第204-205页。

产等权利方面最为严厉,搜查措施次之。这些调查措施的强制力逐渐增强,涵盖了"违纪—违法—犯罪"各个阶段。同时也配置了更为严苛的法治制度[1] 规制调查权的行使,如《监察法》第 41 条第 2 款规定:"调查人员进行讯问以及搜查、查封、扣押等重要取证工作,应当对全过程进行录音录像,留存备查。"可见,同步录音录像范围在监察法中得到了扩大,因为"录音录像除了防止采取违法手段取证之外,最为主要的作用就是保障证据的真实可靠性,为司法人员判断证据的证明力提供辅助证据"[2]。同时,《监察法》第 33 条第 3 款规定:"以非法方法收集的证据应当依法予以排除,不得作为案件处置的依据。"《监察法》在改革先期采用"宜粗不宜细"立法原则,而全面依法治国的法治原则要求监察权的扩大必须受到更严格的规制。虽然监察法对监察调查措施及证据体系搭建起了全局性的视野,期望通过监察权的整合提升、高效控制、职能手段多元等实现对腐败治理的短期遏制,从治标向治本转化,但监察实践表明,《监察法》与《刑事诉讼法》的衔接在中国式问题上亟需理论上的创新。[3] 因此,未来应对监察立法及监察释义作出明确的修订、补充,法治化匹配相关调查措施,创新监察法与刑事诉讼法有效衔接机制的理论与实践,确定宪法定位视野下的调查措施全面覆盖的法定限度。

最后,监察职能依法全面覆盖。《监察法》第 11 条依法赋予监察机关监督、调查、处置的职能。从广义上讲,相较调查和处置两项职能,监察机关监督职能更加广泛且居于首要地位。[4] 此种监督职能具有广泛性、多元性、高效性等特征,这在谈话提醒、批评教育及留置等履行方式中均有体现。[5] 因此,开展调查、形成调查结论、形成处置意见或建议都为最终的监督提供支撑。[6] 从狭义上讲,监察法规定监察机关履行监督职能的具体方式为廉政教育[7] 和监督检查两项,监督职能是调查、处置的前提和基础。监察机关与纪检机关合署办公的改革,依赖于党内监督与国家监察的高度结合性,表现党和国家监督体系的"一体两面"。监察权制度设计的初衷是既注重党内监督的权威性与多元性、党外监督的民主性,又注重调查、处置阶段的高效性及法律规制的程序性。从目前监察法的运行情况来看,党内监督与国家监察职能存在交叠、杂糅,党内监督与国家监督职能划分及有效衔接还须厘清。

---

① 国家监察体制改革的目的是要破解职务犯罪侦查中不适应反腐败斗争需要的困境,并基于反腐败的特点和规律重构监察调查活动,因此,《监察法》中的"监察程序"是对刑事侦查程序的再造,在适用反腐败调查措施时也应当以监察程序为起点,避免陷入原职务犯罪侦查的思维方式,出现监察调查活动的偏差。对国家监察权的规制是基于宪法、法律及党内法规体系等实施的,因此,国家监察体制改革与权利保障之间并行不悖。参见张震、张义云:《论监察权行使对象之权利保障》,载《学习论坛》2019 年第 7 期。

② 纵博:《监察体制改革中的证据制度问题探讨》,载《法学》2018 年第 2 期。

③ 程雷:《刑事诉讼法与监察法的衔接难题与破解之道》,载《中国法学》2019 年第 2 期。

④ 徐怀顺:《监察委首要职责是监督》,载《中国纪检监察报》2018 年 3 月 7 日,第 2 版。

⑤ 徐汉明、张乐:《监察委员会职务犯罪调查与刑事诉讼衔接之探讨——兼论法律监督权的性质》,载《法学杂志》2018 年第 6 期。

⑥ 吴建雄主编:《监督、调查、处置法律规范研究》,人民出版社 2018 年版,第 63 页。

⑦ 廉政教育是防止公职人员腐败的日常基础性工作,具体方式主要包括列席或召开相关会议、听取工作汇报、调阅和审查文件资料等。参见中共中央纪律检查委员会、中华人民共和国国家监察委员会法规室编写:《〈中华人民共和国监察法〉学习问答》,中国方正出版社 2018 年版,第 29 页。

3. 独立性①。《宪法修正案》规定:"监察委员会依照法律规定独立行使监察权,不受行政机关、社会团体和个人的干涉。"由此可见,监察权的独立性表现为监察权在运行的整个过程中不受立法权、行政权、司法权以及社会团体和个人的不当干涉,保持一种相对独立的状态。明确监察权的独立性主要基于以下三个方面原因:

第一,监察机关独立于"一府两院",由人大产生,对人大负责,受人大监督,形成"一府一委两院"的权力制约格局,是独立的反腐败专责国家机关。首先,设立监察机关的初衷就是从党和国家监督体系的高度和视角重构对国家公权力的监督和制约,而公权力的天然扩张性排斥对权力的监督和制约,势必对监察权的独立行使造成较大困扰。因此,监察权只有保持宪法层面的独立性,才能最大限度地抵制国家权力(主要是规制行政权以及其他国家公权力)的恣意侵扰。其次,监察机关依法不受干扰地行使监察权是其独立运行的前提条件和根本保障。这里的"依法",一方面是指监察机关履行职责必须遵循法治基本原则,必须给"监察全面覆盖"划出"监察红线";另一方面是指监察机关自身需恪守权限,接受人民代表大会制度下的权力监督与制约,以监察法具体条文及法治价值的承载为指引。②在监察权运行过程中,必须严格遵循法治正当程序原则,调查人员既不能违反法定程序滥用或超越职权,也不能"有法不依",不担当或不作为,"遗漏"职务违法犯罪行为。未来监察立法及监察工作执法规定细则中,应当更加明晰监察权"权力制约"的他律与自律制度化建设,遵循权力制约的法治价值原则及依法行使监察权是其独立性、权威性的根本保障。

第二,监察权独立运行是监察活动有序开展的重要保障。世界各国都根据自身情况赋予相应反腐败机构独立的特别调查权,如新加坡在1952年成立专门反贪机构——贪污调查局(英文简称CPIB),其享有独立的案件调查权、逮捕权、搜查和扣押权、搜集腐败犯罪信息权等。③《芬兰宪法》第38条规定了独立的议会监察专员,其《议会监察专员法》赋予监察专员自主、广泛的监督调查权。④北欧国家通过法律赋予监察专员独立于立法、行政、司法的监督权,其主要职责是对行政机构和司法机构进行监督。⑤这充分说明这些清廉指数较高的国家均结合自身的文化制度赋予国家监督(监察)机构极大且具独立行使监督权的空间,以对抗被监督者的不当干扰。

第三,由分散附属立法向国家立法层面的专业性与系统性转化。原行政监督、纪检监督、检察监督分散立法的模式存在党内法规与法律的交叉重叠,出现法法衔接不畅、法法之间冲突矛盾的情况,分散立法整体性缺失主要体现在权威性、统合性、可执行性等方面。而融合

① 有学者将世界各国或地区的监察制度大致分为议会监察、行政监察、独立监察三种模式。议会监察模式起源于瑞士,后逐渐被英美法系国家引入。行政监察模式是在行政权下设立监察权子权,其保持相对独立,对最高行政权负责,如新加坡贪污调查局、我国香港特别行政区廉政公署。独立监察模式中的监察权是独立于立法、行政、司法的"第四权",这种权力一般由议会选举产生,是在西方所谓"三权鼎立"思想上构建的权力制约关系。我国民国时期,孙中山试图探索"五权分立"制度。我国台湾地区实行的就是这种独立监察模式。总体上讲,不管是何种监察制度,监察机关的绝对独立并非构建高效反腐模式的充要要件,如行政监察模式下的香港申诉专员公署、廉政公署,均隶属于香港特别行政区行政长官。北欧国家议会监察专员虽隶属于国家议会,但对其人事编制、经费开支、任职期限、专业素质等都作出了独立而严格的要求。上述国家或地区的监察机关都不是绝对独立的,但都依自身制度融合成了廉洁指数高的国家或地区。
② 刘小妹:《人大制度下的国家监督体制与监察机制》,载《政法论坛》2018年第3期。
③ 王君祥译:《新加坡预防腐败法》,中国方正出版社2013年版,第3—7页。
④ 赵晨光译:《芬兰合作监察专员法政府行为公开法案 预防和消除洗钱嫌疑法》,中国方正出版社2015年版,第53—55页。
⑤ 韩阳编著:《北欧廉政制度与文化研究》,中国法制出版社2016年版,第37页。

"纪检监督权、行政监察权、检察监督权"三项权能并将其整合为监察权后,国家监察立法更具全局性、统合性、高效性,其独立性及整体性也将在"宪法与监察法""法律与监察法""党内法规与监察法"等的融合及监察法后续的修订、解释、释义中彰显。从辩证路径上看,以立法独立性推动监察法治制度、监察活动独立展开,又以监察法治制度、监察活动的不断完善反作用于监察立法本身。

（三）衔接与制约:国家监察权与司法权力体系

如学者所言,国家监察体制改革有两个难点:第一,如何实现国家监察机关与司法机关的有效衔接;第二,如何有效监督和制约国家监察机关。[①] 刑事诉讼法对于宪法结构下形成的公安机关、检察机关和审判机关之间的权力分工、制约及平衡有较为明晰的规定,即在人民代表大会制度下的分工负责、互相配合、互相制约的权力格局。监察权作为一种独立的权能出现在司法体系中,必然对已有的司法权力体系造成冲击与重构。因此,监察权在司法权力体系中的精准定位及衔接,不但有利于提升职务犯罪案件的程序正义与效能,还可以梳理和统合监察权改革进程中的核心观念,增强国家监察体制改革的制度自信,指引国家监察体制改革的方向。

1. 监察权独立定位是实现反腐刑事治理的程序保障。现代各国刑事诉讼基本上划分为侦查、起诉、审判三个相互独立的阶段,如我国宪法规定的刑事案件中公、检、法分工制约的原则[②],暗含了对现代法治文明合理内核的吸收与借鉴。国家监察体制改革之前,职务犯罪侦查权、起诉权归属于检察机关,仅由检察机关内部的不同部门分工处理。职务犯罪侦查权通常被定义为法律机关检察监督权的一部分,导致职务犯罪案件出现同体监督的弊端。而监察权的设置,破解了原职务犯罪案件"检察机关—审判机关"二元主体模式,重构了"监察机关（调查）—检察机关（公诉）—审判机关（审判）"三元主体模式,即"调查、公诉、审判"模式下的分工、监督、制约结构。监察机关享有职务犯罪调查权,检察机关享有起诉权且对监察机关案件办理过程予以事后监督制约,体现了宪法架构下权力分工负责、互相配合、互相制约的中国式程序正义的价值与精神。

2. 监察权"监察程序"与"以审判为中心"刑事制度有效衔接是实现反腐刑事治理的应然选择。《监察法》赋予监察权监督、调查、处置三项权能,但监察体制改革"试错"的原则及"宜粗不宜细"的立法标准,使得本身亟待厘清的监察权在各种理论框架下展开显得愈加"扑朔迷离"。基于发展的马克思主义宪法观,监察权既不是侦查权,又不是行政调查权,因此它不可能受刑事诉讼法和行政诉讼法的规制。《宪法修正案》赋予监察权与立法权、行政权、司法权平行且独立的国家权力,亦不是"三权鼎立"思想所能涵括的。近现代以来一般将国家权力划分为立法权、行政权和司法权,部分学者试图将监察权完全置于这三种权力之中进行考察。然而以"三权鼎立"的权力结构及思想为蓝本,必然导致"实践→理论"基础与结论错位,难以自洽。不可否认,监察权具有以上三种权力的某些权力元素,这就给监察权运行中的调查活动及调查取得的证据如何与"以审判为中心"的刑事制度衔接带来了挑战。2019 年出台的《全国人民代表大会常务委员会关于国家监察委员会制定监察法规的决定》

---

① 马怀德:《国家监察体制改革的重要意义和主要任务》,载《国家行政学院学报》2016 年第 6 期。

② 《宪法》第 140 条规定:"人民法院、人民检察院和公安机关办理刑事案件,应当分工负责,互相配合,互相制约,以保证准确有效地执行法律。"

和 2023 年修订的《立法法》已经明确赋予国家监察委员会制定监察法规的权限,这标志着我国的监察立法迈向了新台阶,为监察权运行的法治化、制度化提供了重要保障。在监察立法发展的初期,应当遵循"以审判为中心"刑事诉讼制度改革,探索检察机关"提前介入"制度化、检察机关"退回补充调查"协作机制制度化、监察证据标准与刑事诉讼证据标准一致化等制度,构建"以审判为中心"的法法衔接制度。

(四)监察权与监察对象权利保障

1. 监察对象权利保障的必然性。具体包括如下内容:

第一,《宪法》关于权利保障的体现。《宪法》作为根本法,是《监察法》产生的根本依据,监察对象权利保障自然要受到宪法关于权利保障价值根本规范的影响,监察对象权利保障是宪法监察化的必然体现。

第二,《监察法》关于权利保障的体现。首先,《监察法》总则部分明确了监察对象权利保障必须遵循"权利保障""法律面前人人平等"的现代法治精神和原则。其次,《监察法》中"监察权限""监察程序"两章规定监察权行使的程序性规范。

第三,监察权关于权利保障的体现。监察权的合宪性、合法性必然要求其在发挥高效反腐功能的同时兼具权利保障"双轨"并行。[1]

2. 监察权与监察对象的权利保障。《监察法》对于监察权与监察对象的权利保障有较为详尽的规定,未来监察立法、修法、解释等应当注意以下几个方面:

第一,监察措施与监察对象权利保障。主要包括监察机关内部通过集体研究决定留置措施监督合法性问题,留置措施期限超过刑事诉讼法规定的限制人身自由期限的合理性问题,留置期间"如实供述监察机关未掌握的违法犯罪行为"与《刑法》关于"余罪自首"的衔接与认定问题,留置场所的设置、监管问题,以及监察调查阶段律师介入与否的问题,等等。

第二,监察机关权力监督制约。随着宪法结构变迁,国家权力横向划分为立法权、行政权、司法权、监察权等,应构建监察权与其他权力之间的监督制约关系,即外部监督制约关系,整体上形成外部监督制约、内部监督制约的体系化构建,这亦是健全党和国家监督体系的应有之义。未来监察立法、修订及解释中,应当关切上述问题,从而使监察权与监察对象权利保障向着高效、法治的方向迈进。

第三,监察对象权利保障的体现。首先,借由宪法权利保障条款价值承载,再塑宪法权利保障条款的内部规范价值,发挥宪法权利保障条款的外部规范作用。其次,建立健全权利保障的监察法治系统,建设具备体系性、开放性、监督性的法治系统。最后,完善权利保障的党内法规体系。监察权既体现政治性,又兼具法治性。基于纪检机关与监察机关"党政合署"的模式,加强对监察权的政治性建设,是构建"集中统一,权威高效"反腐体系的重要任务。同时,"逐步规范化的党内法规体系是对监察权政治属性的良好约束,是实现与监察权法律性特征良好平衡的途径,也从政治权利的积极作用发挥的角度,实现对监察对象基本权利的保障"[2]。

---

① 张震、张义云:《论监察权行使对象之权利保障》,载《学习论坛》2019 年第 7 期。

② 张震、张义云:《论监察权行使对象之权利保障》,载《学习论坛》2019 年第 7 期。

三、监察权在国家权力体系中的正当性

监察权的正当性是指人民群众对现存监察权的价值认同所持的心理态度,这种心理态度在权力体系中表现为统一性、权威性、独立性、法治性、高效性等特性。同时,监察权运行中以程序正当性原则、法治与人权保障原则、高效与公平正义原则作为基本原则。在党和国家反腐败中,监察权与社会大众所期待(价值目标)利益趋于一致。在国家权力体系中,监察权的正当性首先要以宪法作为基本遵循,监察权的正当性与合宪性受到宪法条文基本价值的规制。证成监察权的正当性需从以下几个方面展开:结构功能主义强调国家权力制度系统本身的合法性[1];规范主义强调"效率""政绩""平等"等表明政治系统的有效性[2];马克思意识形态主义强调政党集权与行政分权,平衡社会利益实现"共同自由""共同利益",通过不断地调适国家权力体系的平衡,表达合法性统领作用。

(一) 监察权在权力体系中的价值与人民监督的暗合

马克思·韦伯(Max Weber)认为合法性的信仰是最根本的表达形式,国家权力体系必须受制于形式上正确的、按照与法律的一致性所构建的规则。[3] 罗尔斯(Rawls)认为:"某些法律和制度,不管它如何有效率和有条理,只要它们不正义,就必须加以改造或废除。""每个人都拥有一种基于正义的不可侵犯性,这种不可侵犯性即使以社会整体利益之名也不能逾越。"[4] 只有当国家权力体系中某种权力体现出一种被社会大众认可、认同的价值时,即这种权力运行机制尽可能表达和极力实现社会大众追求的价值时,人们才会从思想信念上接受并认同,进而认同现存制度符合社会大众的根本利益和目标选择。在国家权力体系层面上,监察权的设立是全面从严治党、实现党内监督与国家监督"零死角"及人民监督等其他监督方式有机结合的时代需要。[5] 在国家法律层面上,监察权暗合"全面依法治国""国家治理体系、治理能力现代化""法治反腐与廉洁政治"根本法治价值。可以说这种"权力委托"与监察权正当性证成具有天然的法理和宪法支撑。其"防止滥用权力,权力制约权力"价值功能与主权在民监督功能暗合。人民形成对监察法、监察权运行的正当性和权威性的确信,这便是合法性的价值基础。[6] 另外,监察权运行必须基于法治轨道的"双轨",这就需要在未来的监察立法、修订、解释及释义中加以规范与阐释。

(二) 监察权行使的统一性、高效性功能与反腐治理高效的契合

利普赛特(Lipset)在论证政府施政的有效性(Effectiveness)时将其与公众价值粘连作为标准。他认为权力的有效性与合法性具有密不可分的天然联系,一种政治制度中的权力行使,合法性若要得以自洽,就必须在执政过程中长期保持高效性。[7] 斯蒂尔曼(R.J.Stillman)

---

① 刘润忠:《试析结构功能主义及其社会理论》,载《天津社会科学》2005 年第 5 期。
② 周穗明:《政治哲学的平等主义规范与马克思主义的平等主义》,载《当代世界与社会主义》2013 年第 4 期。
③ 林进平:《对韦伯合法性理论的历史唯物主义审视》,载《马克思主义与现实》2017 年第 4 期。
④ [美]约翰·罗尔斯:《正义论》,何怀宏等译,中国社会科学出版社 1988 年版,第 3 页。
⑤ 马怀德:《国家监察体制改革的重要意义和主要任务》,载《国家行政学院学报》2016 年第 6 期。
⑥ 严存生:《法的合法性问题研究》,载《法律科学(西北政法学院学报)》2002 年第 3 期。
⑦ 马宝成:《有效性与传统政治权力的合法性》,载《理论探索》2002 年第 5 期。

认为,只有当政府的产出与社会的价值范式相符合的时候,一个政府才具有生长活力。[1] 因此,本书认为,现代社会的高效性必然内含公平正义、廉洁自律、生态及可持续发展等价值理念,从而获得权力运行永续的动力。党执政的合理性、有效性及其理念都与人民对美好生活的向往形成高度的契合。改革开放以来,我国经济高速增长,难免出现贪污腐化、人民发展不均衡、生态治理危机等现象,对这些现象治理不佳都可能导致"缩小效应"的产生。因此,在不同时期,党和国家不断通过改革调适制度与发展的关系,固牢"党的领导和依法执政"的可靠基础。[2] 国家监察体制改革迎合了党的执政有效性的理念,通过改革从国家层面形成权威、高效的监察权,提升治理腐败模式的高效性、统一性、权威性,高效地遏制腐败侵蚀社会主义"机体"。监察权融合了党的领导、依法执政、人民民主的价值内核,使监察权行使的高效性与有效治理腐败本身"高效"的属性相切合。另外,监察权高效运行必须基于国家制度的重构、法治制度的优化及"权力与权利之平衡机制"等方面展开,唯有置于法治制度的设计,才能使监察权运行高效永续。

(三) 监察权行使的廉政意识形态统合功能与人民主权理论通融

"如果说作为权力载体的政治制度是一种可视的硬件,硬件的运行原则则离不开思想观念的规范和推动。"[3] 这种思想观念表现为与政治权利的相互关系,进而实现"意识形态权力通过语言、文化学习、宗教传播并影响人心的观念、学说"[4] 的政治制度永续发展。戴维·伊斯顿(D.Easton)认为,"意识形态所反映和弘扬的内容必须能够满足大多数人民内心价值偏好及其现实利益需要和对未来的设想"[5]。行使监察权的目标指向是构建"集中统一,权威高效"的具有"廉政意识形态"的人民政体,其与人民当家作主在国家认同上表达的思想观念具有一致性。人民当家作主的本质是人民作为权力的主体与权力行使主体的融合、贯通,监察权的创设思想正是通过人民当家作主与国家权力行使之间的融通,形成权力主体与权力行使主体的"血脉畅通"。当然,监察机关也是一种权力行使主体,它既代表人民对国家权力进行监督,亦对自身权力进行自我监督。因此,监察权的构建符合"主权在民""服务于民"的社会主义意识形态之"魂"。

第三节　监察权与中国模式

一、监察权与中国政体模式

党的十八大以来,为适应国家治理体系和治理能力现代化和全面依法治国的现实需要,中国共产党推动了国家监察体制改革。从国家宪法权力结构的视角来看,国家监察体制改革的核心是通过创制监察权优化国家政治权力配置和完善权力监督体系,把政治权力关进

---

① 马宝成:《政治合法性研究》,中国社会出版社 2003 年版,第 24 页。

② 石泰峰、张恒山:《论中国共产党依法执政》,载《中国社会科学》2003 年第 1 期。

③ 杨光斌:《论意识形态的国家权力原理》,载《社会科学文摘》2017 年第 10 期。

④ 严存生:《法的合法性问题研究》,载《法律科学(西北政法学院学报)》2002 年第 3 期。

⑤ [美]戴维·伊斯顿:《政治生活的系统分析》,王浦劬等译,华夏出版社 1989 年版,第 298 页。

制度的笼子里。国家监察体制改革是我国国家政治制度的重大创新,将我国政体从原先的立法、行政、司法"三位一体"的格局转变为立法、行政、司法、监察"四位一体"的政体模式,构建了一种新型的政体模式。这一政体模式的创新突破了传统政体理论的窠臼,为国际社会政体的创制与发展贡献了中国方案与中国智慧。

二、监察权与中国特色监督模式

党的十八大以来,党的监督体系建设深入推进,进而催生贯通党和国家监督的监察体制改革,随之又带来国家监察体制改革的深度整合。党的十九大首次提出要从"健全党和国家监督体系"的角度优化权力制约监督机制,这是完善"决策权、执行权和监督权既相互制约又相互协调"的中国特色社会主义权力运行的重大创举。这一创举丰富了中国特色社会主义制度,是一种新型中国特色社会主义监督模式,奠定了党的执政体制基础,优化了中国权力运行的监督结构和体系。党的二十大进一步强调要"健全党统一领导、全面覆盖、权威高效的监督体系,完善权力监督制约机制,以党内监督为主导,促进各类监督贯通协调,让权力在阳光下运行"。健全党统一领导、全面覆盖、权威高效的监督体系是中国特色社会主义监督模式的新创举和新发展,是中国共产党对中国特色社会主义国家权力运行规律认识的持续深化、理论的逐渐丰富、不断推进制度创新的重大成果。中国特色社会主义监督模式,在由"分散"到"统一"的权力监督变革中形成整体合力,由人大监督、监察监督、司法监督、审计监督等国家机关监督体系构成。国家监察作为中国特色社会主义监督模式重要组成部分,对推进国家治理体系和治理能力现代化,推进法治国家建设具有重大意义。具体来讲,监察权在中国特色社会主义监督模式中具有如下几方面特征:

(一)完善国家监察机关与党的纪律检查委员会合署模式

作为党和国家推进国家治理体系和治理能力现代化方面采取的自主的并具有创造性的社会实践活动,国家监察机关履行监察职能的最高政治原则与价值功能是维护党中央权威、巩固执政党地位、维护国家统一、维护党纪国法的权威。合署模式既是对党的纪律检查委员会与行政机关的监察部门合署的继承,又是根据中国国情对中国特色监察模式进行的创造性建构。国家监察机关与党的纪律检查委员会合署模式是始终坚持党的领导,实现党和国家集中统一、高效权威反腐败目标的必然路径,也是"党的领导、人民当家作主和依法治国有机统一"政治原则的重要表征。[①]合署模式的完善使得监察权的行使必然涉及党纪与国法关系的处理。党纪与国法都是国家治理体系的重要内容,是国家治理能力现代化的有机统一体,两者的规范效力可以从形式与实质两个维度进行考察。

1. 基于形式效力的考察。

首先,从调整范畴上看,党内法规要求任何党组织、任何党员遵守党的纪律是无条件、无期限的,个体一旦加入党组织,按照《党章》等党内法规的规定,就必须让渡一部分权利到党组织,以确保党组织、党员保持高度的德性。可见,党内法规比国家法律的调整范畴更广,它强制要求党员在行动和思想上与党的要求保持高度一致,不得偏颇。在这一点上它表现为

---

① 翟志勇:《监察委员会与"八二宪法"体制的重塑》,载《环球法律评论》2017 年第 2 期。

一种属"人"范畴。

其次，从时间期限上看，"全面从严治党永远在路上"蕴含着没有起点、没有终点，执纪没有时限限制，保持作风建设永远在路上。[①]党员干部无论何时何地发生的违纪违规行为，均要依纪依规严肃惩处。

最后，国家法律是全社会、全体公民的法规范和"社会底线"，在这一点上它表现为一种属"地"范畴。《宪法》第 5 条第 4 款规定："一切国家机关和武装力量、各政党和各社会团体、各企业事业组织都必须遵守宪法和法律……"《党章》总纲规定"党必须在宪法和法律的范围内活动"。因此，国家法律要求任何组织、任何人都必须在"宪法和法律"框架内活动，任何破坏宪法和法律的行为，都应受到宪法、法律的制裁。党内法规对社会中党组织、党员进行规范；国家法律对全社会成员进行规范，它规范的范围更广泛。党内法规侧重于对党组织、党员的"高标准"规范，国家法律侧重于对全社会成员的"标准性"规范，这亦是我们党从新民主主义革命时期到新中国成立不断演进的实践逻辑，即将党内高标准、严要求与国家治理相衔接。因此，就必然会出现党内监督的范畴与国家法律监督的范畴存在极大的重合性、交叠性，这就不难回答为什么要构建既统一又相互独立的纪委监委合署办公模式。整合"行政监察权、纪检监督权、部分检察监督权"三权的监察权是"链接"党内监督和国家法律监督的一项新型国家权力，其目的是不断调整、融合监督权功能，以期逐步形成打通党和国家监督的高效、权威的反腐"利剑"。因此，从形式效力考察党内监督与国家法律监督，可以推导出监察权是"链接"党和国家监督体系的重要支撑。

2. 基于实质效力的考察。

首先，惩治范畴不同。党内法规是一切党组织、党员行为的准则和底线，党员一旦违反，依照《党章》第 40 条、第 41 条和《中国共产党纪律检查机关监督执纪工作规则》（简称《监督执纪工作规则》）第 14 条、第 15 条、第 20 条等规定，经谈话函询、初步核实、审查调查等党内执纪监督程序认定后，依纪依规可采取约谈提醒、批评教育、责令检查、诚勉谈话、警告、严重警告、撤销党内职务、留党察看等党内处罚措施，情节特别严重的可以开除党籍、开除公职。而国家法律则根据《刑法》等法律的相关规定"问罪入刑"，其适用对象是一切公民，因此国家法律的惩治范畴具有广泛性。

其次，处分权能不同。《党章》第 44 条第 1 款规定："党组织如果在维护党的纪律方面失职，必须问责。"因此，党内监督是对德性政党的"高标准""严要求"，但其不具有刑罚处分权，只具有一般处分权。国家监察体制改革之前，国家法律惩罚方式主要是剥夺公民的人身自由、政治权利、经济文化社会权利，严重者可以判处其有期徒刑、无期徒刑，甚至依法剥夺生命。可见，国家法律惩罚的严厉程度要远高于党内纪律处分。原党内纪律处分与国家法律惩罚的"二元"结构，必然造成"阶下囚"与"好干部"无法衔接，使机械的"二分"结构出现"虚监、失监、漏监"的真空。国家监察体制改革后，《监察法》"监察程序"专章从第 35 条至第 49 条弥补了党内监督与国家法律监督实质效力上的"缺漏"。在纪法援引依据上，初步形成了党内法规与国家法律的贯通、衔接。在纪法惩治手段上，形成了从"红脸出汗"到严重违纪、严重违法犯罪处置的贯通、衔接。

---

① 舒国增：《全面从严治党永远在路上的新时代内涵（深入学习贯彻习近平新时代中国特色社会主义思想）》，载《人民日报》2018 年 1 月 31 日，第 7 版。

(二) 建立"集中统一,权威高效"的监察全面覆盖模式

《监察法》规定国家监察机关对本级人民代表大会及其常务委员会和上一级监察机关负责,并接受领导和监督。这一模式不同于"下级人民法院的审判工作受上级人民法院监督"的审判机关监督关系,但与"最高人民检察院领导地方各级人民检察院的工作,上级人民检察院领导下级人民检察院的工作"的检察权运行模式具有相似性。这一纵向体制强调上下级之间固定有序,上级领导下级,具有层级性。国家监察机关作为"一府一委两院"国家权力结构的重要组成部分,其权力运行方式主要是在党的领导下,遵循"集中统一,权威高效"的运行模式,具有明显的科层制特征。具体表现在以下几个方面:

1. 集中统一原则。这一原则是为了保证监察权统一高效行使,防止地方监察权行使过程中出现分散主义、地方保护主义的倾向,从而保证中央监察机关统一领导全国各级监察机关的工作。国家监察体制创设使得监察权成为与行政权、审判权、检察权平行的国家权力,意味着国家监察机关与"一府两院"一样,直接由人大产生,对人大及其常委会负责,向其报告工作,接受其监督。中央层面的国家监察机关由全国人民代表大会决定设立,中央监察机关负责对所有国家机关和公务人员进行监察监督;省、市、县三级设立的国家监察机关向同级人大及其常委会负责。在中央与地方层面,主要实行双重领导的模式,国家监察委员会在党中央的领导下开展工作,地方各级监察委员会在同级党委和上级监察委员会双重领导下工作。

2. 集中协调原则。这是指在推进国家监察体系和监察能力现代化的进程中,应保证监察权运行的平衡性和连贯性,防止监察权力异化,保持国家监察机关的独立性、协调性。国家监察机关通过设立包括执纪调查部门、执法调查部门、案件审理部门、案件监督管理部门以及综合保障管理部门等,建立相应的职权清单体系、责任清单体系、负面清单体系,通过内部各部门的职能、职责有序分离,实现权力分层控制与规范运行,提高内部协调的效能。

3. 集中协作原则。这是指各级国家监察机关在行使监察权时,应遵循横向协作的运行模式,同级不同隶属的各国家监察机关之间相互协作。对于跨省、跨区域的重大疑难复杂的腐败案件,各地区应发挥各自的地域优势,通力协作,形成互帮互助、互相支持、互相交流的"一盘棋"模式。

4. 权威高效原则。该原则强调国家监察机关与具体的监察工作形成具有统一性、有序性、协调性的整体模式,各级国家监察机关纵向之间、横向之间以及监察机关内设各部门之间形成统一的整体,构建一套运转高效、关系协调、能够充分发挥监察权反腐整体效能的模式。

三、监察权与腐败治理的中国模式

监察机关的创立是腐败治理中国模式在完善与发展中实现由传统转向现代、由治标转向治本、由被动转为主动、由分散走向整合的一项重大体制与机制创新。监察机关全面履行与优化腐败治理能力的关键在于监察机关的职权配置及运行模式的设计。其主要表现在以下几个方面:

（一）监察制度创新中国腐败治理模式

1. 新型监察制度确立了国家腐败治理的领导权。《宪法》《监察法》以中国特色政治体制、权力结构与国家治理结构为根据,将明确腐败治理领导权与领导体制作为立法重点。立法确立的国家腐败治理领导权的内容包括两个方面:一方面,明确了中国共产党对国家腐败治理问题政治上的绝对领导权,即"坚持中国共产党对国家监察工作的领导";另一方面,明确了国家权力机关对国家腐败治理权的监督性领导权。人民代表大会制度是中国的基本政治制度,是中国特色主权在民原则的体现,最高国家权力机关创设独立监察权制度,也必然有权对监察机关履行国家腐败治理权的情况进行全面监督。在国家权力机关与监察机关的关系上,立法机关根据腐败治理的需要,借鉴并继承了党内监督、检察制度、原行政监察制度中行之有效的原则,对作为国家腐败治理专属权的监察权设定了监督性领导权。监察权实际运行中必须根据这一宪法体制原则,切实使人大监督下的监察权高效行使。

2. 新型监察制度确立了监察机关腐败治理主导权。中国腐败治理体制以公共权力的运行为主线,以党政机关(纪检监察机关)为中心,以广大公职人员和人民群众为主体,以反腐败法律制度基础设施为介体,以"五位一体"为背景,构成多元要素"集中统一"的腐败治理体制。腐败治理体制是国家治理体系的重要方面,其基本模式与功能定位取决于政治体制的性质。国家监察体制改革之前,中国腐败治理体制以"政党—国家"的"二元"主线为基础,以治理权归属的"多元化"、治理机构多元的"分散化"、行政区划与行业系统的"区隔化"为辅助的结构①,造成腐败治理中的实效不彰。为从根本上摆脱治理困境,我国启动了全面的监察体制改革,其目标指向是实现国家腐败治理权的集中统一、权威高效。根据《监察法》第 3 条关于"各级监察委员会是行使国家监察职能的专责机关,依照本法对所有行使公权力的公职人员(以下称公职人员)进行监察"的规定,监察权是国家腐败治理的主导权,这是重构腐败治理体制的基础。

3. 新型监察制度明确了监察权的组织体制与权力运行体制。腐败治理体制建设要求确立治理权独立、集中与外部行使的原则,并以严密的体制与规范确保其实现,否则,难免会陷入"左手—右手"监督悖论,使逻辑难以自洽。腐败治理模式科学与否,关键在于全面推进与落实腐败治理的战略决策。腐败治理体制作为国家治理体系的重要方面,必须高度重视组织体制、权力分配体制、权力运行体制以及反腐机关、社会参与的权力行使与组织模式等内容,确保规范体系科学。不仅如此,腐败治理模式必须科学运用治理机制,不断优化治理模式,提出提高腐败治理实效、完善腐败治理立法体系的方案。

（二）监察制度完善中国腐败治理模式

1. 监察制度契合中国腐败治理模式建设的基本规律。政治体制不同不仅决定腐败衍生的可能与模式,也决定腐败的治理成效。唯有以中国特色国家基本政治制度为基础,与国家治理体系基本要素相适应,才能取得腐败治理的决定性胜利。政治体制之于腐败治理体制的作用体现为两点:(1) 在宏观维度上,决定腐败治理体制的形成与发展。政治体制的核心是国家权力结构形式,维护腐败治理权的有效行使是一切政治体制的选择。政治体制居

---

① 徐汉明:《国家监察权的属性探究》,载《法学评论》2018 年第 1 期。

于权力分配与运行的主导地位,直接决定治理体制模式。当既有体制无法解决现实困难时,国家将启动体制改革。由个体腐败向群体腐败,再到体制性、制度性腐败的发展趋势路径,要求腐败治理模式作出积极回应,包括增加治理机制要素、完善体制,从根本上解决腐败治理成效不彰的问题。(2) 在微观维度上,政治体制对腐败治理体制内部运行规则的构建产生影响。政治体制决定了对"执政权"与"施政权"不同层次的治理规则,对中央、地方及特殊系统的腐败治理权基本模式产生影响。

2. 监察制度挖掘中国腐败治理的基本经验。惩治腐败作为国家早期的观念在现代社会成为国家治理体系的重要内容,国家功能的发展引发治理体制的调整。构建现代国家治理体系是现代化的必然趋势,意味着国家治理思路的调整及对传统治理体系的扬弃。因此,对"国家"和"治理"的理解与把握是阐释国家治理体系理念演变、角色位移和功能消长的重要思路。与腐败的世界蔓延趋势相对应,腐败治理经历了由机制性治理到体制性完善的转变过程,前现代化国家的治理经验印证了这一过程。中国腐败治理中所采取的"先治标、后治本""以强化治标为治本争取时间"的策略,体现了这一基本规律。通过强化机制的效能,为反腐制度营造良好政治生态环境。反腐败就是要通过荡涤深度腐败局面,造就较好政治生态。只有在这种政治生态中,才能确立有效的预防制度。清除腐败,建立良好的制度建设环境,进而形成符合时代需要的反腐败和预防腐败制度,用制度保障政府的清廉。

3. 监察制度促进了腐败治理领域治理能力现代化。腐败治理体制的建构目标是实现腐败治理领域国家治理体系与治理能力现代化。习近平指出:"国家治理体系是在党领导下管理国家的制度体系,包括经济、政治、文化、社会、生态文明和党的建设等各领域体制机制、法律法规安排,也就是一整套紧密相连、相互协调的国家制度;国家治理能力则是运用国家制度管理社会各方面事务的能力,包括改革发展稳定、内政外交国防、治党治国治军等各个方面。"[1] 优化腐败治理体制,是国家治理战略由治标向治本、由战略进攻向战略总攻转移的基础,也是国家治理体系与治理能力现代化的基本内容。腐败治理是完善国家治理体系、提升国家治理能力的关键所在。

- **拓展阅读**

1.《马克思恩格斯选集》第 4 卷,人民出版社 1995 年版。

2. 徐汉明:《国家监察权的属性探究》,载《法学评论》2018 年第 1 期。

3. 石泰峰、张恒山:《论中国共产党依法执政》,载《中国社会科学》2003 年第 1 期。

4. 张震、张义云:《论监察权行使对象之权利保障》,载《学习论坛》2019 年第 7 期。

5. 周佑勇:《监察权结构的再平衡——进一步深化国家监察体制改革的法治逻辑》,载《东方法学》2022 年第 4 期。

- **课后思考**

1. 如何理解国家权力及监察权的性质?

2. 监察权在国家权力中处于何种地位? 其与其他国家权力之间的关系如何?

3. 论述监察权在党与国家监督体系中的作用与意义。

---

[1] 习近平:《切实把思想统一到党的十八届三中全会精神上来》,载《求是》2014 年第 1 期。

典型案（事）例　　即测即评

第四章　监察权与相关权力之比较

　　本章从监察权与其他相关权力关系的视角,如监察权与人大监督权的关系、监察权与检察权的关系、监察权与职务犯罪侦查权的关系、监察权与行政监察权的关系,分析监察权的性质、地位、内容和功能。

　　我国监察体制改革的力度和广度超过了以前任何一次司法改革。监察委员会的建立,突破了实施几十年之久的"人大领导下的'一府两院'"宪法格局,亟须对宪法确立的国家权力分配体系进行重新解读。要正确理解监察委员会享有的监察权,除了从监察权本身思考外,还可以从监察权与其他国家权力之间关系的视角进一步分析与论证,以外围思路清晰展现监察权的性质、地位、权限内容和范围及其功能,以利于监察权的行使及我国反腐败机制的有效运作。

第一节　监察权与人大监督权

　　人民代表大会制度是我国的根本政治制度,人大产生其他国家机关,其他国家机关对人大负责,受人大监督,这是人大制度的核心内容。根据宪法规定,人大对其他国家机关进行监督,其他国家机关不享有对人大的监督权,这种"以人大为核心的一元两级单向监督模式",是人民主权原则的体现,也是我国国家机构实行民主集中制原则的体现。监察体制改革以来,基于"监察全面覆盖"的原则,监察机关对所有公职人员进行监督,包括各级人大及其常委会机关中的公职人员,以及其他国家机关工作人员,这与人大行使的监督权有一定的重合,因此很多学者表示了对监察制度破坏我国人民代表大会制度的担忧。甚至有学者指出,国家监察体制改革的实质是将权力"一元两级"转变为权力"多元同级",打破了人大的单向监督模式,颠覆了人大制度。[①]

　　但2018年修宪以及《监察法》的颁布,都坚持了在宪法框架下遵守人民代表大会制度的总体思路。《宪法》第3条第3款规定:"国家行政机关、监察机关、审判机关、检察机关都由人民代表大会产生,对它负责,受它监督。"《监察法》第8、9条规定了各级监察委员会由本级人大产生,其主任由本级人大选举产生;第53条第1款规定:"各级监察委员会应当接受本级人民代表大会及其常务委员会的监督。"因此,监察体制改革也是在人民代表大会制度的框架下运作的,接受人大监督,没有突破现行的宪法结构。在此前提下,我们再来谈监

---

① 秦前红、刘怡达:《监察全面覆盖的可能与限度——兼论监察体制改革的宪法边界》,载《甘肃政法学院学报》2017年第2期。

察权与人大监督权的关系。

一、人大监督权

我国各级人民代表大会的权力一般分为立法权、人事权、决定权和监督权四种。人大监督权在国家监督权体系中具有最高权威性,这是由人大的民主正当性决定的。人大监督权由人大行使,在人大闭会时,由人大常委会行使。监督权的客体较为广泛,包括其他国家机关,即行政机关、司法机关和监察机关,以及由人大选举或决定、任免产生的国家工作人员等的行为。根据《宪法》和《各级人民代表大会常务委员会监督法》,人大享有的监督权具体包括:听取和审议工作报告和专项工作报告;审查和批准预算和决算;听取和审议国民经济和社会发展的计划及计划执行情况的报告;对规范性文件的备案审查;组织执法检查,对所检查的法律、法规的实施情况进行评价,提出执法中存在的问题和改进的建议;组织特定问题调查委员会,提出调查报告;提出询问和质询;罢免或撤职;等等。

人大监督权一般是事后监督,监督的方式也多表现为间接性,以提出问题、建议为主,一般不会直接去纠正、处理违法行为(但对违反上位法的规范性文件予以撤销或改变的除外)。

二、监察权与人大监督权的区别

1. 我国宪法和法律都规定了人大的核心地位,监察委员会由人大产生;监察委员会主任由本级人大选举产生,监察委员会副主任、委员由本级人大常委会任免。监察机关受人大监督、对人大负责。《监察法》规定了人大及其常委会对监察委员会的具体监督方式,如提出询问或者质询、人大常委会要听取和审议本级监察委员会的专项工作报告、组织执法检查等。另外,人大或人大常委会对监察委员会组成人员的选举和任免也具有监督性质。除此之外,法规备案审查和特定问题调查委员会等监督方式,虽然《监察法》没有规定和列举,但在符合条件时,理论上人大也可以适用。

另外,监察机关的监察对象包括了所有公职人员。《监察法》第15条也明确规定监察对象包括人民代表大会及其常务委员会机关的公务员。依据《公务员法》和《中央机构编制办公室关于地方各级党的机关和人大、政协等机关编制管理工作参照〈地方各级人民政府机构设置和编制管理条例〉执行的答复》的相关规定,人大工作机构、办事机构中的公职人员属于公务员的序列,应当属于监察对象。但问题在于,人大及其常委会的组成人员——人大代表是否属于监察对象? 人大代表是否属于"其他依法履行公职的人员"[1]?

《监察法实施条例》第43条就该问题作了正面回应:履行人民代表大会职责的各级人民代表大会代表,属于《监察法》第15条第六项所称之"其他依法履行公职的人员"。由此可见,判断人大代表能否成为监察对象的关键在于"职责说"而非"身份说",即不论人大代表是否由国家公职人员兼职,只要其在履行人大代表的职责,就可以成为监察对象。这样的规定实际上把人大代表履职的行为定性为一种公职行为,进一步实现了监察全覆盖。但应注意,在对人大代表行使监察权的时候,应该遵循现行宪法和法律的规定履行特别程序,以保护人大

---

[1]《监察法》第15条。

代表享有的人身特别保护权。

2. 人大监督主要针对国家机关,而监察委员会监督主要针对公职人员。根据《宪法》第 62、67 条以及《各级人民代表大会常务委员会监督法》的规定,人大及其常委会行使监督权的方式,包括听取和审议工作报告、审查和批准国民经济社会发展计划和预算计划及其执行情况、备案审查规范性文件、执法检查、提出询问和质询、特定问题调查,一般都针对国家机关,而不针对公职人员。《监察法》第 3 条规定,各级监察委员会是行使国家监察职能的专责机关,依照本法对所有行使公权力的公职人员进行监察,调查职务违法和职务犯罪,开展廉政建设和反腐败工作,维护宪法和法律的尊严。《监察法》第 15 条和《监察法实施条例》第三章第一节就监察范围和监察对象进行了展开,对哪些人员属于公职人员作了限定。

3. 监察权和人大监督权的行使方式明显不同。监察权的行使方式具体包括监督和调查。监督方式主要包括教育和检查。其中,教育方式较为多样,主要是采用各种方法和手段进行廉政教育,如谈话、开会等;检查方式主要包括听取工作汇报、列席会议、查阅、审查文件等。调查方式,依据《监察法》规定,共有 15 种,具体包括谈话、讯问、询问、查询、冻结、搜查、勘验检查、鉴定、调取、查封、扣押、技术调查、通缉、限制出境、留置[1],其中一些措施带有强制性。人大监督权的行使方式包括听取和审议报告、审查和批准预算、检查法律法规的执行情况、规范性文件的备案审查、提出询问和质询、审议和决定罢免或撤职案、组织特定问题调查委员会等。其中,对于特定问题调查委员会在调查时可采取哪些调查措施,法律层面并无详细规定。为了保证调查工作的顺利进行,特定问题调查委员会应该享有一定的调查权,甚至一定程度的强制措施也是必要的,如可以采取传唤、强制调取材料和证据、组织权威专家鉴定等。对于不配合调查的组织和个人,可向行政机关或司法机关提出内部处分或司法处理的建议。[2] 对此,需要法律予以明确。

4. 监察权和人大监督权的处理结果不同。监察权行使的结果,表现为监察权的处置职责。根据《监察法》第 11 条的规定,监察权的处置职责具体包括四种:对违法的公职人员依法作出政务处分决定;对履行职责不力、失职失责的领导人员进行问责;对涉嫌职务犯罪的,将调查结果移送人民检察院依法审查、提起公诉;向监察对象所在单位提出监察建议。其中,政务处分具体包括警告、记过、记大过、降职、撤职、开除。而人大监督的处理结果具体包括不通过报告、不批准预算、公布执法检查结果、撤销或修改规范性文件、罢免或撤职及罢免或撤职建议等。[3]

第二节 监察权与检察权

监察体制改革的一项重要举措,就是将检察机关大部分职务犯罪侦查权并入监察委员会,成为监察权的组成部分,检察机关的反贪反渎等部门已经转隶到监察机关。并入和转隶后,检察机关的法律监督性质并没有发生变化,并保留了部分侦查权。但这一国家权力的调整还留有很多问题,核心就在于如何理解监察权和检察权的关系,包括:检察权能

---

① 本书编写组编写:《监察机关 15 项调查措施学习指南》,中国方正出版社 2018 年版。

② 傅林:《当代中国人大法律监督制度》,法律出版社 2014 年版,第 214 页。

③ 参见张劲松:《宪政视角下人大监督权研究》,广东人民出版社 2009 年版,第 144–145 页。

否监督监察权？监察权如何监督检察权？检察机关的剩余侦查权与监察机关的调查权有什么关系？检察权如何和监察权相衔接？等等。这些问题都需要在理论和实践中逐步厘清。

一、检察权

根据《宪法》和《人民检察院组织法》的规定，人民检察院是国家的法律监督机关。因此，人民检察院享有的检察权的性质和职能就是进行法律监督。法律监督作为一个专门术语，是指为了维护国家法制的统一和法律的正确实施，专门的国家机关根据法律的授权，运用法律规定的手段对法律实施情况进行检查督促并产生法定效力的专门工作。[①] 人民检察院通过行使检察权，对各级国家机关及其工作人员、公民或组织是否遵守宪法和法律实行监督。具体而言，在监察体制改革后，检察权具体包括以下几种法律监督权：

（一）公诉权

公诉权是指代表国家对危害国家和社会利益的行为进行追诉的权力。在我国，除了少量的法定自诉案件和少量的情节显著轻微的犯罪以外，其他种类的刑事案件都属于公诉案件，犯罪主体的行为都是公诉权的客体。公诉权具体包括提起公诉权和支持公诉权。检察机关对公安机关、监察机关侦查终结移送起诉的案件进行审查，如认为犯罪事实已经查清，证据确实、充分，依法应当追究刑事责任的，应当作出起诉决定，并按照法律规定向人民法院提起公诉。由于公诉是人民检察院代表国家向人民法院提起追究被告人刑事责任的控诉，因此法律规定，人民法院审理公诉案件，人民检察院应当派员出庭支持公诉。公诉权的设置和行使是国家专门机关监督刑法实施的具体形式，通过公诉，检察机关对犯罪主体实施了最现实、最直接的法律监督。

（二）侦查权

监察体制改革后，人民检察院仍然享有部分侦查权。《刑事诉讼法》第3条第1款规定："对刑事案件的侦查、拘留、执行逮捕、预审，由公安机关负责。检察、批准逮捕、检察机关直接受理的案件的侦查、提起公诉，由人民检察院负责。审判由人民法院负责。除法律特别规定的以外，其他任何机关、团体和个人都无权行使这些权力。"由此可见，检察机关的侦查权，主要针对检察机关直接受理的案件。依据《刑事诉讼法》第19条第2款的规定[②]，检察机关直接受理的案件包括两种：一是人民检察院在对诉讼活动实行法律监督中发现的司法工作人员利用职权实施的非法拘禁、刑讯逼供、非法搜查等侵犯公民权利、损害司法公正的犯罪案件。这类案件属于"监督中的办案"，是检察机关法律监督权的延伸。二是公安机关管辖的国家机关工作人员利用职权实施的，经省级以上人民检察院决定由检察机关直接受理的

[①] 张智辉：《检察权研究》，中国检察出版社2007年版，第66页。

[②]《刑事诉讼法》第19条第2款规定："人民检察院在对诉讼活动实行法律监督中发现的司法工作人员利用职权实施的非法拘禁、刑讯逼供、非法搜查等侵犯公民权利、损害司法公正的犯罪，可以由人民检察院立案侦查。对于公安机关管辖的国家机关工作人员利用职权实施的重大犯罪案件，需要由人民检察院直接受理的时候，经省级以上人民检察院决定，可以由人民检察院立案侦查。"

重大犯罪案件。该类案件主要是涉及刑法分则第三章第三节关于国有公司人员滥用职权、玩忽职守等九个罪名的案件。除此之外,依据《刑事诉讼法》第 170 条第 1 款的规定,人民检察院还享有对监察机关移送起诉案件的补充侦查权。[①]检察机关享有的侦查权包括三类:一是一般侦查权,具体包括讯问犯罪嫌疑人、询问证人、被害人、勘验、检查、搜查、扣押物证、书证、查询、冻结存款、汇款、鉴定、通缉(由公安机关发布通缉令),采取技术侦查措施(由有关机关执行)。二是采取强制性措施的权力,包括拘传、取保候审、监视居住、拘留和逮捕(由公安机关执行)等。三是终结侦查的权力。检察机关的侦查部门对于侦查终结的案件,有权分别提出提起公诉的意见、不起诉的意见或撤销案件的意见。

(三) 侦查监督权

人民检察院对公安机关侦查的案件进行审查,决定是否逮捕、起诉;对公安机关侦查活动是否合法进行监督;对公安机关工作人员在侦查活动中是否存在非法拘禁、刑讯逼供等行为进行监督。发现公安机关的侦查活动有违法行为的,应当通知公安机关予以纠正;公安机关工作人员滥用权力,情节严重,构成犯罪的,应当依据刑事诉讼法的规定进行侦查,追究其刑事责任。

(四) 审判监督权

人民检察院对人民法院在庭审活动中是否遵守诉讼程序实行监督。人民法院违反法律规定的诉讼程序审理案件的,人民检察院有权向人民法院提出纠正意见。对于该纠正意见,人民法院必须回复纠正的情况;对本级人民法院确有错误的第一审判决和裁定向上级人民法院提出抗诉;上级人民检察院对下级人民法院已经发生法律效力的判决和裁定,最高人民检察院对各级人民法院已经发生法律效力的判决和裁定,依照审判监督程序向人民法院提出抗诉。对于审判人员的违法行为,需要给予纪律或政务处分的,人民检察院可以提出建议;对于审判人员在诉讼过程中实施的侵犯公民权利、损害司法公正的涉嫌犯罪行为,检察机关可以自行侦查,追究其刑事责任。

(五) 执行监督权

人民检察院对人民法院已经发生法律效力的判决、裁定的执行是否合法进行法律监督。根据诉讼的性质不同,人民检察院可以对民事诉讼、行政诉讼和刑事诉讼判决、裁定的执行进行监督,其中,对刑事判决、裁定执行情况的监督是重点。因刑事执行的机关较为分散,内容庞杂,人民检察院的监督呈现多样化的特征,具体包括监所监督、死刑监督、各种刑罚(主刑与附加刑)执行过程的监督以及对于死缓改判、减刑、假释、暂予监外执行等措施的监督。发现有不当违法或犯罪行为的,检察机关可以提出纠正意见或提出抗诉,进行侦查,追究刑事责任。

除此之外,检察机关还享有民事诉讼领域的提起公诉的权力,以维护公共利益和受违法行为侵害的广大公民的权益。

---

① 《刑事诉讼法》第 170 条第 1 款规定:"人民检察院对于监察机关移送起诉的案件,依照本法和监察法的有关规定进行审查。人民检察院经审查,认为需要补充核实的,应当退回监察机关补充调查,必要时可以自行补充侦查。"

二、监察权与检察权之区别

监察权与检察权在国家权力体系中处于平行的地位,两者同属国家监督权体系。具体来看,二者存在以下不同:

1. 管辖的对象和范围不同。监察权对所有行使公权力的公职人员进行监督。基于反腐败的需要,其监察对象包括所有行使公权力的公职人员,当然包括检察机关中的公务员。而检察权主要监督国家机关、组织和个人是否正确地实施法律,其监督对象与监察对象有一定交叉,但明显更加宽泛,如上文提到的对公民、组织的犯罪行为提起公诉,对公安机关的侦查权的监督,对法院的诉讼活动的监督,以及对监狱、看守所的监所监督等。不过,检察权不能对监察机关的行为以及监察机关的公务员进行监督。《刑事诉讼法》第19条第2款规定:"人民检察院在对诉讼活动实行法律监督中发现的司法工作人员利用职权实施的非法拘禁、刑讯逼供、非法搜查等侵犯公民权利、损害司法公正的犯罪,可以由人民检察院立案侦查。"该条限定了人民检察院的监督对象为司法工作人员,而监察委员会不属于司法机关,监察委员会的工作人员自然就不属于检察机关的监督对象。依照《监察法》的规定,监察机关的工作人员应该由监察机关负责监督。

2. 监督的内容和方式不同。监察权主要对腐败进行监督,采取的方式有监督、教育、检查、调查;而检察权主要对各个国家机关是否正确实施法律进行监督,包括对侦查等诉讼活动、执法行为进行监督,以及对犯罪行为进行监督,采取的方式主要是提起公诉、批准逮捕、提出抗诉、自己侦查或补充侦查。

3. 监督的法律效力和结果不同。监察权行使时在党纪处分和政务处分方面具有最终的效力,但在追究刑事责任时需要移送至检察机关,由其审查后决定是否提起公诉。而检察机关在监督后可以提出纠正意见,提出检察建议,该意见和建议具有法律效力,没有特殊理由被监督机关必须遵守。在环境公益诉讼中,如果生态环境部门不执行检察机关的检察建议,检察机关可以向人民法院提起环境公益诉讼,状告环境部门不依法履行环境监管职责。

三、调查权与职务犯罪侦查权

2012年《刑事诉讼法》第18条第2款曾规定:"贪污贿赂犯罪,国家工作人员的渎职犯罪,国家机关工作人员利用职权实施的非法拘禁、刑讯逼供、报复陷害、非法搜查的侵犯公民人身权利的犯罪以及侵犯公民民主权利的犯罪,由人民检察院立案侦查。对于国家机关工作人员利用职权实施的其他重大的犯罪案件,需要由人民检察院直接受理的时候,经省级以上人民检察院决定,可以由人民检察院立案侦查。"职务犯罪侦查权,是指人民检察院对上述国家机关工作人员利用职权实施的职务犯罪自行侦查的权力。监察体制改革后,通过检察机关反贪、反渎、预防职务犯罪等部门的转隶,监察委员会目前的调查活动实质上代替了检察机关绝大部分的职务犯罪侦查。检察机关的职务犯罪侦查权大大缩减,除了拥有少部分的侦查权和有限的退回补充侦查的权力之外,基本不再享有对职务犯罪的侦查权。原来检察机关职务犯罪侦查的主要工作交由监察委员会进行。《监察法》第11条第2项规定,监察机关有权对涉嫌贪污贿赂、滥用职权、玩忽职守、权力寻租、利益输送、徇私舞弊以及浪费国家资财等职务违法和职务犯罪进行调查。从该规定来看,监察委员会的调查权与检察机关原来享有的职务犯罪侦查权属于同一类权力,监察委员会的调查实际上取代了原检察机关的侦查,发挥着原检察机关的侦查作用。可以说,监察机关的职务犯罪调查权与检察机关的职务犯罪侦查权之间具有承袭关系。[①]

虽然监察机关行使的调查权与检察机关的职务犯罪侦查权属于同一类权力,具有承继关系,但二者还有许多明显的区别,主要表现如下:

1. 权力性质和享有主体不同。《监察法》在对职务犯罪的处理上使用"调查"一词,并没有延续使用《刑事诉讼法》的"侦查",表明立法者和制度设计者认为监察机关的调查权不同于检察机关的侦查权。调查权由监察委员会行使,属于监察权;而职务犯罪侦查权由检察机关享有,带有司法权的属性,具有法律监督职能。同时,由于监察委员会与纪律检查委员会合署办公,监察委员会也是代表党组织行使职权,享有纪律检查委员会的权力,所以监察权在权力属性上带有特殊性,不同于国家权力中的行政权、司法权。

2. 法律渊源不同。调查权的法律依据是《监察法》,而侦查权的法律依据是《刑事诉讼法》。监察委员会对职务犯罪的调查活动并不受《刑事诉讼法》规制。换句话说,《刑事诉讼法》对侦查活动的规定和控制不能类比适用于监察委员会的调查权。不同的法律渊源决定了两种权力的性质及其行使规则有所不同。

3. 权限范围不同。监察机关行使调查权,不仅可以对职务犯罪行为展开调查,还有权调查职务违法行为。而职务犯罪侦查权仅适用于职务犯罪行为。从权力行使的方式来看,调查权还包括党的纪委部门享有的党内监督方式以及原行政监察部门采取的措施,如谈话、询问、查询、调取等措施,因不具有限制公民基本权利的强制性,并不属于侦查权的范畴。即使带有强制性的调查措施,如留置、搜查、讯问等,虽与侦查措施类似,但在实施时也有差别。监察委员会与纪委合署办公,监察委员会调查时不仅要遵守法律,还要遵守党规。例如,在进行讯问时,由于讯问对象通常是党员领导干部,党员要遵守《党章》和《中国共产党纪律处分条例》的规定,对党忠诚,如实陈述。如果调查时党员没有如实回答,就要承担党纪处分。但检察机关进行讯问时,依据《刑事诉讼法》的规定,犯罪嫌疑人享有拒绝回答的权利,即使是党员也享有此种权利,检察机关不会考虑党规的内容。再如,对于搜查、扣押、查封行为,《监察法》第41条要求全程录音录像,留存备查;而《刑事诉讼法》却没有此项要求。调查权中的留置措施与检察权中逮捕措施相类似,但在批准机关、限制人身自由的场所、期限,以及获得律师帮助权等方面存在差别。

第三节   监察权与纪检监督权

监察体制改革后,监察委员会与纪律检查委员会实行合署办公。合署办公是指两个或两个以上的机构,由于职能相近或工作联系密切,而在同一地点办公。合署办公之后,一般配备一套人马,挂两块或多块牌子。[②] 因此,合署办公不同于合并设立,不同于"对外保留牌子",不同于"加挂牌子"。监察委员会与纪律检查委员会合署办公,其工作人员既可以行使

---

① 杨宇冠:《监察法与刑事诉讼法衔接问题研究》,中国政法大学出版社2018年版,第85页。
② 刘权:《党政机关合署办公的反思与完善》,载《行政法学研究》2018年第5期。

监察委员会的权力,也可以行使纪律检查委员会的权力,但对外须明确是哪一种权力,以哪一机构的名义行使。合署办公后监察委员会的监察权与纪律检查委员会的纪检监督权联系密切,但同时也有所区别。

一、纪检监督权

纪律检查制度是中国共产党在长期的革命、建设和改革实践中探索出的实现自我净化、自我完善、自我革新、自我提高的制度规范。纪律检查的本质是"纪律监督",是依"纪"对党组织和党员干部遵守和执行党的纪律情况进行监督。纪律是中国共产党管党治党的尺子。《党章》第 46 条规定了纪律检查委员会的性质、任务、"三项主要任务"、"六项经常性工作"和"三项职责"。党的各级纪律检查委员会是党内监督专责机关,其主要任务是维护党的章程和其他党内法规,检查党的路线、方针、政策和决议的执行情况,协助党的委员会推进全面从严治党、加强党风建设和组织协调反腐败工作。党的各级纪律检查委员会的职责是监督、执纪、问责。"六项经常性工作"是:(1) 要经常对党员进行遵守纪律的教育,作出关于维护党纪的决定;(2) 对党的组织和党员领导干部履行职责、行使权力进行监督,受理处置党员群众检举举报,开展谈话提醒、约谈函询;(3) 检查和处理党的组织和党员违反党的章程和其他党内法规的比较重要或复杂的案件,决定或取消对这些案件中的党员的处分;(4) 进行问责或提出责任追究的建议;(5) 受理党员的控告和申诉;(6) 保障党员的权利。《中国共产党党内监督条例》(简称《党内监督条例》)第四章也集中阐述了"党的纪律检查委员会的监督"。其第 26 条规定,党的各级纪律检查委员会是党内监督的专责机关,履行监督执纪问责职责,加强对所辖范围内党组织和领导干部遵守党章党规党纪、贯彻执行党的路线方针政策情况的监督检查。《监督执纪工作规则》则详细规定了纪检监督权的领导体制、职权行使、监督管理等内容。

党的纪律检查委员会享有的监督权,是指各级党的纪律检查机关对同级党的委员会及其成员行使的党章规定范围内的监督权限。具体包括以下几种具体的权力类型:

1. 检查权。纪律检查机关可以就某方面的情况,如遵守和执行党的路线方针政策和决议的情况等,开展有计划、有步骤、有组织的监督检查。具体措施包括:参加、列席和召集有关会议;询问;查阅与检查有关的文件、资料;要求有关的组织或个人提供相关的文件、资料或其他必要情况。

2. 调查权。调查权是指纪律检查机关对检举、控告和检查中发现的党组织或党员的有关违纪问题进行初步审核,或经初步审核后发现党组织或党员有违犯党纪的行为,需要给予一定的党纪处分而决定立案后,实施调查、取证的权力。具体可以采取如下措施:(1) 谈话函询。对于问题线索,应当拟定谈话函询方案,采取谈话或函询的方式了解情况,确认是否存在问题。(2) 初步核实。对于反映问题比较具体,但被反映人予以否认,或者说明存在明显问题的,应当再次谈话函询或进行初步核实。初步核实时,可以采取必要措施收集证据,通过与相关人员谈话了解情况,要求相关组织作出说明,调取个人有关事项报告,查阅复制文件、账目、档案等资料,查核资产情况和有关信息,进行鉴定勘验。需要采取技术调查或者限制出境等措施的,纪律检查机关应当严格履行审批手续,交有关机关执行。(3) 立案审查。经过初步核实,对存在严重违纪需要追究党纪责任的,应当立案审查。纪检机关主要负责人主持召开执纪审查专题会议,研究确定审查方案,提出需要采取的审查措施。经审批可以对相关人员采取调查谈话,查阅、复制有关文件资料,查询有关信息,暂扣、封存、冻结涉案款物,提请有关机关进行技术调查、限制出境等措施。(4) 审理、复议复查。纪检机关案件审理部门对党组织和党员违反党纪、依照规定应当给予纪律处理或者处分的案件和复议复查案件进行审核处理。在这一过程中可以调阅原案案卷,必要时可以调查取证。

3. 处分权。处分权是指纪律检查机关对审查对象,按其违纪行为性质和情节轻重给予一定的党纪处分的权力。按照《中国共产党纪律处分条例》第 8 条的规定,对党员的纪律处分包括警告、严重警告、撤销党内职务、留党察看、开除党籍。第 9 条规定,对于违犯党的纪律的党组织,上级党组织应当责令其作出检查或者进行通报批评。对于严重违犯党的纪律、本身又不能纠正的党组织,上一级党的委员会在查明核实后,根据情节严重程度,可以予以改组或解散。

二、监察权与纪检监督权的联系与区别

监察权与纪检监督权本质上是一致的,都是坚持在党的全面领导下通过法治反腐的方式推进实现国家治理体系和治理能力现代化。这种一致性突出地表现在制度根源、目标追求和行权主体三个层面。从制度根源来看,监察权和纪检监督权都是纪检监察体制改革的重要成果。纵观中国共产党百年纪检监察体制发展史,以坚持自我革命为主线,党领导人民探索权力监督机制的过程大致经历三个主要阶段:一是以党内监督为主的"纪检"阶段,二是党内监督和行政监察并行的"监察"阶段,三是党内监督和国家监察深度融合的"纪检监察"阶段。国家监察体制改革以后,党的纪委与国家监委实现了更深层次的融合,纪委监委合署办公朝着"纪监一体化"的趋势不断发展[①]。纪检监察一体化背景下的纪检监督权和国家监察权,在制度根源上是一致的。从目标追求来看,监察权和纪检监督权虽然对象不同,但根本目标和追求是一致的,都是坚持以法治的思维和方式进行反腐败斗争,追求实现国家治理体系和治理能力现代化。此外,二者对象的不同也只是相对的,甚至在很大程度上可以忽略。因为在我国,从公务员的构成来看,党员比例超过 80%,县处级以上领导干部中党员的比例更是超过 95%[②],党内监督与国家监察对象是高度重合的。从行权主体来看,二者在队伍构成和行权理念上都存在一致的基础。纪委监委合署办公机制下实行"两块牌子、一套人马",也就是说不管是纪检监督权还是监察权,其实都是同一个队伍在行使。而之所以能实行"一套人马"的机制,是因为行权主体的行权理念是一致的,这种理念的一致是由权力本身的可兼容性提供制度保障的。

监察权与纪检监督权的区别体现在形式层面。首先,监督的依据不同。监察权的依据是法律,主要是《监察法》以及其他配套的法律法规;而纪检监督权依据的是纪律,主要是《党章》《党内监督条例》《监督执纪工作规则》等。因此,一个是"依法",一个是"依纪"。其次,监督对象不同。监察权的监督对象是行使公权力的公职人员;而纪检监督权的监督对象是党组织和党员。再次,监督的权力范围不同。监察委员会除了享有纪律检查委员会的

① 参见张震、廖帅凯:《纪检监察作为一级学科的理论逻辑》,载《重庆大学学报(社会科学版)》2022 年第 6 期。

② 习近平:《论坚持全面深化改革》,中央文献出版社 2018 年版,第 232 页。

调查权外,还可以采取限制人身自由的强制措施,如留置权;但纪律检查委员会没有此项权力。最后,处理结果不同。对于违反监察法的行为,监察机关可以予以政务处分,包括警告、记过、记大过、降职、撤职、开除。对于违反党纪的行为,纪律检查委员会可以予以党纪处分,具体包括警告、严重警告、撤销党内职务、留党察看、开除党籍;对于违反党的纪律的党组织,责令其作出检查或者通报批评。对于严重违犯党的纪律但本身又不能纠正的党组织,上一级党的委员会在查明核实后,根据情节严重程度,可以予以改组或解散。

● 拓展阅读

1. 杨宇冠:《监察法与刑事诉讼法衔接问题研究》,中国政法大学出版社 2018 年版。

2. 王希鹏:《中国共产党纪律检查工作概论》,中国社会科学出版社 2016 年版。

3. 秦前红:《国家监察法实施中的一个重大难点:人大代表能否成为监察对象》,载《武汉大学学报(哲学社会科学版)》2018 年第 6 期。

4. 张震、廖帅凯:《纪检监察作为一级学科的理论逻辑》,载《重庆大学学报(社会科学版)》2022 年第 6 期。

● 课后思考

1. 监察权与人大监督权有哪些联系与区别?

2. 论述监察权与检察权的边界及衔接。

3. 监察权与纪检监督权有哪些联系与区别?

典型案(事)例　　即测即评

第五章 监察权的功能

　　监察权功能的理论旨在造就功能完善的监察法律制度,并在法律实施的过程中实现权力、机构和程序的规范化。通过比较分析和规范分析方法对我国监察秩序及理论研究形成宏观的认识,并对监察权的调整功能、规范功能、保障功能、惩戒腐败功能、整合功能进行阐释,从而厘清党内监督与党外监督、纪检监督与国家监察、专门监督与群众监督、党纪监督与法律监督的关系,以落实国家监察法规,充分发挥监察委员会的作用,形成良好的监察秩序。

　　"法的功能是指法作为一种特殊的社会规范本身所固有的性能或功用"[①],"是法这个事物的内在的、稳定的和应然的能量和潜力"[②]。每一部法律的出台都有其自身的立法目的,为了实现特定目的,具体化的法律有其特定的功能预设。监察法的出台必然伴随对监察权功能的预设。构建现代法治社会,必须明确法律究竟具有什么功能。只有认清了法律的功能,才能造就功能完善的法律制度,进而有效落实国家法律规范,充分发挥法律应有的效用。基于此,为实现国家监察全面覆盖,深入开展反腐败工作,形成良好的监察秩序,应对监察权的调整功能、规范功能、保障功能、惩戒腐败功能、整合功能进行系统的理论阐释。

第一节　监察权的调整功能

　　监察权是一种新型国家权力,其调整功能主要表现为在国家机构中引入党政体制,推动"一府一委两院"这一新型化国家权力结构体系的建构。具体而言,监察权的调整功能体现在凸显政治机关属性、强化职权运行效能、强调监察机关专责属性这三个方面。

一、凸显政治机关属性

　　监察权的载体即监察委员会被定性为政治机关,具有直接的政治属性。"国家监察委员会履行监察职能的最高政治原则与价值功能是维护中央权威、巩固执政党地位、维护国家统一、维护党纪国法的尊严和权威。"[③]《监察法》第 2 条规定了监察工作的基本指导思想和监察体制的建设目标,明确强调党对国家监察工作的绝对领导,设置监察权成为实现党的领导、贯彻党的意志的一种具体方式。

---

① 卢云主编:《法学基础理论》,中国政法大学出版社 1994 年版,第 43 页。
② 刘伟主编:《法学概论》,西南交通大学出版社 2016 年版,第 2 页。
③ 徐汉明:《国家监察权的属性探究》,载《法学评论》2018 年第 1 期。

(一) 以意识形态理念凸显政治机关属性

监察权的设置直接根源于我国反腐败工作规范化、程序化开展的需要,"深入开展反腐败工作,推进国家治理体系和治理能力现代化"是监察权设置的根本目的。"把反腐败作为主基调,体现了构建新的国家监察体制的政治基础、现实需求和时代特点。这显然是一次主题性政治改革措施……改革的中心环节是提升反腐败调查权的合法性和协调性。"[①] 将反腐败的调查权归属于监察权这一全新的权力结构之中,进而实现反腐败的政治意味与监察权政治地位的完美融合。

反腐败是更好地满足坚持党的领导、坚决贯彻"四个全面"、完善和发展中国特色社会主义制度的需要。"以零容忍态度惩治腐败是中国共产党鲜明的政治立场,是党心民心所向。"[②] 因此,将反腐败工作的行动逻辑设置为"以执政党为出发点和核心"[③],以党的领导为根本原则,反腐败工作自然会得到权威高效的实施保障。"中国共产党是对腐败治理行使领导权的机关,党对监察工作的领导,涉及政治领导、组织领导、战略领导与动员领导四项基本内容,其核心就是要坚持由党统一行使国家治理与发展战略的制定权、推进权与动员权,全面主导腐败治理、国家治理的根本方向,据此,党必须根据社会发展、国家治理的现实,确立腐败治理的指导思想、制定明确的党和国家廉政体系建设目标和腐败治理发展战略,并就如何在法治国家建设中推进与实现该目标与战略,在坚持党内率先推进的同时,向最高国家权力机关提出明确的政策、立法、执法与司法检查建议,由国家权力机关制定明确、系统、可持续的国家反腐败战略行动方案、立法推进与实施计划,通过'元监督权'的行使,促使一切监督机关推进腐败治理计划的实施。"[④]

(二) 以合署办公形式凸显政治机关属性

党直接通过合署办公的方式领导监察委员会,将党的意志与监察权的行使过程紧密结合。"正确认识监察权性质的钥匙在于'合署办公'。此次改革后,各级监察委员会同党的纪律检查机关合署办公,实行一套工作机构、两个机关名称,履行纪检、监察两项职能,由各级纪律检查委员会对党中央或地方党委全面负责并报告工作。这种制度设计与当代中国现代国家治理的价值、体系与能力要求有着密不可分的关联。"[⑤]

这种合署办公的领导方式,优势在于直接将党的意志通过国家机关的履职行权活动体现出来,显著提升了党的工作效率,缓解了公权机关相互之间职能协调困难、机构繁复重叠的组织矛盾。"监察机关与纪检机关合署办公,既体现了党对反腐败工作的集中统一领导,又能够有效协调党政关系、增强协同合力,实现党内监督和国家监督、党的纪律检查与国家监察有机统一。"[⑥]

① 于安:《反腐败是构建新国家监察体制的主基调》,载《中国法律评论》2017 年第 2 期。
② 李建国:《关于〈中华人民共和国监察法 (草案)〉的说明——二〇一八年三月十三日在第十三届全国人民代表大会第一次会议上》,载《人民日报》2018 年 3 月 14 日,第 5 版。
③ 吴建雄、李春阳:《健全国家监察组织架构研究》,载《湘潭大学学报 (哲学社会科学版)》2017 年第 1 期。
④ 魏昌东:《〈监察法〉与中国特色腐败治理体制更新的理论逻辑》,载《华东政法大学学报》2018 年第 3 期。
⑤ 王希鹏:《国家监察权的属性》,载《求索》2018 年第 4 期。
⑥ 王希鹏:《国家监察权的属性》,载《求索》2018 年第 4 期。

二、强化职权运行效能

监察权将"原隶属于政府的行政监察权、行政违法预防权,原隶属于检察机关的反贪污贿赂、反渎职侵权与职务犯罪预防权"[1]予以整合,与党的纪律检查委员会代表的党内监督职权相结合,共同构成我国以反腐败为主要导向的国家监督体系。这一整合使得党内监督与国家监督实现了紧密契合,从而强化了国家监督职权的运行效能。

(一) 科学整合不同国家机关的监督权力

在监察制度改革之前,不同国家机关拥有特定的监督职权,但党的十八大以来开展的反腐行动已然说明分散化的监督形式对我国的反腐败工作未起到足够有效的作用。因此,必须以完善的法律制度,"形成不敢腐、不能腐、不想腐的有效机制"[2]。"于逻辑上而言,监察体制改革的必要性主要缘于现行的监察体制未能有效地发挥其预期功效,监察体制自身及其运行皆存在某些问题。"[3] 而此次改革的一个重要特点则是实现了对不同监督部门监督职权的整合[4],以促进监督实效的提升。

以往分散式监督格局所存在的问题在于各国家机关独自开展监督,导致自我监督不足且未形成理想的监督合力,"难以有效整合监督资源"[5],监督体系存在诸多漏洞。一方面,"监督权的独立性难以保障,同体监督的效果有限"[6];另一方面,"监督力量分散,各类监督监察主体在各自的领域内开展监督工作,难以形成实质意义上的合力"[7]。通过对国家监督权力的有机整合,建立起统一高效的监察权,在提升监督实效化的同时,还有助于解决人民检察院一直饱受诟病的自侦自诉问题。"检察院集公诉、监督、侦查于一身,既参与诉讼,又监督诉讼;既自行侦查,又自行审查起诉,有违侦、诉、审各负其责、相互制约的法治原则,饱受既当'运动员'又当'裁判员'质疑,客观上损害了司法公信力。"[8] 借由监察权的设置,这一争议性问题将得到一定缓解。

(二) 增进党内监督与国家监督相协调性

通过监察体制改革,党内监督与国家监督能够实现紧密契合,这主要体现在监察权行使程序方面的设计。监察体制改革之前,党内纪检监察部门开展的违纪调查活动与人民检察院的职务侦查活动存在重合,其间还存在复杂的程序衔接问题。"在监察体制改革开始之前,我国在对职务犯罪案件的追诉方面,实行的是纪检监察非正式调查与检察机关刑事侦查的二元式程序构造。纪检监察机关经过调查,发现被调查人员涉嫌职务犯罪的,并没有直接实施进一

---

[1] 徐汉明:《国家监察权的属性探究》,载《法学评论》2018 年第 1 期。

[2] 《中共中央关于全面推进依法治国若干重大问题的决定》,载《人民日报》2014 年 10 月 29 日,第 1 版。

[3] 秦前红:《监察体制改革的逻辑与方法》,载《环球法律评论》2017 年第 2 期。

[4] 张春玲:《监察权的宪法性质、职权配置与实践展开》,载《学习月刊》2018 年第 8 期。

[5] 刘艳红、夏伟:《法治反腐视域下国家监察体制改革的新路径》,载《武汉大学学报(哲学社会科学版)》2018 年第 1 期。

[6] 刘艳红、夏伟:《法治反腐视域下国家监察体制改革的新路径》,载《武汉大学学报(哲学社会科学版)》2018 年第 1 期。

[7] 秦前红:《监察体制改革的逻辑与方法》,载《环球法律评论》2017 年第 2 期。

[8] 吴建雄、李春阳:《健全国家监察组织架构研究》,载《湘潭大学学报(哲学社会科学版)》2017 年第 1 期。

步调查的权力,而只能将案件移送检察机关,后者正式启动刑事立案程序,对案件进行刑事侦查活动。当然,纪检监察机关此前所收集的证据材料,只能被作为党纪处分或政纪处分的依据,而不能被移送检察机关,更不能在刑事诉讼中被作为证据使用。"[1] 由此往往产生纪检机关收集的证据材料无法在刑事诉讼中产生证据效力的问题。此外,纪检部门与检察院在各自工作范围内展开协调配合时也存在众多阻滞。首先,彼时的纪检监察部门仍然依附于政府部门设立,属于行政机关的分支,这就不免会在执法过程中受到干扰,影响监察权行使的独立性。其次,纪检监察部门在调查过程中的积极作用令人民检察院的公职类犯罪侦查权显得冗余,徒增职能的分设和交叉,不利于提高监察效率。最后,亦是最重要的,纪检监察部门的调查取证过程还会涉及程序正义和证据转化问题。以党纪委为中心的监察体系的重要问题在于党的纪律审查和国家法律的衔接障碍,表现为难以论证"两规"这一普遍存在的党纪审查手段的合法性。[2] 该过程中所涉"证据效力"[3] 转化问题也在一定程度上助推了监察体制的改革。

　　监察权的设置有助于将党内监督与国家监督有机结合起来,既避免了之前存在的重复监督调查问题,又有效解决了程序方面的衔接问题。"此次深化国家监察体制改革把党纪执法与国家执法有机贯通起来,把过去分散的行政监察、预防腐败以及检察机关的反贪、反渎力量整合起来,实现反腐败工作的指挥体系、资源力量、手段措施的集中统一"[4],在相当程度上促进了"国家监督权配置模式的优化"[5]。在消除二元式程序构造之后,"监察机关通过一次统一的调查活动,既要认定被调查人职务违法事实,也要确定其是否存在职务犯罪的事实。甚至对那些具有中共党员身份的公职人员,监察机关还要以党的纪律检查委员会的名义,确定其是否存在违反党纪的事实"[6]。

三、强调监察机关专责属性

　　监察权以监察委员会为行权载体,其实质是区别于行政权、司法权而由国家最高权力机关创设的新型权力,"是一项独立的国家权力"[7]。为保障该项权力能切实发挥"集中统一、权威高效"的反腐败作用,监察委员会被赋予了显著的法律地位,成为行使国家监察职能、开展反腐败工作的专责机关。

(一) 监察委员会拥有显著的法律地位

　　2018 年《宪法修正案》明确规定国家监察委员会对全国人大及其常委会负责,这就将监察权提升至与行政权、司法权相平行的法律地位,进而形成了"一府一委两院"这一新型国家权力格局。"最高国家权力机关基于现实需要创设出了监察权,并根据分工负责、功能适当等原则将该权力配置给了监察机关。"[8] 这个机构并没有突破我国的人民代表大会制度,仍

---

① 秦前红:《监察体制改革的逻辑与方法》,载《环球法律评论》2017 年第 2 期。

② 张春玲:《监察权的宪法性质、职权配置与实践展开》,载《学习月刊》2018 年第 8 期。

③ 徐汉明:《国家监察权的属性探究》,载《法学评论》2018 年第 1 期。

④ 张春玲:《监察权的宪法性质、职权配置与实践展开》,载《学习月刊》2018 年第 8 期。

⑤ 秦前红:《监察体制改革的逻辑与方法》,载《环球法律评论》2017 年第 2 期。

⑥ 陈瑞华:《论国家监察权的性质》,载《比较法研究》2019 年第 1 期。

⑦ 陈光中、邵俊:《我国监察体制改革若干问题思考》,载《中国法学》2017 年第 4 期。

⑧ 秦前红:《我国监察机关的宪法定位以国家机关相互间的关系为中心》,载《中外法学》2018 年第 3 期。

然是人民代表大会制度下的一种履行专门监察职能的国家机构。[①] 就监察权与立法权、行政权以及司法权之间的关系而言，"从纵向权力关系来说，人民代表大会同监察委员会是产生与被产生的关系。从横向权力关系来说，监察委员会作为监察机关与行政机关、审判机关、法律监督机关彼此独立，是监察与被监察的关系"[②]。此种变革所带来的直接变化即提升了国家监督机关的法律地位，强化了国家监察委员会的法律权威，以此巩固提高反腐败职能的运行实效。权力结构由"'三位一体'转变成'四位一体'"[③] 之后，这种结构性变化使得"现行《监察法》所设计的监察委员会的法律地位将高于原行政监察机关"[④]，"国家监察权的形成实际上让权力监督的理念得到质的升华，权力对抗权力模式得以进一步升级，让国家权力配置进一步符合宪法精神的要求"[⑤]。

（二）监察委员会是反腐败的专责机关

监察委员会是行使国家监察职能的专责机关，不受行政机关、社会团体和个人的干涉。"'专责机关'不仅强调监察机关的专业化特征、专门性职责，更加突出强调了监察机关的责任，行使监察权不仅仅是监察机关的职权，更重要的是责任和使命担当。"[⑥] 国家监察体系的设置，推进了"构建党统一指挥、全面覆盖、权威高效的监督体系，把制度优势转化为治理效能"[⑦] 的目标达至。监察委员会反腐败的这一专责机关属性使得"监察委员会不会受制于行政机关与司法机关，避免了监察权不独立所带来的监督无效、低效的问题"[⑧]，从而更好地提升了监察实效。

第二节　监察权的规范功能

监察权的规范功能体现为对"社会关系双方主体的调整，既制约他人也制约自身"[⑨]，即强调监察权的规范特征和地位，实现公职人员自觉用法、严格执法、普遍守法，促进监察权内在潜能的发挥。基于此，则可认为监察权的规范功能旨在使监察委员会的监督规范化、体系化、常态化，使监察权于法治化的轨道上运行，往往表现在监察委员会依法行权、监察委员会与相关机关配合制约和监察委员会自身监督制约三个层面。

一、监察委员会依法行权

监察委员会依法行权是指各级监察委员会作为行使国家监察职能的专责机关，严格依照

---

① 王旭：《国家监察机构设置的宪法学思考》，载《中国政法大学学报》2017 年第 5 期。
② 焦洪昌、叶远涛：《监察委员会的宪法定位》，载《国家行政学院学报》2017 年第 2 期。
③ 谭家超：《国家监察权设置的功能》，载《河南社会科学》2017 年第 6 期。
④ 姜明安：《论监察法的立法目的与基本原则》，载《行政法学研究》2018 年第 4 期。
⑤ 谭家超：《国家监察权设置的功能》，载《河南社会科学》2017 年第 6 期。
⑥ 王伟：《为什么将监委定位为行使国家监察职能的"专责机关"——不仅强调职权更突出责任》，载《中国纪检监察》2018 年第 6 期。
⑦ 李建国：《关于〈中华人民共和国监察法（草案）〉的说明——二〇一八年三月十三日在第十三届全国人民代表大会第一次会议上》，载《人民日报》2018 年 3 月 14 日，第 5 版。
⑧ 刘艳红、夏伟：《法治反腐视域下国家监察体制改革的新路径》，载《武汉大学学报（哲学社会科学版）》2018 年第 1 期。
⑨ 罗豪才：《为了权利与权力的平衡：法治中国建设与软法之治》，五洲传播出版社 2016 年版，第 184 页。

《监察法》之规定对所有公职人员进行监察,调查职务违法和职务犯罪行为。2018 年《宪法修正案》在“国家机构”一章增加了一节“监察委员会”,就国家监察委员会和地方各级监察委员会的性质、地位、名称、人员组织、任期任界、领导体制、工作机制等作出了规定,以最高法律的形式确立了监察权力体系的合法性,为我国监察制度有序建构与合法运行奠定了基础。随后,《监察法》的颁行,标志着“新型权力设置的完成,也预告着权力行使的开始”[①],这为各级监察委员会的监督、调查以及处置等职责权限予以权威预设,进而保障国家监察权的有序运行。

(一)监察机关职权法定

随着《监察法》的出台,监察委员会的职责权限和调查手段实现了法定化。监察委员会作为一个新的国家机构,具有独有的组织结构、运行特征和法律规范等。各级监察委员会的有效运行,既要求整个政治体制运行状况良好,也强调监察委员会内部工作流程和机制设计通畅。

一方面,党的领导为国家监察体制改革和监察委员会有效运行提供了政治保证。《监察法》第 2 条明确监察工作要坚持中国共产党对反腐败工作的领导,提高了监察机关和监察制度的权威性。党内监督和国家监察都是具体的权力监督类型,前者针对违反党的纪律问题,后者针对违反国家法律问题,违纪、违法、职务犯罪等行为受到监察机关一体化的制裁。监察权与党的领导权、执政权紧密联系。作为执政党,既要管理好各党组织和全体党员,又要领导监察委员会开展廉政建设和反腐败工作。“共产党作为执政党对国家生活和社会生活实行政治领导,这种领导必须以政治权力作为合法性基础。……在政治权力体系中,监察权的权能覆盖了干部管理权、行为监督权、责任追究权等领域,是执政权意义上的一种复合型政治权力。”[②]执政党同国家政治生活是一种整合式关系,即将党组织深入地整合入国家政权,国家政权依靠党组织发挥作用,实现党的领导方式的转型,促进国家权力结构和权力关系的变化。

另一方面,党的纪律检查委员会与国家层面的监察委员会实行合署办公是一种新型政治关系模式,能够保证监察权的高效运行。合署办公能够有效集中反腐败资源力量,丰富监察手段和措施,为惩治腐败提供重要保障。2018 年 3 月中共中央印发的《深化党和国家机构改革方案》指出:“组建国家监察委员会,同中央纪律检查委员会合署办公,履行纪检、监察两项职责,实行一套工作机构、两个机关名称。”在合署办公体制下,纪律检查委员会的监督、执纪、问责与监察委员会的监督、调查、处置是对应的,实现了党纪与国法相衔接。[③]“这是一种新的‘党政关系’,说明纪检监察机关合署办公从重视职责分工,发展到更加重视职责统一、资源集约、工作协作和程序协调。”[④]国家监察委员会与党的纪律检查委员会“合署”是始终坚持党的领导,实现党和国家集中统一、高效权威反腐败目的的必然选择,也是“党的领导、人民当家作主和依法治国有机统一”政治原则的重要表征[⑤]。合署办公能够有效加强党对反腐败工作的集中统一领导,实现党内监督和国家机关监督、党的纪律监察和国家监察有机统一,实现对所有行使公权力的公职人员监察全面覆盖。

① 魏文松、覃晚萍:《国家监察权规范行使的程序构建与法律监督》,载《理论导刊》2018 年第 11 期。
② 莫纪宏:《国家监察体制改革要注重对监察权性质的研究》,载《中州学刊》2017 年第 10 期。
③ 魏琼:《我国监察机关的法理解读》,载《山东社会科学》2018 年第 7 期。
④ 庄德水:《监察委员会有效运行的结构化逻辑分析》,载《理论与改革》2019 年第 1 期。
⑤ 翟志勇:《监察委员会与“八二宪法”体制的重塑》,载《环球法律评论》2017 年第 2 期。

（二）监察范围及权限法定

以往的国家监察实质上是行政监察，其监察对象仅限于国家行政机关及其公务员和国家行政机关任命的其他人员。[①]而新设国家监察权是"一个专门承担反腐败综合职能并与其他国家权力相独立的宪法性权力"[②]。这种变化使国家监察权的监察范围进一步扩展。作为行使国家监察职能的专责机关，《监察法》赋予监察委员会诸多监察权限和调查手段，以期塑造一个强有力的监察机关。

一方面，将所有行使公权力的公职人员纳入监察范围是《监察法》的立法目的。公职人员是指在国家经济、政治和社会生活中行使公共职权、履行公共职责等的人员。判断一个人是不是公职人员，要看他是否行使公权力、履行公务，而不是看他是否有公职。《监察法》第15条列举了6类监察对象，涵盖了我国行使公权力的各类型公职人员，扩大了监察对象的范围，具有很强的针对性、可操作性、权威性和震慑性，在法律层面实现了监察全面覆盖、监察无死角。值得注意的是，《监察法》没有提及对公权力机关组织的监督，"但实际上通过对公职人员的监督，也达到了对公权力组织监督的效果"[③]。

另一方面，监察委员会的监察权限是充分发挥监察职能的关键要素。为保证监察机关有效履职，《监察法》须赋予监察委员会必要的监察权限和调查手段。《监察法》第四章对监察权限进行了列举，其中谈话、讯问、询问、查询、冻结、调取、查封、扣押、搜查、勘验检查、鉴定、留置等12项措施由监察机关决定和实施，技术调查、限制出境、通缉等措施，由监察委员会审批，交由公安机关等其他机关实施。《监察法》还明确规定了监察权限的适用主体、适用对象、适用条件、审批权限和程序等。如《监察法》第22条对监察机关采取留置措施的条件、审批程序、场所、期限等作出了相应的规定，这是对监察机关适用留置措施合法性的确认，实现了"两规"的法治化。这一规定的进步性主要表现在两个方面：一是留置有期限限制，而"两规"没有明确期限；二是留置须依法定程序，其审批机制相对完备。明确监察机关采取留置措施，应当集体研究决定；设区的市级以下监察机关采取留置措施，应当报上一级监察机关批准；省级监察机关采取留置措施，应当报国家监察委员会备案。此外，对被调查人采取留置措施后，应当在24小时以内通知被留置人员所在单位和家属。监察机关应当保障被留置人员的饮食、休息和安全，提供医疗服务，保障被调查人员的基本权利。

二、监察委员会与相关机关配合制约

国家监察体制的建构是一个系统性工程，监察权作为国家监察体系构建的核心内容，其有效运行必然涉及监察法与其他规范的体系衔接问题。《监察法》第4条规定了监察机关在执行公务时要与其他机关"互相配合，互相制约"，以及其他机关的协助义务。处理好这一关系需要重视"纪法融合"[④]的实现，即要梳理好党纪监督与国法监督之间的关系，通过监察法与既有法律规范的衔接、党纪监督与国法监督的纪法衔接构建符合积极治理模式以及法治

---

① 汤唯、孙季萍：《法律监督论纲》，北京大学出版社2001年版，第351–352页。

② 周佑勇：《监察委员会权力配置的模式选择与边界》，载《政治与法律》2017年第11期。

③ 马怀德：《国家监察体制改革的重要意义和主要任务》，载《国家行政学院学报》2016年第6期。

④ 刘艳红：《〈监察法〉与其他规范衔接的基本问题研究》，载《法学论坛》2019年第1期。

反腐要求的监督规范体系,从而实现维持国家法律秩序的功能。

（一）监察法与既有法律规范的衔接

建立监察法与司法衔接机制是推进监察体制改革,建构集中统一、权威高效的监察体系的制度保障,是由监察法在法律体系中的源头性地位、新时代反腐败斗争的实践要求、法治反腐新征程的基本原则决定的。[1] 国家监察体制改革的全面深化,必然有赖于监察法与其他规范的保障。

1. 监察法与宪法的衔接。"监察是我国宪法规定的一项重要监督制度。实施国家监察体制改革,整合重组监察职能,必然对宪法确立的人民代表大会制度、监督体系、公民权利和国家机构等产生影响。"[2]2018 年《宪法修正案》从宪法层面对监察体制进行了宏观设定,"在制度架构上新设监察委员会,在权力架构上形成立法、行政、司法、监察四元权力体系,这为国家监察体制改革的持续推进提供了宪法基础"[3]。《监察法》与《宪法》明确了监察机关要对同级人大及其常委会负责、受其监督,人大及其常委会对监察机关的监督包括人事监督和权力行使监督两个方面[4],这也为国家监察体制改革提供了宪法支撑。

2. 监察法与刑事法律的衔接。"'法法衔接'的真正问题是,《监察法》与刑事法律之间如何进行合理的协调。"[5]《监察法》第 4 条第 2 款规定:"监察机关办理职务违法和职务犯罪案件,应当与审判机关、检察机关、执法部门互相配合,互相制约。"在监察程序结束以后,监察委员会通过结构化机制与检察机关公诉程序进行衔接。此时,监察委员会不能代替人民检察院、人民法院行使检察权、审判权等权力,所以不能直接进入刑事诉讼程序。具体而言,《监察法》第 44 条对留置期限与刑期折抵的规定就是对我国监察法与刑事法律的衔接和相洽。而《监察法》与刑事法律规范之间的衔接,不仅要在程序上"构建检察机关反向制衡监察机关的监督体系"[6],还要在实体上"补正刑事实体法的相关规定,为落实监察机关工作人员违法犯罪行为的刑事制裁提供法律依据"[7],进而"彰显'反腐败特别调查权'运行的规范化、专业化、程序化特色"[8]。由于监察对象范围的广泛性,监察体制的改革必然涉及包括刑事法律规范在内的更为广泛层面上规范性法律文件的制度调整。

（二）党纪监督与国法监督的纪法衔接

党纪与国法的关系问题,是事关国家监察体制改革基本方向的重要问题。"党内法规也是中国特色法治体系的重要组成部分……党内法规是建设社会主义法治国家的有力保障。"[9]法治反腐不能只依靠法律的规制,还要依靠党内法规的预防和引导。虽然党内法规与国家法律是两个不同的规范体系,但是二者在预防腐败、发现腐败以及治理腐败的过程中都发挥着重要作用。党纪监督与国法监督的关系主要体现为"合"与"分"两个层面。

① 吴建雄、王友武:《监察与司法衔接的价值基础、核心要素与规则构建》,载《国家行政学院学报》2018 年第 4 期。
② 李忠:《国家监察体制改革与宪法再造》,载《环球法律评论》2017 年第 2 期。
③ 刘艳红:《〈监察法〉与其他规范衔接的基本问题研究》,载《法学论坛》2019 年第 1 期。
④ 刘艳红:《〈监察法〉与其他规范衔接的基本问题研究》,载《法学论坛》2019 年第 1 期。
⑤ 刘艳红:《〈监察法〉与其他规范衔接的基本问题研究》,载《法学论坛》2019 年第 1 期。
⑥ 刘艳红:《〈监察法〉与其他规范衔接的基本问题研究》,载《法学论坛》2019 年第 1 期。
⑦ 刘艳红:《〈监察法〉与其他规范衔接的基本问题研究》,载《法学论坛》2019 年第 1 期。
⑧ 徐汉明、张乐:《监察委员会职务犯罪调查与刑事诉讼衔接之探讨——兼论法律监督权的性质》,载《法学杂志》2018 年第 6 期。
⑨ 徐喜林、徐栋:《法治反腐:中国反腐新常态》,载《中州学刊》2015 年第 2 期。

1. 纪法融合。纪律处理党员的违纪行为,法律处理党员的违法犯罪行为,二者互不冲突,具有一定的补充关系。"党纪监督与国法监察之'合'主要体现在腐败的事前预防与事中监督阶段,需要强调'纪挺法前',优先发挥党纪监督的作用。"[①]"两个规范体系的衔接和协调不是机械地'将党内法规上升为国家法律',也不是片面地追求'统一'或'一致',更不是'促进二者从形式到内容的完全统一一致',而是在追求两个规范体系依据法治规律和治国理政的客观实际不断完善,确保两个规范体系自洽周延、不相抵触,在维护宪法和法律尊严的基础上,保持两个规范体系相互呼应、协同和承接的良性互动,从而达致两个规范体系'内在统一'于中国特色社会主义法治体系的状态,形成相辅相成、相互促进、相互保障的格局。"[②]党纪监督与国法监督在国家监察体系中具有相容性和价值追求的同向性,在一定程度上,党纪监督与国法监督在具体适用时具有互补性。

2. 纪法分离。"要正确认识党纪与国法的界限,不能用党纪处分替代国法处理。……党纪监督与国法监察之'分'主要体现在腐败的事后惩处阶段,此时,党纪与国法相互独立。"[③]党内法规和国家法律是两个不同的规范体系,绝不能将党纪监督与国法监督混同,而应当依靠监察法的运行,以党纪为前置保障,以其他法律规范为补充,构建多元化的腐败治理系统,完成国家监察体制改革之"纪法衔接"的任务。

三、监察委员会自身监督制约

国家监察委员会的成立是事关全局的重大政治改革,有助于强化对各类公权力的制约与监督,加大反腐败的力度,以保持公权力的廉洁性。权力导致腐败,绝对权力导致绝对腐败,国家监察权同样存在被滥用和发生腐败的可能性,必须予以制约和监督。2016 年中共中央办公厅印发的《关于在北京市、山西省、浙江省开展国家监察体制改革试点方案》要求强化对监察委员会自身的监督制约,既强调其他机关及组织对监察委员的监督制约,也强调监察委员会自己监督制约自己。基于此,既要借鉴并革新现有的监督制约其他国家机关依法行使职权的路径,又要适应监察委员会特点创制新的监督制约形式。

（一）利用并拓展现行宪法本身设定的监督制约形式

国家监察体制改革将原设置在政府和检察机关内的反腐败机构整合起来,是对原有人民政府的行政监察权、预防腐败局的腐败预防权及人民检察院的职务犯罪查处与预防权的融合与创新。我国现有的监督制约其他国家机关依法行使职权的路径,对监督制约监察委员会也同等适用。在我国现行宪法体系中,国家监察委员会受到的常态监督,"在执政党方面中央层级有中共中央及其政治局、政治局常委会和中纪委的监督,地方有本级党委及其常委会和纪委的监督;在国家机构内有从全国人大到地方各级人大及其常委会的监督;还有各级政协的监督"[④]。除此之外,还应当包括司法机关的制约和监督、社会组织和社会舆论的监

---

① 刘艳红:《〈监察法〉与其他规范衔接的基本问题研究》,载《法学论坛》2019 年第 1 期。
② 秦前红、苏绍龙:《党内法规与国家法律衔接和协调的基准与路径——兼论备案审查衔接联动机制》,载《法律科学（西北政法大学学报）》2016 年第 5 期。
③ 刘艳红:《〈监察法〉与其他规范衔接的基本问题研究》,载《法学论坛》2019 年第 1 期。
④ 童之伟:《对监察委员会自身的监督制约何以强化》,载《法学评论》2017 年第 1 期。

督、公民个人的监督。当然,监察委员会作为拥有国家强制力的新型监督机关,上述传统监督制约路径针对性并不强,还需要创设新的监督形式。

1. 对国家监察委员会的制约与监督,主要体现为执政党的监督,国家权力机关、司法机关的监督与制约,以及社会组织和社会舆论、公民个人的监督等形式。人民代表大会制度是我国的根本政治制度,国家监察体制改革必须在人民代表大会制度的框架下进行。《宪法》第 126 条的规定正是对这一根本原则的体现。《宪法》第 127 条规定监察机关在惩治公职人员腐败和渎职方面,要与审判机关、检察机关分工负责、互相制约。即对于贪污贿赂、渎职犯罪案件,由监察委员会负责调查,人民检察院负责审查起诉,人民法院负责审判。对于审判人员、检察人员实施的贪污贿赂、渎职等职务犯罪行为,监察委员会通过行使调查等权力进行制约;人民检察院通过对监察委员会调查终结的案件行使审查批准逮捕权、审查起诉权和调查监督权进行制约;人民法院以判决、裁定的方式否定或部分否定监察委员会的调查结论对其予以实体性的制约[1]。《监察法》第 54 条规定的社会监督、舆论监督,作为一种最广泛的、自下而上的制约监督形式,是权力制约机制中不可或缺的组成部分。而以保障公民相关基本权利的享有和充分运用为基本前提的民主监督,则可构成对监察委员会权力行使的强有力制约。

2. 进一步丰富和落实对监察委员会的制约监督手段。可尝试在我国现行政治法律框架下进一步完善监察机构设置,并加强法律程序的设置以约束监察委员会,通过法律程序指引、规制国家监察委员会履职行为。通过法律程序控制国家权力则可"保证国家机关及其公务员的行为符合法律规范"[2]。如《监察法》第五章对监察程序进行了专门规定,即对监察委员会的案件受理、移送、调查处置、采取强制措施、案件移送检察院等程序进行严格规定,从而实现严格依据法律程序约束监察权之目的。

(二) 适应监察委员会特点创制新的监督制约形式

新设国家监察权不同于行政权、审判权和检察权,是直接受人大领导的,在行政权、审判权和检察权之外独立运行的新的国家权力。因此,在借鉴现有的监督制约机制的基础上,应根据监察委员会的特点创制新的监督制约形式。可以按"法权平衡原理"(即法定之权各个对称要素的平衡),通过实现法权结构平衡、横纵向权力结构平衡、不同国家机关之间的政法综合权重平衡,实现对监察委员会强化监督制约的目的。

1. 通过完善内部机构设置和调查制度加强对监察委员会履职行为的监督制约。首先,可在监察委员会下设立一个有广泛代表性、有足够实权、能够相对独立地活动的监察审查咨询委员会。监察审查咨询委员会是一个组成人员以监察委员会外的专家学者和社会贤达为主、以监察委员会重要官员为辅的专家咨询机构。其次,以处理所有举报为基础,建设公平有效的调查制度。《监察法》第 35 条之"监察机关对于报案或者举报,应当接受并按照有关规定处理"规定,有利于预防监察机关选择性办案,做到每项举报都有回馈。第 65 条通过对举报人信息的保护,保障公民的基本权利,以促进公平有效的监察调查制度的形成。最后,有学者认为,"在人民监察委员会内部设立专职监察部门,接受公众举报,监督和防止监察

---

① 谭世贵:《论对国家监察权的制约与监督》,载《政法论丛》2017 年第 5 期。

② 丘川颖:《赋权与规制:国家监察体制改革之法治路径》,载《法治社会》2017 年第 1 期。

人员滥用职权,尤其要防止刑讯逼供制造冤假错案"①。这个专职监察部门主要负责调查监察委员会官员违法违纪和贪腐方面的指控,定期向监察委员会主任会议和监察审查咨询委员会提交书面报告,并与它的监督对象分别在不同地点办公。但是依据这种设计,这一专职监察部门的工作人员由谁来监督的问题尚未得到解决。

2. 通过平衡与其他国家机关的政法综合权重比实现监察委员会与其他机关之间的权力制衡。首先,人民政府、人民检察院、人民法院在本级政权体系中所占政法综合权重比必须同监察委员会大致相等,才能使监察权不凌驾于行政权、检察权、审判权之上,并有效制约监察委员会。其次,按照政法综合权重平衡原理,同一级国家机构内的领导职位由具有相同党内政治地位的干部担任,能够使领导干部通过党内地位形成强有力的监督制约关系。最后,当同一级国家机构的党内权威性资源的分配不能有效填补法院、检察院领导层与监察委员会领导层的巨大落差时,可尝试将检察院的审查批捕权、审查起诉权和法院对相关案件的审理管辖权提高一级行使,提升检察院、法院的政法综合权重,以平衡与监察委员会的政法综合权重。

第三节　监察权的保障功能

监察权的保障功能是监察机关依法履行监察职能,通过对所有行使公权力的公职人员监察全面覆盖,规范国家权力的运行,保障公民合法权利。该类保障功能旨在保障国家监察机关正常履行职能,保障监察对象符合规范之行为不受非法追诉。

一、保障国家监察机关职能履行

"职权法定,是法治国家一切公权力运行的基础与前提。"②《监察法》第 11 条规定的"监察委员会依照本法和有关法律规定履行监督、调查、处置职责",即体现了监察委员会将独立、统一行使腐败治理的监督、调查与处置职权。国家法定监督职权的有效行使要求建立健全行权机制、运行机制、程序机制、保障机制与责任机制。构建反腐败专门机构是履行国家监察职能的前提,健全的国家监督体系是有效行使职权的重要保障。

(一)组建反腐败专门机构

国家监察委员会是推进国家治理体系和治理能力现代化进程中的专职反腐败机构,具备覆盖全面、权威高效的反腐败职能,通过行使国家监察权推进反腐败进程。国家监察委员会作为国家权力结构的重要组成部分,有利于推进监察体制改革、惩戒预防腐败、建设清明政治。

1. 确立国家监察委员会的属性定位。"新设立的监察委员会作为国家监察权的行使主体,……其从原行政监察机关遂变为相对独立的国家机关,其宪法地位、性质与原隶属于行

---

① 童之伟:《对监察委员会自身的监督制约何以强化》,载《法学评论》2017 年第 1 期。
② 魏昌东:《监督职能是国家监察委员会的第一职能:理论逻辑与实现路径——兼论中国特色监察监督系统的规范性创建》,载《法学论坛》2019 年第 1 期。

政机关的行政监察机构是不能同日而语的。"[①] "其法律属性与作为行政机关的行政监察权、与作为国家监察机关的国家监察权有着根本区别,这意味着其从过去不曾与行政权、审判权和检察权比肩的权力上升为与之平起平坐、相提并论的一种新型国家监察权力。"[②] 随着监察委员会地位的提升,其所行使的监察权也转变为一种新型的强有力的国家监察权力。

2. 确立国家监察委员会的职能定位。监察权作为监察委员会掌握的复合性权力,具有集党纪监督、行政监督与法律监督为一体的综合性、混合性与独立性。[③] "监察委员会依法行使的监察权,不是行政监察、反贪反渎、预防腐败职能的简单叠加,而是在党直接领导下,代表党和国家对所有行使公权力的公职人员进行监督,既调查职务违法行为,又调查职务犯罪行为。"[④] 根据《监察法》第 3 条,监察委员会具有以下职能:(1) 对所有行使公权力的公职人员进行监察;(2) 调查职务违法和职务犯罪;(3) 开展廉政建设和反腐败工作,维护宪法和法律的尊严。

(二) 构建权威高效的国家监督体系

健全监察权行权机制、运行机制、程序机制、保障机制与责任机制,是形成全面覆盖国家机关及其公务员的国家监察体系的一个根本出发点。只有"党内监督与人民监督有机结合"[⑤] 的监督体系才能够促进市场建设、政治文明发展和制约权力扩张。

1. 始终坚持党集中统一领导的根本原则。在党的集中统一领导之下,涉及"人们思想共识、国家机构整合和相关利益协调问题"[⑥] 的国家监察体制改革,通过对相关监督机构的有效整合,重新配置国家监督权力,以谋求推进反腐败工作的深入开展。对此,"必须实现形式上的明确化——纪委监委合署办公、制度上的完善化——权威高效的党和国家监督体系和程序上的具体化"[⑦]。中国特色社会主义制度的最大优势就是党的领导,党的全面领导是深化国家监察体制改革取得成功的根本保证。要充分发挥国家监察制度的优势,就必须在改革过程中既坚持问题意识,又突出重点,最为关键的是要坚持党的全面领导。

2. 构建程序合理、运行高效的群众监督制度。"群众监督是人民群众直接行使监督权的方式,其实质是以权利制约权力。"[⑧] 增强党的自我净化能力,根本上要靠强化党的自我监督和群众监督。高度重视群众监督是中国共产党的优良传统,是中国共产党密切联系群众,全心全意为人民服务宗旨的重要体现。通过各种渠道密切与人民群众的联系,为群众监督创造良好条件,是强化群众监督的重要前提。既要保障现有的群众监督渠道畅通,又要创新方法途径,利用互联网技术和信息化手段,建设便捷、高效的网络监督平台,"以有效解决群众监督缺位、虚监和弱监等问题"[⑨]。

---

① 徐汉明:《国家监察权的属性探究》,载《法学评论》2018 年第 1 期。

② 徐汉明:《国家监察权的属性探究》,载《法学评论》2018 年第 1 期。

③ 韩大元:《论国家监察体制改革中的若干宪法问题》,载《法学评论》2017 年第 3 期。

④ 闫鸣:《监察委员会是政治机关》,载《中国纪检监察报》2018 年 3 月 8 日,第 3 版。

⑤ 马怀德:《国家监察体制改革的重要意义和主要任务》,载《国家行政学院学报》2016 年第 6 期。

⑥ 李辉山:《国家监察体制改革的逻辑意蕴》,载《廉政文化研究》2018 年第 5 期。

⑦ 张晋宏、李景平:《新时代党和国家监督体系的内在逻辑与建构理路》,载《山西师大学报(社会科学版)》2019 年第 1 期。

⑧ 张晋宏、李景平:《新时代党和国家监督体系的内在逻辑与建构理路》,载《山西师大学报(社会科学版)》2019 年第 1 期。

⑨ 张晋宏、李景平:《新时代党和国家监督体系的内在逻辑与建构理路》,载《山西师大学报(社会科学版)》2019 年第 1 期。

3. 建立系统联动的监察委员会再监督体系。再监督体系的构建是指对监察委员会的权力进行监督,这一体系的建立需要"以法治制约与组织制约为基础的内部监督与党内监督和国家监督之间协同高效的外部监督"[①]之间的有机结合。于此基础上,需进一步明确监察机关职责范围,加强监察委员会与其他国家机关的相互制约,协调内外部监督体系,从而形成一个有机联系的组织体系,更好地完善国家监督体系。

二、协调监察委员会领导与组织体制

权威高效的领导与组织体制是监察权运行的政治基础,而监察权的有效行使能为领导与组织体制的协调稳定提供法律保障。《监察法》以执政党的纪检制度、检察制度为蓝本,就作为腐败治理体制核心的领导体制、组织体制作出精致的制度安排。[②] 基于此,有必要对监察权运行的领导体制与组织体制进行阐释,理顺其关系。

(一) 监察权运行的领导体制

所谓领导体制,是指监察委员会的内、外部领导关系,包括外部领导体制和内部领导体制两种。其中,监察委员会的外部领导体制是指监察委员会与外部领导机关之间的关系。而监察委员会的内部领导体制则是指监察委员会内部上下级之间的关系。监察委员会领导体制的基本内容包括三个方面:

1. 政治领导权。全国人民代表大会是最高国家权力机关,国家监察委员会由全国人民代表大会产生,对全国人大及其常委会负责并作专项工作报告。监察委员会与党的纪律监察委员会合署办公,实行"一套工作机构、两个机关名称"体制,也将受到党的组织领导。于此基础上,可把监察权分为两个部分,"一部分是由党的执政权延伸出来的政治权力性质的监察权,另一部分是需要借助于国家权力体系运行的国家监察权"[③]。

2. 监督领导权。监察委员会作为国家最高监察机关,同行政机关、检察机关、司法机关一样,都要接受全国人民代表大会及其常委会的监督。我国《宪法》与《监察法》对监察委员会与权力机关之间关系的设置,"采用了以现行检察领导体制为蓝本加以改造的立法策略"[④],由《宪法》在第3、67、104、138条确立为负责与监督的关系。

3. 业务领导权。"监察'一体化'是防止监督权力地方化、监督失灵的有效机制,也是监察领导体制的重要内容,……一是确认了国家领导地方、上级领导下级的领导体制(第10条);二是确认了地方各级监察委员会向上一级监察委员会负责制度,体现了立法机关将部分检察机关法律监督权纳入监察委员会后对其领导体制的肯定化继承。"[⑤] 即国家监察委员会领导地方各级监察委员会的工作,上级监察委员会领导下级监察委员会的工作,地方各级监察委员会对上一级监察委员会负责。

---

① 张晋宏、李景平:《新时代党和国家监督体系的内在逻辑与建构理路》,载《山西师大学报(社会科学版)》2019年第1期。
② 魏昌东:《〈监察法〉与中国特色腐败治理体制更新的理论逻辑》,载《华东政法大学学报》2018年第3期。
③ 莫纪宏:《国家监察体制改革要注重对监察权性质的研究》,载《中州学刊》2017年第10期。
④ 魏昌东:《〈监察法〉与中国特色腐败治理体制更新的理论逻辑》,载《华东政法大学学报》2018年第3期。
⑤ 魏昌东:《〈监察法〉与中国特色腐败治理体制更新的理论逻辑》,载《华东政法大学学报》2018年第3期。

（二）监察权运行的组织体制

所谓组织体制,是指监察委员会内部基于监察权的实际运行而形成的组织与协调关系,包括内部组织体制和外部组织体制两种。其中,监察权运行的内部组织体制是指监察机关在行使监察权过程中内部上下级的协调关系。监察权运行的外部组织体制是指监察机关在行使监察权过程中与其领导机关之间的协调关系。监察机关组织体制的基本内容包括三个方面:

1. 集体行使监察决策权。这一原则具体体现为"监察委员会对监察机关的工作有组织领导权、决定权、代表权等,负有全面的领导责任。集体领导包括抽象领导和具体领导。对于一般监察业务活动,监察委员会采抽象领导方式,由监察机关的承办部门及主要负责人个人具体承办"[1]。民主集中制是党和国家政权的根本组织原则和领导原则,监察委员会作为一个国家机构必然要遵守。根据现行决策实践,监察委员会实行集体领导、民主集中、个别酝酿、会议决定和少数服从多数原则。凡属应当由监察委员会讨论和决定的事项,必须由集体讨论决定,任何人无权擅自决定和改变。

2. 上级机关主导监察决策权。这一原则主要体现在监察机关具体行使监察职权和监察机关与派出、派驻机构的关系中。[2]地方监察委员会行使职权时要向上一级监察委员会负责,主要体现在三个方面:一是重大事项报告制度。意在确保下级与上级监察委员会在重大事项决定上的一致性,避免下级监察委员会在重大事项上的判断失当与错误。二是监察决定复核制度。下级监察委员会全面接受上级监察委员会的监督,包括接受上一级监察委员会在申请人申诉的情形下对监察事项的全面审核。三是监察活动复查制度。《监察法》第60条规定,下级监察委员会及其工作人员在监察活动中涉嫌程序性违法,侵害被调查人合法权益的,也属于上一级监察委员会的监督范围。

3. 自体监督、内部约束。我国《监察法》设定的自体监督模式主要包括四项内容:"一是说情干预登记备案制度;二是违法接触监察关联人备案制度;三是退职后从业限制制度;四是违法惩戒制度。"[3]《监察法》并未明确监察委员会工作人员涉嫌职务犯罪时由谁侦查。如果由监察委员会自行侦查,则存在自体监督的不足;而将其交由同级检察机关侦查,则能够起到良好的制约作用。

三、保障监察对象行为规范与权利无损

制定监察法,将所有行使公权力的国家公职人员统一纳入监察范围,由监察机关按照管理权限行使职权以保证干部清廉、政府清正、政治清明,是构建集中统一、权威高效的中国特色国家监察体制的具体体现。"有效防止滥权和保障监察对象的合法权益"[4]是国家监察机关履行职责、行使职权的价值目标。

---

① 魏昌东:《〈监察法〉与中国特色腐败治理体制更新的理论逻辑》,载《华东政法大学学报》2018年第3期。

② 魏昌东:《〈监察法〉与中国特色腐败治理体制更新的理论逻辑》,载《华东政法大学学报》2018年第3期。

③ 魏昌东:《〈监察法〉与中国特色腐败治理体制更新的理论逻辑》,载《华东政法大学学报》2018年第3期。

④ 姜明安:《国家监察法立法应处理的主要法律关系》,载《环球法律评论》2017年第2期。

　　（一）规范监察对象的职权行为

　　根据《监察法》第 3 条规定,国家监察对象应当符合两个条件:一是行使公权力;二是具有公职人员的身份。简言之,"国家监察的对象就是这些组织机构中具体行使权力的工作人员"①。行使国家公权力的公职人员代表人民管理国家公共事务,掌握国家政权,但是一切有权力的人都有滥用职权的倾向。②要保持公职环境清廉和权力正当运行,就要防范权力滥用带来的对自由的侵犯,以权力制约权力,这是权力运行的基本法则。因此,"行使国家监察权扮演监督者角色的国家监察委理应受到监督"③。权力象征着高度集中的控制力和社会影响力,如果违反国家公职行为准则,不规范的职务行为就会在权力系统内部滋生腐败,从而阻碍国家职权的正常运行,损害国家公信力。基于此,用权者必须要在法律规定的范围内行使职权,接受监督,实现国家公共权力的正当运行。

　　1. 加强公职人员廉政监督。"监察委员会对各级人大的监察监督不是机构之间的权力监督,而是对在各级人大机关工作的公职人员以及参照公职人员管理的人员是否廉政进行监督。"④由此可知,监察委员会的监察对象是"人"而不是"机关",公职人员所属的单位不是监察委员会的监察对象。

　　2. 加强公职人员违法惩戒力度。"监察体制改革着眼于所有公职人员党纪、政纪责任的全面覆盖式监督,重视追究效率、追究范围和追究力度。"⑤监察体制改革需要"构建刚性问责机制与加大打击腐败力度"⑥相结合,进而最大限度实现预防腐败的效果。有学者提出"赦免腐败行为"⑦能够减少腐败存量,这一观点被大多数学者所摒弃。还有学者认为"增强发现腐败的能力,将会改变腐败者的心理结构,抑制趋从他人腐败的心理"⑧,可以形成反腐败高压态势,从而到达预防腐败、威慑腐败的目的。

　　（二）保障被调查人的正当权利

　　"改革在形塑出'位高权重'的监察委员会的同时,还应关注监察对象的权利保障。"⑨在监察法律关系中,监察机关与被调查人处于对立位置,监察机关享有绝对的优势,而被调查人处于弱势状态,那么监察机关在行使监察权的过程中必须保障被调查人的合法权利。

　　1. 坚持监督与保障并重原则。"国家监察委员会作为国家监察机关,代表国家行使对公职人员的监督权力,明确的职权范围和有力的措施保障是国家监察委员会权威和效力的基础。"⑩权力的运行规律表明,有权力就必须有制约和监督。没有制约的权力,必然导致腐败,明确监察委员会的职权范围是制约监察权行使的重要途径。被调查人在接受监督、调查、

---

① 谭宗泽:《论国家监察对象的识别标准》,载《政治与法律》2019 年第 2 期。
② ［法］孟德斯鸠:《论法的精神》(上册),张雁深译,商务印书馆 1982 年版,第 154 页。
③ 姬亚平、吉亮亮:《国家监察委员会的设立与运行制度研究》,载《财经法学》2018 年第 1 期。
④ 莫纪宏:《国家监察体制改革要注重对监察权性质的研究》,载《中州学刊》2017 年第 10 期。
⑤ 葛琳:《检察官惩戒委员会的职能定位及其实现——兼论国家监察体制改革背景下司法责任追究的独立性》,载《法学评论》2018 年第 2 期。
⑥ 庞华萍:《监察权独立行使的五个保障》,载《安徽警官职业学院学报》2018 年第 1 期。
⑦ 潘春玲、过勇:《党的十八大后直面挑战:减少腐败存量》,载《河南社会科学》2017 年第 5 期。
⑧ 吴建雄:《国家监察体制改革的法治逻辑与法治理念》,载《中南大学学报(社会科学版)》2017 年第 4 期。
⑨ 秦前红、刘怡达:《国家监察体制改革的法学关照:回顾与展望》,载《比较法研究》2019 年第 3 期。
⑩ 杨红:《被监察者的权利及其保障研究》,载《行政法学研究》2017 年第 6 期。

处置过程中,应当保障其享有基本的程序权利,这些权利主要包括知情权、申辩权、律师介入权等。与被调查人的权利相对应的是监察机关的义务,知情权要求监察委员会行使权力的行为原则上应当公开透明。[①] 在加强对监察委员会程序制约的同时,也要加强对被调查人程序性基本权利的保护,以保障被调查人的正当权利不受损害。

2. 畅通被调查人救济权行使的渠道。没有救济就没有权利。保障被调查人的救济权是对宪法人权条款的落实,也是建设社会主义法治国家的要求。被调查人的权益救济无法依法纳入现行法治化救济框架,可能造成国家监察体制改革以牺牲当事人的基本权利为代价,产生新的人权"赤字"。[②] 监察委员会作为一个执法监督机关,被调查人对其行使职权的行为有争议,应享有救济权,包括有别于现行公务员申诉制度的行政复议、行政诉讼、国家赔偿,[③] 以及应享有向法院提起诉讼的权利[④]。被调查人作为公职人员,自然也承担着就职部门的工作任务,监察权行使的目的为预防和惩治腐败,在对被调查人进行监察和处理时,只需针对其贪污和腐败行为进行处理,使其不能贪腐和不敢贪腐即可,严禁监察机关滥用权力干涉被调查人在本职工作中的正常职务行为。

第四节　监察权的惩戒腐败功能

《监察法》是为深入开展反腐败工作,实现全面依法治国而制定的法律,"其与党内腐败治理体制的结合,构成了中国特色腐败治理体制的全部内容"[⑤]。《监察法》第1条之"深入开展反腐败工作"、第2条之"构建集中统一、权威高效的中国特色国家监察体制"、第3条之"调查职务违法和职务犯罪,开展廉政建设和反腐败工作"、第6条之"构建不敢腐、不能腐、不想腐的长效机制"均体现了《监察法》的反腐败国家立法这一性质。深化国家监察体制改革,促进国家监察全面覆盖,进而深入推进反腐败工作是监察法之直接立法目的。基于此,可认为惩戒腐败功能是监察权运行中的重要功能之一。

一、监察权惩戒腐败机制的历史沿革

(一) 中国古代的监察权惩戒腐败机制

中国古代便设置了监察机构和监察权,负责监察百官。中国封建社会历史悠久,专制权力的扩张导致官员腐败现象极为普遍,甚至会裹胁皇室成员共同腐败。为了维护政权长治久安,历朝统治者皆注重惩治腐败官员,建立监察机构监督官吏。[⑥] "中国古代监察机关,通过建立遍布全国的监察网络,统一行使监察权,不断提高监察的权威性;同时通过实施立法

---

① 杨红:《被监察者的权利及其保障研究》,载《行政法学研究》2017年第6期。
② 秦前红、底高扬:《从机关思维到程序思维:国家监察体制改革的方法论探索》,载《武汉大学学报(哲学社会科学版)》2017年第3期。
③ 杨红:《被监察者的权利及其保障研究》,载《行政法学研究》2017年第6期。
④ 姜明安:《国家监察法立法应处理的主要法律关系》,载《环球法律评论》2017年第2期。
⑤ 魏昌东:《〈监察法〉与中国特色腐败治理体制更新的理论逻辑》,载《华东政法大学学报》2018年第3期。
⑥ 朱福惠:《国家监察体制之宪法史观察——兼论监察委员会制度的时代特征》,载《武汉大学学报(哲学社会科学版)》2017年第3期。

监察、行政监察、司法监察,不断扩大监察权力,实现了对监察对象的全面覆盖,形成了扼制官吏腐败的一道重要防线。"①我国古代中央集权的政治制度能够持续存在两千余年,设置监察制度的作用不容忽视。

(二) 中国近代的监察权惩戒腐败机制

专制制度的终结,并不代表着监察制度的终结。相反,在近代中国,监察权仍然存在且仍发挥着惩戒腐败的功能。其中,在北洋政府和南京国民政府时期,监察权的惩戒腐败功能更加显著。

(三) 新中国成立后的监察权惩戒腐败机制

1949 年新中国成立至 1959 年,监察部作为专门行政监察机构行使监察权。其中,审计监察是监察权行使的重要方式,通过对财政收支行为的规范与监督,实现对腐败的惩戒。1978 年《宪法》恢复设置人民检察院,由其履行一定的监察权。人民检察院除对公安机关侦查行为的合法性、人民法院审判行为的合法性等国家机关行为的合法性进行监督外,还根据我国改革开放后贪污贿赂现象日趋严重的局面,在人民检察院内部设立专门的反贪污贿赂部门,加强了对所有国家机关及其公职人员贪污贿赂、渎职犯罪的侦查并提起刑事诉讼,由此将贪污贿赂和渎职纳入监察范围。②

为了避免落入现代化进程中腐败泛化的"陷阱",彻底摆脱腐败治理的困境,2016 年 11 月 7 日,中共中央办公厅印发了《关于在北京市、山西省、浙江省开展国家监察体制改革试点方案》,决定"通过启动重大政治体制改革的方式,加快推进腐败治理由治标向治本的转型与升级"③,由此拉开了监察体制改革的序幕。

二、监察权惩戒腐败功能必要的配套制度的完善路径

监察权在惩戒公务员腐败、净化国家公职行为方面具有不容忽视的作用。充分发挥监察权的惩戒腐败功能,需要对相关制度进行必要的完善,其中重要的内容之一就是要进一步探索如何确保监察委员会在"一府一委两院"格局下的独立监察地位。

《监察法》第 4 条对监察委员会职权的行使作出了相应的规定。该条赋予监察委员会监察权,且强调监察委员会独立行使监察权。而监察委员会只有行使好监察权,才能充分实现监察权惩戒腐败的功能。监察委员会通过行使监察权惩戒腐败需把握四个关键词:依法、独立、配合、制约。④

1. 保证监察委员会依法行使监察权。监察委员会依法行使监察权是监察权惩戒腐败功能得以发挥的前提条件。国家制定监察法的主要目的,"就是通过国家立法把党对反腐

---

① 张晋藩:《中国古代监察机关的权力地位与监察法》,载《国家行政学院学报》2016 年第 6 期。

② 朱福惠:《国家监察体制之宪法史观察——兼论监察委员会制度的时代特征》,载《武汉大学学报(哲学社会科学版)》2017 年第 3 期。

③ 魏昌东:《国家监察委员会改革方案之辩正:属性、职能与职责定位》,载《法学》2017 年第 3 期。

④ 雷思远:《如何理解监委依法独立行使监察权——准确把握依法、独立、配合、制约四个关键词》,载《中国纪检监察》2018 年第 9 期。

败工作集中统一领导的体制机制固定下来,以法治思维和法治方式惩治腐败"[①]。监察委员会需要依照宪法和法律,在监察范围和管辖范围内,遵循法定监察权限,按照法定程序行使职权,惩戒腐败。[②] 监察委员会依据法律行使职权,须坚持以法治思维、法治方式惩治腐败,进而保证监察权惩戒腐败功能的发挥。

2. 保证监察委员会独立行使监察权。监察委员会独立行使监察权是监察权惩戒腐败功能得以发挥的重要保证。监察权的独立性要求:(1) 监察委员会独立行使监察权,而不是监察官或监察人员个人独立行使监察权。[③](2) 监察权由监察委员会统一行使,其他任何机关都无权行使。[④](3) 监察委员会在行使监察权惩戒腐败时不受行政机关、社会团体和个人的非法影响和干预。(4) 建立独立的财政、人事制度。监察机关若无独立的财权和人事权,便无法保持其独立性,容易受到"人情干扰"[⑤],甚至"沦为地方党委、政府掌权者的保护伞"[⑥],惩戒腐败功能也难以有效发挥。因此,建立独立的财政、人事制度是十分必要之举。

3. 保证监察权的行使获得有关部门积极配合。与其他相关部门配合,将为监察委员会行使监察权惩戒腐败提供便利条件。人民法院、检察院以及公安机关、审计机关等行政执法部门的协助、配合是监察权取得实效化的重要保障,例如,针对职务犯罪的公诉和审判,包括与之相关联的一系列司法或准司法事项,需要与审判机关、检察机关相互配合[⑦];在职务犯罪案件中,监察委员会有权依法独立进行调查和处置,但是不享有最终的定罪量刑权[⑧]。因此,对于监察权惩戒腐败功能的有效发挥,其他机关的协同配合作用巨大。在保持监察权行使独立性的同时,也必须注意与其他相关部门的配合协作。

4. 保证监察权行使受到良好的监督制约。"有权必有责,有权就应当接受监督。"[⑨]重视对监察权规范行使的监督是反腐败斗争工作的应有之义,"监督之剑在指向被监督者的同时,也应指向监督者自身"[⑩]。强调监察委员会依法独立行使监察权,绝不意味着监察机关和监察权可以不受任何制约和监督;相反,只有受到监督和制约的监察权才能更好地发挥其惩戒腐败功能。首先,应完善相关监察法律责任规定,为制约监察权行使提供法律支撑。《监察法》第 65 条虽规定了监察机关和监察人员违法行使职权的法律责任,但使用了大量"违反规定""处置不当"等模糊性用语[⑪],增加了其适用难度。因此,需完善相关监察法律责任规定,减少不确定词语的使用,加强法律责任条款适用的可操作性。其次,应建立"以中国共产党为主导,辅之以立法系统、行政系统、监察系统、司法系统以及社会力量的多元监督主体并

---

① 雷思远:《如何理解监委依法独立行使监察权——准确把握依法、独立、配合、制约四个关键词》,载《中国纪检监察》2018 年第 9 期。

② 雷思远:《如何理解监委依法独立行使监察权——准确把握依法、独立、配合、制约四个关键词》,载《中国纪检监察》2018 年第 9 期。

③ 汪江连:《论监察机关依法独立行使监察权》,载《法治研究》2018 年第 6 期。

④ 张杰:《〈监察法〉适用中的重要问题》,载《法学》2018 年第 6 期。

⑤ 雷思远:《如何理解监委依法独立行使监察权——准确把握依法、独立、配合、制约四个关键词》,载《中国纪检监察》2018 年第 9 期。

⑥ 庞华萍:《监察权独立行使的五个保障》,载《安徽警官职业学院学报》2018 年第 1 期。

⑦ 汪江连:《论监察机关依法独立行使监察权》,载《法治研究》2018 年第 6 期。

⑧ 陈光中、邵俊:《我国监察体制改革若干问题思考》,载《中国法学》2017 年第 4 期。

⑨ 魏文松、覃晚萍:《国家监察权规范行使的程序构建与法律监督》,载《理论导刊》2018 年第 11 期。

⑩ 魏文松、覃晚萍:《国家监察制度构建之探讨》,载《行政与法》2018 年第 2 期。

⑪ 秦前红:《监察机关依法开展自我监督之路径研究》,载《深圳社会科学》2018 年第 1 期。

存的主体监督体系"①。最后,应加强监察队伍建设,提升监察队伍政治素质,加强职业伦理建设②,保证监察队伍干净忠诚、公正权威。

第五节　监察权的整合功能

所谓整合,是指由系统的整体性及系统核心的统摄、凝聚作用导致的若干相关部分或因素合成一个新的统一整体的建构、序化过程。③监察权的整合功能,即通过组建国家监察委员会行使监察权,对原有行政监察权、检察侦查权等监督资源进行统一整体建构,合成国家监督权的过程。成立国家监察委员会的目的就是整合反腐败资源力量,完善国家监督体系,形成更加严密的反腐败监督体系。④基于反腐败效能及"法治反腐"要求,监察权的整合功能主要体现在反腐败组织机构的整合、反腐败监察体制的整合与反腐败监督职能的整合三个方面。

一、反腐败组织机构的整合

反腐败组织机构的整合,即将原来履行行政监察权的监察部、国家预防腐败局并入国家监察委员会,由国家监察委员会统一行使监察权,"通过制度安排整合了不同的反腐职能,形成了一个综合履行监察职权的机构"⑤,进而提升国家监察的实效。

（一）中央与地方监察机构整合协同进行

国务院机构改革将原监察部、国家预防腐败局并入国家监察委员会,这一中央权力结构体系的改变必将引起地方权力结构的变化。实践中,我国国家机构改革是通过"地方试点—地方推广—国务院机构改革"这一路径来实现的。

1. 2016 年《全国人民代表大会常务委员会关于在北京市、山西省、浙江省开展国家监察体制改革试点工作的决定》规定:"在北京市、山西省、浙江省及所辖县、市、市辖区设立监察委员会,行使监察职权。将试点地区人民政府的监察厅（局）、预防腐败局及人民检察院查处贪污贿赂、失职渎职以及预防职务犯罪等部门的相关职能整合至监察委员会。"试点地区行政监察机关、检察机关相关职能整合至监察委员会,并对行政监察法相关条款进行暂时调整或暂停适用,意味着我国监察体制的重构逐步展开。

2. 2017 年《全国人民代表大会常务委员会关于在全国各地推开国家监察体制改革试点工作的决定》规定:"在各省、自治区、直辖市、自治州、县、自治县、市、市辖区设立监察委员会,行使监察职权。将县级以上地方各级人民政府的监察厅（局）、预防腐败局和人民检察院查处贪污贿赂、失职渎职以及预防职务犯罪等部门的相关职能整合至监察委员会。"为保证地方监察机构改革工作积极稳妥、依法有序推进,将前一阶段的改革试点推广至全国,以实

---

① 魏文松、覃晚萍:《国家监察权规范行使的程序构建与法律监督》,载《理论导刊》2018 年第 11 期。
② 秦前红:《监察机关依法开展自我监督之路径研究》,载《深圳社会科学》2018 年第 1 期。
③ 黄宏伟:《整合概念及其哲学意蕴》,载《学术月刊》1995 年第 9 期。
④ 何家弘:《论反腐败机构之整合》,载《中国高校社会科学》2017 年第 1 期。
⑤ 李辉山:《国家监察体制改革的逻辑意蕴》,载《廉政文化研究》2018 年第 5 期。

现各地区监察机关设置的统一。

3. 2018 年《国务院机构改革方案》规定："监察部并入新组建的国家监察委员会。国家预防腐败局并入国家监察委员会。不再保留监察部、国家预防腐败局。"即从中央层面,通过国务院机构改革,将原来监察部、国家预防腐败局所有的人、财、物划归国家监察委员会,由国家监察委员会统一行使监察职能,实现国家整体监察机关设置的协同。

（二）国家监察委员会政治地位提升

国家监察委员会组织机构整合不是几个反腐败机关职权、机构、人员的简单相加,而是从权力体系架构层面出发对国家监察委员会政治地位的提升。与纪委合署办公的监察委员会的成立,"提升了政治站位,增强了监督合力与实效"[1]。

一方面,2016 年《全国人民代表大会常务委员会关于在北京市、山西省、浙江省开展国家监察体制改革试点工作的决定》、2017 年《全国人民代表大会常务委员会关于在全国各地推开国家监察体制改革试点工作的决定》均规定监察委员会由人大产生,对人大负责,受人大监督。《监察法》第 9 条规定也作出了相类似的规定。原行政监察权下的各级监察厅（局）、预防腐败局是地方各级政府职能部门,受政府领导。而地方各级监察委员会是国家监察机关,由本级人民代表大会产生,监督政府中行使公权力的所有公职人员。

另一方面,《监察法》第 7 条第 1 款规定:"中华人民共和国国家监察委员会是最高监察机关。"第 8 条规定,国家监察委员会由全国人大产生,对全国人大及其常委会负责并受其监督,主要负责人由全国人大及其常委会选举与任免。原监察部、国家预防腐败局是国务院的组成部门,而国家监察委员会与权力机关是"'产生、负责和监督'的关系,与司法机关是'互相配合,互相制约'的关系,与行政机关则为'不受干涉,且互相配合,互相制约'的关系"[2]。

二、反腐败监察体制的整合

反腐败监察体制的整合,即将分散在政党、行政和司法机关中的纪委监督权、行政监察权、司法监督权整合形成国家监督权,以实现国家监察治理的现代化。"政治主体之间监视、控制和制衡的一种权力关系,是实现政治分权和权力整合的协调机制。"[3]反腐败监察体制的整合能够有效破解反腐败体制机制不畅、资源力量分散的困境。

（一）实现国家监督与纪委监督无禁区

国家监察体制改革前,纪委机关与行政监察部门实行合署办公,但是两个系统在权力的覆盖面、对等性等方面都存在较大的问题。纪委监察权力的效力只能及于党员,其他行使公权力的非党员不能被覆盖,而官僚主义的弊害又不仅仅存在于党内;行政监察机关在组织序列上仅仅是一级政府的组成部门,其根据《行政监察法》行使职权,其权力仅及于行政机关

---

[1] 刘振洋:《论国家监察体制重构的基本问题与具体路径》,载《法学》2017 年第 5 期。

[2] 秦前红:《我国监察机关的宪法定位以国家机关相互间的关系为中心》,载《中外法学》2018 年第 3 期。

[3] 陈国权:《政治监督:形态、功能及理论阐释》,载《政治学研究》1998 年第 4 期。

工作人员①,这样就容易导致纪委执纪"真空"问题。②

国家监察体制改革后,各级监察委员会同党的纪律检查机关合署办公,实行一套工作机构、两个机关名称,履行纪检、监察两项职能,其监察对象覆盖了所有行使公权力的国家公职人员,这种监察全面覆盖已超越党派身份,能有效解决纪委执纪"真空"问题。"监察机关与纪检机关合署办公……有助于实现党内监督和国家监督、党的纪律检查与国家监察有机统一。"③"我国当前正在稳步推进的监察体制改革的根本目的之一是整合反腐败资源力量,扩大监察范围、增强反腐整体效能,将实现对所有行使公权力的公职人员监察全面覆盖,其中包括审判机关和检察机关的公务员。也就是说,法官、检察官的所有违纪违法行为都在监察范围内。"④各级监察委员会是由同级人民代表大会产生的一级国家监督机关,与同级政府、人民法院、人民检察院并行,其行使国家监察权不受任何机关、团体、个人的干涉。

(二) 落实国家监察监督体系全面覆盖

构建系统全面的国家监察监督体系是有效开展反腐败的体制保障。在国家监察体制改革以前,监察权职能分散,行政监察权由一级政府的组成部门行使,司法监察权由检察院反贪局和反渎局行使,党内监察权由党的纪律检查委员会行使,导致反腐实践中往往出现"多头管理、互相牵制的困境以及存在着监督弱化、监督不力、监督效果不明显、监督范围有限等问题"⑤。"监察职能的有效发挥,离不开人民群众的间接参与和直接发挥作用"⑥,因此民主监督与社会监督途径的不畅通、监督缺位也影响着国家监察监督体系全面覆盖的落实。

此次国家监察体制改革设立专门监督机关——国家监察委员会,集中统一行使监察职权,旨在改变有权无能、有权无效的现状,以落实国家监察监督体系全面覆盖。国家监察体制改革"通过整合行政监察权和检察侦查权等监督资源形成国家监督权,克服了监察体制上的缺陷。国家监督与党内监督、人大监督、民主监督、司法监督、审计监督、社会监督等,构成了全面监督体系"⑦。此外,分属在政党、行政和司法中的纪委监督、行政监督、司法监督,也是我国监督体制的重要组成部分,但由于分属不同部门,监督体系效力的最大限度发挥还需各自之间的协作配合。总之,国家监察体制改革整合实践中各种形式的监督权形成国家监督权,构成了全面监督体系。

三、反腐败监督职能的整合

反腐败监督职能的整合,即将行政监察部门、预防腐败机构和检察机关查处贪污贿赂、失职渎职以及预防职务犯罪等部门的工作力量整合起来,把执纪和执法贯通起来,形成反腐败斗争的强大合力。"新成立的监察委员会涉及多机关部门职权力量的整合,并非原国家行

---

① 王旭:《国家监察机构设置的宪法学思考》,载《中国政法大学学报》2017 年第 5 期。

② 刘振洋:《论国家监察体制重构的基本问题与具体路径》,载《法学》2017 年第 5 期。

③ 王希鹏:《国家监察权的属性》,载《求索》2018 年第 4 期。

④ 葛琳:《检察官惩戒委员会的职能定位及其实现——兼论国家监察体制改革背景下司法责任追究的独立性》,载《法学评论》2018 年第 2 期。

⑤ 李辉山:《国家监察体制改革的逻辑意蕴》,载《廉政文化研究》2018 年第 5 期。

⑥ 吴建雄:《国家监察体制改革的法治逻辑与法治理念》,载《中南大学学报(社会科学版)》2017 年第 4 期。

⑦ 李辉山:《国家监察体制改革的逻辑意蕴》,载《廉政文化研究》2018 年第 5 期。

政监察机关职权、机构、人员的简单调整。"① 由国家监察委员会统一行使监察职能,能够有效解决反腐败力量和资源分散的现状,是实现国家治理体系和治理能力现代化的必要途径。

（一）行政机关与司法机关监察职能整合

1. 行政权与监察权分离。《行政监察法》第 3 条规定监察机关依法行使职权,不受其他行政部门、社会团体和个人的干涉,表明行政监察机关行使监察职权时具有一定的独立性,但实践中作为一级政府组成部门的行政监察机关,这种独立监察职能的发挥却大打折扣。因此,将监察权从行政权中剥离出来,使监察机关与行政机关相互独立,以保证监察权的行使不受行政机关干涉,是国家监察体制改革的主要方向。

2. 审查起诉权与监察权分离。检察机关内部的反贪局、反渎局是反腐的重要力量,在反腐工作中发挥着重要作用。"在现行反腐败体制下,行政监察职能……实际上由检察机关反贪反渎和预防部门承担。"② 但当检察机关公职人员存在职务犯罪时,检察机关既行使侦查权又行使公诉权,既是运动员又是裁判员,致使司法监察职能得不到充分发挥。而将检察机关查处贪污贿赂、失职渎职的职能整合至监察机关,使"原本由检察机关对职务犯罪进行'自侦、自捕、自诉'的'同体监督'格局发生变化"③,能够实现监察职能与审查起诉职能分离。

（二）各级纪律检查委员会监察职能整合

纪律检查委员会是中国共产党内负责监督执纪问责的机关,除中央设有纪律检查委员会外,在地方各级党组织亦设有纪律检查委员会。《党内监督条例》第 26 条规定:"党的各级纪律检查委员会是党内监督的专责机关,履行监督执纪问责职责。"现实中,纪律检查委员会开展反腐工作往往体现在两方面:"一是纪委应该按照党章的规定,在职责范围内查办违法违纪案件;二是纪委在反腐败工作中具有组织协调作用。"④ 纪律检查委员会与监察委员会合署办公,对党委全面负责,履行纪检、监察两项职责,监察委员会不设党组,主任、副主任分别由同级纪委书记、副书记兼任,实现了纪律检查委员会、监察委员会机构、职能和人员的全面融合。

以职能深度整合保障对公职人员监察全面覆盖目标的实现,探索反腐败执纪与执法的有效衔接,形成"党内监督与党外监督相结合、纪检监督与国家监察相结合、专门监督与群众监督相结合、党纪监督与法律监督相结合的'四位一体'监督格局"⑤,能够使"监督资源最大限度地得到整合,充分发挥反腐败监督体系的整合功能"⑥。探索建立执纪监督与执纪审查部门分设的内部监督机制,即:执纪监督部门负责联系地区和单位的日常监督,不负责具体案件查办;执纪审查部门负责对违法违纪行为的初核和立案审查,不固定联系某一地区或者部门,一案一指定、一事一授权;充分发挥审理部门审核把关作用,对事实不清、证据不足案件,可退回执纪审查部门补充证据或重新调查。

---

① 刘振洋:《论国家监察体制重构的基本问题与具体路径》,载《法学》2017 年第 5 期。
② 吴建雄:《国家监察体制改革的法治逻辑与法治理念》,载《中南大学学报（社会科学版）》2017 年第 4 期。
③ 秦前红:《我国监察机关的宪法定位以国家机关相互间的关系为中心》,载《中外法学》2018 年第 3 期。
④ 李晓明、韩海军:《反腐败合力的形成:资源整合与优势互补——兼论纪检监察部门与检察机关在反腐败中的关系》,载《学习论坛》2012 年第 3 期。
⑤ 吴建雄:《国家监察体制改革与新时代中国特色社会主义监督体系构建》,载《统一战线学研究》2018 年第 1 期。
⑥ 李辉山:《国家监察体制改革的逻辑意蕴》,载《廉政文化研究》2018 年第 5 期。

● **拓展阅读**

1. 魏昌东:《〈监察法〉与中国特色腐败治理体制更新的理论逻辑》,载《华东政法大学学报》2018 年第 3 期。

2. 秦前红:《我国监察机关的宪法定位以国家机关相互间的关系为中心》,载《中外法学》2018 年第 3 期。

3. 魏昌东:《监督职能是国家监察委员会的第一职能:理论逻辑与实现路径——兼论中国特色监察监督系统的规范性创建》,载《法学论坛》2019 年第 1 期。

4. 张震、黄鑫:《监察权的逻辑认知与功能拓展:以国家治理现代化为视阈》,载《四川师范大学学报(社会科学版)》2021 年第 5 期。

● **课后思考**

1. 什么是监察权的调整功能?

2. 什么是监察权的规范功能?

3. 什么是监察权的保障功能?

4. 试述监察权惩戒腐败功能必要的配套制度的完善路径。

5. 什么是监察权的整合功能?

典型案(事)例　　即测即评

第六章 监察权的规范

第一节 监察权规范概述

一、规范概述

规范,是对参与社会活动主体的行为具有约束力的规则系统。约束力指行为主体将某种标准视为其行为所应当遵循的准则。这意味着,虽然主体行为可能偏离规范,但其内心非常明确这种偏离与规范要求是不符的。

规范针对的是参与社会活动的主体,一般包括国家、公民、法人、社会团体和其他组织,也包含外国人和无国籍人。例如民事法律规范调整自然人、法人和非法人组织之间的人身关系和财产关系,这意味着公民、法人、社会团体和其他组织,以及外国人和无国籍人关于人身和财产方面的行为,由民事法律规范约束;宪法、宪法惯例和宪法性法律等调整国家机关之间或者国家与公民、法人和其他社会组织之间的关系,这意味着国家及其内部所有主体的行为都需要以宪法规范为依据。

规范针对主体行为的约束作用主要是指引和评价。一方面,规范对主体行为具有指引作用,意味着某个主体在选择是否行为以及如何行为时,会考虑规范的要求和内容。在相信主体具有基本的理性基础上,规范区分了应当进行的行为、可以进行的行为和不得进行的行为,以供主体自由选择。另一方面,规范对主体行为具有评价作用,即根据规范的要求和内容,对主体所选择的行为是否合乎规范进行判断。评价的结果一般分为肯定性和否定性两种。肯定性的评价结果针对的是主体实施的符合规范要求的行为,一般呈现为对行为在规范上效果的确认或舆论的褒奖。否定性的评价结果一般针对主体实施的规范所禁止的行为,由于此类行为与规范的要求相悖,一般不会产生主体所欲求的效果,有些规范还为此类行为设定了惩罚后果。

规范作为一种规则系统,是具有指引和评价作用的行为标准的总称,而不仅仅指与原则和政策相对的、对行为模式进行明确规定的狭义规则。因此在规范的解释上,本书采取德沃金(Dworkin)的"整体主义"路径[①],即无论是政策、原则,还是规则,都对行为具有约束效力。

在法治国家,规范最重要的体现是国家法律体系,在我国主要指《立法法》所承认的

---

① [美]罗纳德·德沃金:《认真对待权利》,信春鹰、吴玉章译,中国大百科全书出版社 1998 年版,第 40 页。

宪法,全国人大及其常委会制定的法律,地方人大及其常委会制定的地方性法规,国务院制定的行政法规,国务院各部委和地方政府制定的行政规章,中央军委制定的军事法规,中央军委各部、军兵种、军区和中国人民警察部队制定的军事规章,民族自治区地方的人大及其常委会制定的自治条例和单行条例,以及全国人大常委会、最高人民法院和最高人民检察院颁布的立法解释和司法解释等。这些规范构成了我国基本的法律规范体系。

但是,在一个既定社会之中,对主体行为具有约束作用的并非只有法律规范体系,还包括诸多其他规范,例如道德、习惯等。这些规范被拉兹(Raz)称为"第一位阶行为理由"(first-order reasons),由于它们在被"第二位阶行为理由"(second-order reasons)——例如法律——吸收之后丧失了直接指引和评价主体行为的作用,因此仅在无相关法律规范的情况下,才发挥它们的规范作用。[①]尽管如此,道德和习惯的规范作用也不容小觑,例如,《民法典》承认的"公序良俗"和"习惯",能够作为民事裁判的依据;宪法层面的习惯,也对国家政治生活的正常运转作用巨大。如果没有道德和习惯,一切社会主体的行为均依靠法律进行指引,可以想象,无论个人还是国家,都将寸步难行。因此,道德和习惯也是我国规范体系的一个重要组成部分。

此外,第二位阶行为理由还包括其他制度化的规范[②],如国家机关制定的大量规范性文件。这些文件被称为规范性文件,因为它们有些没有采取《立法法》规定的法律形式,有些没有经过立法程序,有些则是由没有立法权限的主体制定的,因此一般不被纳入我国的正式法律规范体系范围,但是它们对行为的约束力量是毋庸置疑的。例如,《全国人大常委会关于废止部分法律的决定(2009)》,虽然没有采用正式法律的形式,但是其能够废止部分法律,终止这些法律对社会主体行为的指引和评价作用。在这个意义上,此类规范性文件也应当属于规范的一个重要组成部分。

政治组织的规范性文件也是规范的组成部分,如中国共产党的党内法规、中国人民政治协商会议的章程和决定等。这些文件作为政治组织及其内部成员的行为准则,具有当然的规范效力。不仅如此,中国共产党作为代表最广大人民根本利益的执政党,中国人民政治协商会议作为参政议政的爱国统一战线组织,它们的内部规范对于全国人民,尤其是非党员、非政协委员的群众和无党派人士,具有很强的示范作用——后者经常将这些内部规范作为他们的行为规范。因此,政治组织的规范性文件也具有一定的国家规范属性。

社会共同体制定的规范性文件和内部条例,如校规校纪、村规民约、行业规范、企业内部员工守则等,在一定的范围内对社会活动主体的行为具有约束效力,因此也是规范的组成部分。

我国的方针政策也同样具有规范的效力和定位。例如,党和政府的工作报告提出的我国未来一段时间的发展任务与发展目标,就对国家机关、政党组织以及其他社会组织和个人下一步的工作重点具有指引和评价作用。

---

① Joseph Raz, *Practical Reason and Norm*, Clarendon Press, 1999, pp.34, 41–3; Joseph Raz, "Authority, Law and Morality", (1985) 68 *Monist*, pp.295, 299; Joseph Raz, *The Authority of Law*, Clarendon Press, 1979, p.17.

② 在拉兹的理论中,第二位阶行为理由是第一位阶行为理由的体系化、制度化和系统化。Joseph Raz, *The Authority of Law*, Clarendon Press, 1979, p.17.

二、监察权规范

监察权规范,即关于监察权的规则体系,是对监察权享有主体行使监察权的行为具有约束力的指导和评价体系。这一体系主要包括正式的国家法律、国家机关制定的其他规范性文件、政党组织的规范性文件以及党和国家层面的方针政策,涵盖从监察制度设立尝试、宪法确认到监察权的实际运行与规制等各个方面。

《监察法》以国家正式法律的形式规定了监察权行使的目标、主体、职权和基本程序等。在这一法律的指导下,中央纪委、国家监委联合颁布《公职人员政务处分暂行规定》《国家监察委员会管辖规定(试行)》《国家监察委员会特约监察员工作办法》,对监察权行使过程中的管辖范围和处分方式,以及对监委自身的监督等具体问题进行了细化规定。此外,《公职人员政务处分法》《监察官法》也已陆续出台,为监察权行使的后果与行使主体的人员配备提供依据。

由于监委与纪委合署办公的机构特色,党内法规对监察权的行使也具有实际约束力或参考效力。例如《监督执纪工作规则》《党组讨论和决定党员处分事项工作程序规定(试行)》对党员和党组织涉嫌违纪或者涉嫌职务违法、职务犯罪问题时,纪检监察权力的行使主体、程序、模式和对权力的监督进行了明确规定。这几个党内法规对监察机关处理党内问题具有实际的行为指引和评价作用。但是这些规定的效力并不止于此,在监察程序法尚未制定、监察权的运作还没有比较具体的规范的情况下,监委对非党员的处理很可能会参照对党员的处理程序。实际上,《监察法实施条例》关于监察程序的规定就是与这几个党内法规一脉相承的。《监察法实施条例》第五章对监察程序作了专章规定,但不论章节编排还是内容规定,都是参照这几个党内法规来制定的,同时又凸显监察自身的特色。在这个意义上,党内法规具有一定的"溢出效力"。

同样具有溢出效力的还有《刑事诉讼法》及相关解释。监委行使的监察权有相当一部分来自检察院先前行使的对职务犯罪进行侦查的权力,监委的工作人员有许多来自检察系统进行职务犯罪侦查的人员,监察权中调查权的行使方式也在很大程度上与《刑事诉讼法》规定的职务犯罪侦查程序与模式类似。在这个意义上,参考《刑事诉讼法》的相关规定,对监察权中的调查权运作进行指引和规范,具有理论的合理性与现实的可能性。

值得注意的是,在一般情况下,习惯和道德不属于监察权规范的组成部分。一方面,监察制度在我国是一个新设立的制度,很难认定具有一定约束力的习惯或道德标准已经形成;即便实践中存在一些习惯做法或道德共识,在很大程度上仍然是尝试性做法,不能据此认为监察权的运作就应当遵循这些习惯或道德。另一方面,职权法定是现代法治国家的基本原则之一,在保障权力有效运行的同时,应避免其无限扩张从而侵犯公民权利。因此,从权力运行本身的特性来看,也应当避免在实践中以习惯或道德等不明确的规范体系作为监察权运行的指引和评价标准。

除国家机关和政党组织外,其他社会共同体制定的规范性文件和内部条例亦非监察权规范的组成部分。这些规范的效力只及于共同体内部,不应当适用于监察权的运作过程。

第二节　监察权规范的类型

监察权规范按照不同的标准,可以分为不同的类型。例如,依据规范内容是否指向其他规范,可分为确定性规范和非确定性规范;[1]按照规范调整具体行为还是组织活动原则,可分为调整性规范和构成性规范。[2]本章并没有完全按照上述一般法理学的分类方法,因为作为公权力的监察权,其规范模式与法理学同时关注的公私法规范共同特点必然有所不同。当然一般法理学的分类方法仍然具有一定的参考价值,例如,根据规范调整方式的不同可分为授权性、义务性和权义复合性三种规范模式,根据规范内容的确定性不同可分为规则性、原则性和政策性规范,本章均予以采纳。除此之外,本章也吸收了其他的规范分类方式,例如按照规范渊源的不同,可分为宪法,法律及立法规范性文件,党内法规及党的规范性文件,监察法规、规章和监察规范性文件;按照权力运行的过程可分为权力基础规范、权力授予规范、权力原理规范、权力运行规范和权力监督规范。最后一种分类方式因同时涉及规范的内容,因此放在第三节进行讨论。

一、按照规范渊源的分类

规范渊源,即规范的表现形式,涉及哪些规则能够纳入规范范畴的问题。关于监察权,规范主要来源于宪法,法律及立法规范性文件,党内法规及党的规范性文件,以及监察法规、规章和监察规范性文件。

(一) 宪法

宪法是国家的根本法,国家权力的授予和运行必须以宪法为依据。根据 2018 年《宪法修正案》第 52 条的规定,在宪法第三章"国家机构"中增加一节,作为第七节"监察委员会"。该节之下增加 5 个条文,分别规定监察委员会的定位、构成,国家监察委员会与地方监察委员会的关系,监察委员会与国家权力机关的关系,以及监察委员会与行政、审判、检察等机关的关系。宪法对监察委员会的规定,为监察权的设立和行使提供了根本法层面上的正当性依据。

(二) 法律及立法规范性文件

法律,在这里特指《立法法》使用的"法律"概念,即全国人大及其常委会制定的、经由正式立法程序所产生的、以"中华人民共和国××法"为名称的规范。关于监察权,我国现有法律主要为《监察法》和可供参考适用的《刑事诉讼法》,以及《公职人员政务处分法》和《监察官法》等相关法律。在宪法精神和具体条文的指引之下,法律是监察权运行的最主要依据。

立法规范性文件指全国人大及其常委会制定和发布的、与法律问题相关的决议和决定。立法规范性文件虽然与法律问题相关,但是没有采取"中华人民共和国××法"的形式,而是

---

[1] 付子堂主编:《法理学初阶》,法律出版社 2015 年版,第 145 页。

[2] 张文显主编:《法理学》,高等教育出版社、北京大学出版社 2018 年版,第 119 页。

采取决议和决定的形式;立法规范性文件不是法律,制定时有时也不经过正式的立法程序。①但是,全国人大及其常委会的决议和决定对社会活动主体的行为仍然具有相当的约束力,因此也属于规范的一部分。②关于监察权运作的立法规范性文件主要有《关于在北京市、山西省、浙江省开展国家监察体制改革试点工作的决定》《关于在全国各地推开国家监察体制改革试点工作的决定》以及《关于国务院机构改革方案的决定》等。前两个决定为监察权试点运作提供了民意机构的支持,后一个决定为监察权行使主体——监察委员会的设立铺平了道路。

(三) 党内法规及党的规范性文件③

党内法规是指规范党组织和党员行为的规则体系,一般称为规则、条例、办法、准则、规定、细则等。其与国家法律体系的区别在于:国家法律体系对全体公民(地方法律体系对地方公民)具有约束效力,而无论公民归属于哪个党派;党内法规则属于政治组织内部文件,其约束效力一般只及于组织内部。但是,由于中纪委与国监委合署办公,监察权运作中调查、监督和处置的对象也包括党组织和党员,因此党内法规具有一定的"溢出效力",对监察权也具有规范效力。涉及监察权运作的最主要的党内法规是《监督执纪工作规则》和《党组讨论和决定党员处分事项工作程序规定(试行)》。当然《党章》以及其他一些党内规范,由于规定了中纪委调查、监督和处置党内纪律问题的权限与程序,因此对监察权力的运作也具有一定的影响。

党的规范性文件指对党内具有约束效力但没有以正式规范形式出现的规则,一般以通知、决定、方案、意见等为其主要形式。在监察权问题上,中共中央先后发布了《关于在北京市、山西省、浙江省开展国家监察体制改革试点方案》《关于深化党和国家机构改革的决定》和《深化党和国家机构改革方案》等党内规范性文件,为监察权运作试点、机构定位和属性等提出了执政党层面的正当性和合法性依据。

(四) 监察法规、规章和监察规范性文件

监察法规是与行政法规相对应的一个概念,指国家监察委员会制定并颁布的、指导和约束监察权运行的规范体系。从当前监察体制运行的情况来看,我国现行监察法规主要包括两类:一类是基于合署办公机制由中纪委和国监委共同制定和颁布的,如《公职人员政务处分暂行规定》和《国家监察委员会管辖规定 (试行)》等;另一类则是由国监委单独制定和颁布的,如《监察法实施条例》,这是国监委成立后制定的第一部监察法规。

监察规范性文件与行政规范性文件对应,指国家监察机关制定颁布的具有约束效力,却不具有监察法规或规章形式的规范体系,中纪委和国监委联合发布的《国家监察委员会特约监察员工作办法》,以及中纪委和国监委法规室发行的《〈中华人民共和国监察法〉释义》,

---

① 1987 年和 2009 年的《全国人大常委会议事规则》区分了法律草案审议的程序与有关法律问题的决定的议案和修改法律的议案审议的程序。在实践中,全国人大常委会的决定有的经过了《立法法》规定的严格程序,有的则没有。参见陈鹏:《全国人大常委会 "抽象法命题决定" 的性质与适用》,载《现代法学》2016 年第 1 期。

② 陈鹏:《全国人大常委会 "抽象法命题决定" 的性质与适用》,载《现代法学》2016 年第 1 期。但是这一称谓无法有效传达出全国人大及其常委会决议与决定的内涵,本章因此选取了 "立法规范性文件" 这一称谓。此称谓一方面明确了制定的主体与内容,另一方面可以与行政规范性文件等保持格式一致。

③ 关于该标题下词语的使用、词语的内涵和外延,参见褚宸舸:《论党内法规体系的内涵和划分标准》,载《山东科技大学学报(社会科学版)》2018 年第 2 期。

可以归属于此类规范性文件。一般的法律释义对主体行为并不具有完全的约束力,仅仅作为理解法律时的参考,因为其并非有权机关作出的正式法律解释。但是由于监察法律法规尚不完善,且没有成熟的既有做法可以参考,对于在实践中如何理解《监察法》,释义实际上起到了法律解释的作用。当然这一作用应当是暂时的,随着具体规范或者正式法律解释的出台,释义的作用应当逐渐淡化直至被完全取代。

二、按照规范调整方式的分类

按照规范调整方式的不同,可将规范分为授权性规范、义务性规范和权义复合性规范。[①]

(一) 授权性规范

授权性规范授予主体作为或不作为,以及要求他人作为或不作为的权利或权力。通常采用"可以""有权利""有……权利"的方式规定。这种授权不具有强制性,即被授权的主体可以按照规范规定的行为方式实施行为,也可以不按照这一方式实施行为。换句话说,主体对其行为方式具有一定的选择权。例如,《监察法》第 16 条第 2 款规定:"上级监察机关可以办理下一级监察机关管辖范围内的监察事项,必要时也可以办理所辖各级监察机关管辖范围内的监察事项。"该规定意味着上级监察机关可以办理下一级或所辖各级监察机关管辖范围内的监察事项,也可以不办理,上级监察机关具有选择权。

(二) 义务性规范

义务性规范与授权性规范相对,要求主体必须按照规范所列行为方式实施行为,不得选择相反的行为方式。义务性规范既可能要求主体必须采取某种行为,也可能要求主体不得实施某种行为,前者一般采用"应当""应该""必须"等术语,后者则一般采用"不得""禁止""严禁"等方式进行规定。例如,《监察法》第 56 条规定:"监察人员必须模范遵守宪法和法律,忠于职守、秉公执法,清正廉洁、保守秘密;必须具有良好的政治素质,熟悉监察业务,具备运用法律、法规、政策和调查取证等能力,自觉接受监督。"第 40 条第 2 款规定,监察机关"严禁以威胁、引诱、欺骗及其他非法方式收集证据,严禁侮辱、打骂、虐待、体罚或者变相体罚被调查人和涉案人员"。前者是对监察人员必须采取的行为方式的规定,后者是对监察人员不得实施的行为方式的规定。

(三) 权义复合性规范

权义复合性规范指兼具授予权利或权力、设定义务或职责两种性质的法律规则[②],这是监察权规范的最典型方式。由于监察权规范对国家权力的归属和行使进行规定,因此需要讲求"权责统一":某个特定规范可能一方面授予相关机构和人员进行某种行为的权力,另

[①] 张文显主编:《法理学》,高等教育出版社、北京大学出版社 2018 年版,第 117–118 页。一般法理学将规则分为授权性规则、义务性规则和禁止性规则,参见付子堂主编:《法理学初阶》,法律出版社 2015 年版,第 145 页。但是本书更赞同张文显教授的分类,将禁止性规则纳入义务性规则的范畴,即禁止性规则是规定不作为义务的规则;除此之外,增加权义复合性规则,涉及公权力运行的规则大多属于这一类。

[②] 张文显主编:《法理学》,高等教育出版社、北京大学出版社 2018 年版,第 118 页。

一方面要求这些机关和人员必须进行这种行为,即进行这种行为也是这些机关和人员不可推卸的责任。例如,《监察法》第 15 条规定,监察机关对公职人员和有关人员进行监察。这意味着监察机关一方面有权对这些人员进行监察,另一方面也必须对这些人员进行监察,如果不监察,就是不履行法定的职责,将承担相应的法律责任。

按照规范的强制力不同,义务性规范和权义复合性规范也可以归属于强制性或强行性规范,因为这两类规范都要求主体必须按照规范所列方式行为,不能采取其他行为方式。授权性规范则可以归属于任意性规范或指导性规范,因为此类规范所规定的行为模式仅仅具有引导主体行为的效果,主体有权选择规范所涉及的行为,并不因选择了不同的行为而受到法律的否定性评价。[①]

三、按照规范内容的确定性程度的分类

按照规范内容的确定性程度不同,监察权规范可以分为规则性规范、原则性规范和政策性规范。这一分类参考了德沃金为反驳哈特的规则论所提出的规则、原则和政策的法律整体性界定方式。

(一) 规则性规范

规则性规范指规定了具体行为模式、对主体行为具有明确指引力的规范。例如,《监察法》第 22 条规定,被调查人涉嫌贪污贿赂、失职渎职等严重职务违法或者职务犯罪,监察机关已经掌握其部分违法犯罪事实及证据,仍有重要问题需要进一步调查,并有一定特殊情形的,经监察机关依法审批,可以将其留置在特定场所。该条就明确规定了监察委员会实施留置行为所应当满足的具体条件,即对于何种情况下监察委员会可以对涉案人进行留置,该规则提供了清晰明确的指引。

(二) 原则性规范

原则性规范指对行为实施时所应当依据的标准的规定,一般不提供具体的行为模式。例如,《监察法》第 4 条第 1、2 款规定:"监察委员会依照法律规定独立行使监察权,不受行政机关、社会团体和个人的干涉。监察机关办理职务违法和职务犯罪案件,应当与审判机关、检察机关、执法部门互相配合,互相制约。"该规定是对监察权行使过程中所应当遵循的一般标准的规定,并没有为监察权如何避免行政机关、社会团体和个人的干涉,如何与审判、检察和执法部门相互配合和相互制约提出具体的行为方式。

(三) 政策性规范

政策性规范是对共同体所要达到的某种目标的规定。[②]在法律规范中,政策经常以法律目标的形式出现。例如,《监察法》第 1 条规定,该法的制定是"为了深化国家监察体制改革,加强对所有行使公权力的公职人员的监督,实现国家监察全面覆盖,深入开展反腐败工作,

---

[①] 付子堂教授称之为强制性和任意性,参见付子堂主编:《法理学初阶》,法律出版社 2015 年版,第 145 页。张文显教授称之为强行性和指导性,参见张文显主编:《法理学》,高等教育出版社、北京大学出版社 2018 年版,第 119 页。

[②] Ronald Dworkin, "The Model of Rules", 35 *The University of Chicago Law Review*(1967), p. 23.

推进国家治理体系和治理能力现代化"。该条开宗明义地提出了监察权行使的目的是对公权力和公职人员的全面监督、预防和排查腐败。

由于原则性规范和政策性规范仅仅提出了行为的标准,而没有有关具体行为模式的规定,也被统称为标准性规则。与之相对应的规则性规范,由于其提出了主体行为所应当依循的具体模式,也被称为规范性规则。①

第三节 监察权规范的特征与内容

一、特征

特征,是一个事物的特别之处,即能够将该事物与其他事物区别开来的因素。监察权规范的特征,即其与其他行为规范相比,具有哪些不同之处。本书认为,与私法规范相比,监察权规范既注重赋权,也注重限权,与其他公法规范相比,监察权规范是国家法律体系与党内法规体系共同作用的规范系统,而且监察权规范呈现出组织规范、职权规范和官员规范共存于同一规则体系内部的特征。

(一)在规范目标上赋权与限权一体两面

监察权规范作为一种约束国家公权力运作的规则体系,与指引和评价私权利或私权利行使的私法规范体系,存在规范目标上的重要区别。以民事法律为典型代表的私法规范,其制定目标在于确认私主体的权利,避免主体之间的冲突,或者为已经发生的冲突提供纠纷解决途径。但是作为约束公权力运作的公法规范,其目标侧重于赋权和限权。

首先,公权力与私权利不同,后者是个体在自然意义上就能够享有的权利,无须国家的赋予,法律规范仅仅是对权利的确认。公权力并非一种原生性权力,相反,其来源于权利的让渡和授予,因此必须经过正式的程序方能享有。这一正式程序即宪法的修改和全国人大基本法律的通过。在监察权问题上,《宪法》关于监察委员会的规定和《监察法》的出台,就是对这一权力的授予。

其次,限权是公法规范的一个更重要目标。公权力的授予是为了保障私权利的实现,如果公权力不断扩张导致对私权利的侵犯或对其他公权力的僭越,就违背了授权的初衷。在这个意义上,公权力只能在一定的范围内行使,这个范围就需要通过公法规范来划定。例如,《监察法》第43条第2款规定,留置的时间不得超过3个月,仅在特殊情况下,可以延长一次,且延长时间不得超过3个月。这一条款就是对监察权运作中使用留置措施的期限上的限制。

最后,赋权与限权在同一个公法规范中呈现一体两面的特征,即一个规则在赋权的同时也是对权力范围的限定。这也是公权力规范在大多数情况下都是权义复合性规范的原因。例如,《监察法》第11条规定,监察委员会有依照该法和有关法律规定履行监督、调查和处置的职责。一方面,这一条款授予了监察委员会监督、调查和处置的监察权力,为其有效实现深入反腐的制度目标提供了可依赖路径;另一方面,这一条款也意味着监察权仅包括监

---

① 关于标准性规则和规范性规则,参见张文显主编:《法理学》,高等教育出版社、北京大学出版社2018年版,第118页。

督、调查和处置,且这几个权力的运作必须以《监察法》和其他有关法律为界限,监察权不能超越监督、调查和处置的范围,监督、调查和处置权力的行使也不能超出法律规定的限度。

(二) 在规范内容上国家法律与党内法规同时作用

作为新时期实现全面深入预防和治理腐败的全新制度设计,监察权规范在内容上与一般公法规范呈现出一定的差异。对于一般的公法规范,如约束行政、检察和审判权力运作的规范,均以国家法律规范体系为主要内容。约束行政权力运作的规范以行政实体法、行政诉讼法、行政法规、规章和行政规范性文件为主,约束公安、检察和审判权力运作的规范以刑法、刑事诉讼法、民事诉讼法及相关法律解释为主。党内法规在行政、司法和检察权力运作中一般没有直接的或参考的效力。

但是,监察权规范与此不同,不仅国家法律体系对监察权的运作具有约束效力,党内法规及党内规范性文件也具有直接或参考的效力。这是中国特色社会主义党领导立法和国家权力运作的最新发展。一方面,这种发展体现为党的机构与国家机构合署办公。监委设立之初就以党的纪律检查机构与监察机关合署,“一个机构,两块牌子”为基本思路。另一方面,这种发展也体现为规范作用领域的逐渐融合。首先,继中共中央与国务院联合发文之后,中纪委和国监委几次发文均是联合进行的,例如《公职人员政务处分暂行规定》《国家监察委员会管辖规定(试行)》和《国家监察委员会特约监察员工作办法》等。联合发文的作用范围既及于全国,又及于党内,其效力是双向的。其次,国监委和中纪委监督、调查和处理党员和党组织事务时,党内法规及党内规范性文件具有直接效力。例如,《党章》《监督执纪工作规则》和《党组讨论和决定党员处分事项工作程序规定(试行)》等,就对国监委和中纪委监督党内事务具有直接的指引和评价作用。最后,即便在国监委和中纪委监督、调查和处理非党内事务时,党内法规即党内规范性文件也具有参考的效力。例如《〈中华人民共和国监察法〉释义》对《监察法》第11条进行解释时,就指出“党内监督的内容、方式和要求,也都适用于国家监察的监督”。①

(三) 在规范模式上组织法、职权法与官员法共存并立

作为一项全新的制度体系,监察权法律规范体系在模式上也与其他公法规范不同。我国监察权的设计既没有完全参照域外的廉政制度进行,也没有对我国历史上的监察制度亦步亦趋,而是创设了中纪委与国监委合署办公、作为人民代表大会之下一项独立国家权力的定位。因此在规范的内容上,国内外尚无成熟的经验可以借鉴;在规范模式的选择上,也只得暂时以综合性立法为主。这与一般的公法规范不同。

在规范一般公权力时,国家法律体系大多分为组织法、官员法和职权法。例如,在约束公安、检察和司法在刑事责任追究方面的权力时,法律规范体系内部分为《人民检察院组织法》《人民法院组织法》《检察官法》《法官法》《刑事诉讼法》《刑法》。其中,《人民检察院组织法》和《人民法院组织法》为组织法,为行使检察权力和审判权力的检察院和法院提供规范依据和组织模式;《检察官法》和《法官法》属于官员法,为具体实施检察权力和审判

① 中共中央纪律检查委员会、中华人民共和国国家监察委员会法规室编写:《〈中华人民共和国监察法〉释义》,中国方正出版社2018年版,第91页。

权力的检察官和法官设立标准;《刑事诉讼法》和《刑法》属于职权法,对侦查权、检察权和审判权行使的范围和边界进行了规定。

监察权规范随着国家监察体制改革的深化,现已初步形成以宪法为统帅、监察法律为主导、监察法规为补充的相对完善的体系。《宪法》确立了监察委员会,赋予了监察权根本法意义上的正当性,也规范和约束着监察权的行使。《监察法》统一规定监察组织、监察职权和监察官员等。《监察法》前两章,即"总则"和"监察机关及其职责",主要规定行使监察权的组织及其内部关系;第 14 条虽然规定监察官,但仅提出了实行监察官员制度,并没有详细的规定;第二章第 11 条,以及此后的第三章至第八章,即"监察范围和管辖""监察权限""监察程序""反腐败国际合作""对监察机关和监察人员的监督"和"法律责任"等,则是对监察权在具体履行过程中需要遵循的法律依据的规定。监察的组织、职权和官员都统一规定在一部综合性的《监察法》之中。《公职人员政务处分法》和《监察官法》都是根据《监察法》制定的,就政务处分和监察官管理这两大问题进行展开,较好地缓解了《监察法》规范官员法与一部分职权法的负担。《监察法实施条例》作为国家监察委员会制定的首部监察法规,对《监察法》条文进行了更加细化的解释和说明,有助于《监察法》更加高效地实施。未来,监察法律和监察法规在质量和数量上都将持续提升,监察规章和监察解释等或许也会出台,共同促成更加完善的监察法规范体系,为监察实践提供更清晰的指引。

二、内容

监察权规范包括权力基础规范、权力原理规范、权力授予规范、权力运行规范和权力监督规范,这主要是根据监察权运行过程进行的归纳。[①]这种归纳在另一种意义上也是一种对监察权规范的分类。

(一) 权力基础规范

权力基础规范是对监察权设立的权力依据和现实考量的规定。主要包括两个方面:一是该具体权力在国家权力体系中的正当性来源,即为何某种机构(如全国人大、全国人大常委会和中共中央)有权力设立一个新的监察权力;二是设立该权力的现实合理性和必要性,即在有权设立的前提下,为何必须设立这样一个新的监察权力。两个方面都必须以具有约束效力的规范体系为依托。

具体来说,关于权力依据,监察权从根本上来源于全国人大及其常委会作为最高国家权力机关,行使创设国家权力之下新的权力体系和修改宪法的职权。《宪法》第 57 条规定,全国人民代表大会是最高国家权力机关。它的常设机关是全国人民代表大会常务委员会。虽然第 62 条并未列明全国人大创设新的权力及其机构的职权,第 62 条第 16 项却规定,全国人大可以行使其他应当由最高国家权力机关行使的职权。作为最高权力机关,全国人大理应有权创设新的国家机构,并将国家权力的一部分赋予这一机构。第 62 条第 1 项又规定,全国人大行使修改宪法的职权。根据上述规定,全国人大通过修改宪法,从国家权力中创设监察权,并将这一权力赋予监察委员会,作出《关于国务院机构改革方案的决定》,具有权力

---

① 鉴于监察权规范的特殊性,并未完全按照其分类。参见叶金方:《行政法规范类型初探》,载《人民论坛》2015 年第 21 期。

体系上的正当性。① 因此《宪法》的这些条款是监察权得以创立的规范基础。《监察法》第 1 条规定的"根据宪法,制定本法",就是对这一权力基础的确认。

全国人大常委会作为国家权力机关的常设机关,也享有在正式修宪之前创设相关权力和机构试点的权力。全国人大常委会经常以决定的方式处理与法律有关的问题,如授权国内个别地区进行制度试点,本章称之为"立法规范性文件"。这一惯常性做法符合全国人大常委会作为最高国家权力机关常设机关的定位,虽然有些决定并未被我国正式法律体系所确认,却对我国人民代表大会制度的运行起到了重要作用,在事实上形成了具有我国特色的宪法惯例。② 在这个意义上,全国人大常委会以决定形式授权北京市、山西省和浙江省进行监察体制改革试点,具有权力上的正当性。在规范上,《宪法》第 67 条第 22 项规定,全国人大常委会享有全国人大授予的其他职权,如果全国人大具有创设监察权和监委的权力,那么其也可以授权全国人大常委会决定先行试点并在全国范围内推广。③ 此外,2015 年《立法法》也为全国人大常委会提供了授权试点的依据。该法第 13 条规定,全国人民代表大会及其常委会可以根据改革发展的需要,决定就行政管理等领域的特定事项授权在一定期限内在部分地方暂时调整或者暂时停止适用法律的部分规定。④ 这一条文为全国人大常委会在北京市、山西省和浙江省内暂停原《行政监察法》和一些相关法律法规的实施,推进新制度试点,提供了权力依据。⑤ 正是在这些规范的授权下,全国人大常委会得以颁布《关于在北京市、山西省、浙江省开展国家监察体制改革试点工作的决定》和《关于在全国各地推开国家监察体制改革试点工作的决定》,实现监察权在部分地区直至全国试点运行。⑥《宪法》和《立法法》的这些条款因此是监察权基础规范的一个组成部分。

在全国人大常委会监察体制试点决定和全国人大通过修宪设立监察权之前,中国共产党通过党领导立法和国家权力运行的模式,首先提出了设立监察试点的想法。《宪法》第 1 条第 2 款规定,"中国共产党领导是中国特色社会主义最本质的特征"。这意味着无论是在国家的立法活动中,还是国家权力的运行过程中,党的领导都应当发挥重要作用。监察权设立的理念首先从党内提出,再逐渐形成国家层面的决定和规范,因此具有权力上的正当性。例如,监察权的设立,就是先由党内讨论形成意见和方案,如中共中央发布的《关于在北京市、山西省、浙江省开展国家监察体制改革试点方案》,然后才由全国人大常委会根据这一方案出台试点方案。在国家层面设立国家监察委员会以统摄国务院监察部的工作,也是先由党内形成决定和方案,即《关于深化党和国家机构改革的决定》和《深化党和国家机构改革方案》,然后由国务院提请全国人大审议《国务院机构改革方案》和全国人大颁布《关于国务

---

① 全国人大通过修宪的方式创设监察委员会,并授予其监察权,在规范和权力体系上是正当的,这一点在学界已经达成共识。参见钱宁峰:《论国家监察体制改革的合宪性依据》,载《江苏社会科学》2018 年第 2 期。

② 焦洪昌、古龙元:《从全国人大常委会授权看监察体制改革》,载《行政法学研究》2017 年第 4 期;叶海波:《国家监察体制改革试点的法治路径》,载《四川师范大学学报(社会科学版)》2017 年第 3 期。

③ 焦洪昌、叶远涛:《从人民代表大会制看国家监察体制改革》,载《中国党政干部论坛》2017 年第 2 期;邱川颖:《国家监察体制改革的宪法问题》,载《安顺学院学报》2017 年第 2 期。

④ 2023 年修正《立法法》时将《立法法》第 13 条修改为第 16 条,并对内容进行了调整。

⑤ 钱宁峰:《立法后中止实施:授权立法模式的新常态》,载《政治与法律》2015 年第 7 期;朱福惠、张晋邦:《监察体制改革与宪法修改之学理阐释》,载《四川师范大学学报(社会科学版)》2017 年第 3 期。

⑥ 当然,也有学者认为这里的几种规范正当性来源都不成立,具体可参见马怀德:《〈国家监察法〉的立法思路与立法重点》,载《环球法律评论》2017 年第 2 期;韩大元:《论国家监察体制改革中的若干宪法问题》,载《法学评论》2017 年第 3 期;钱宁峰:《论国家监察体制改革的合宪性依据》,载《江苏社会科学》2018 年第 2 期。

院机构改革方案的决定》。在修改宪法的过程中,也是先由中国共产党提出关于修改宪法的建议,再由全国人大常委会根据这一建议形成正式的宪法修正案草案,最后提交全国人大审议。因此,《宪法》对中国共产党在国家中的定位也是监察权设立的基础规范的组成部分。

在中共中央、全国人大常委会和全国人大在其职权范围内提出设立监察权的建议、监察体制试点和由宪法设立与行政、审判和检察等权力并列的监察权的基础上,一个有关权力基础的问题就是设立监察权的必要性。根据剃刀原理,"如无必要,勿增实体",因此如果既有国家机构和权力体系可以解决问题,就没有必要增加一个新的机构和权力,否则就是对国家权力和财政的滥用。在这个意义上,监察权的设立需要在事实层面进行证成。这一证成的论据,主要来源于党和国家反腐败的决心和目标。根据中共中央办公厅印发的《关于在北京市、山西省、浙江省开展国家监察体制改革试点方案》和《监察法》第1、6条,监察权的设立和国家监察体制改革,是为了实现监察对行使公权力的公职人员的全面覆盖,推进廉政建设,构建"不敢腐、不能腐、不想腐"的长效廉政机制。既有的设立于行政机关内部的行政监察机制,以及党的纪律检查机关和国家行政监察机关各自行使职权、独立办案的方式,已经无法实现这一目标。因此,整合国内的反腐败资源力量,建立党统一领导下的集中、高效的反腐败工作机构,就存在现实的必要性。中共中央的试点方案和监察法就是对监察权设立现实必要性的规范表达。

(二) 权力原理规范

权力原理规范是关于监察权运行过程中所要遵循的目标、原则、价值和精神等的规定。这一规范类型参考了莫于川教授的"条理法"概念。[①] 在莫教授的理论中,原理规范包括立法的目的、立法的精神、法律的价值、法律的原则,以及在特殊情况下的社会公德、当地习惯和社会共识等。特殊情况一般适用于私法领域,即在私主体之间交往时,可以参考公序良俗、地方习惯和社会一般共识,对他们的行为进行调整。但是公权力领域讲究职权法定,行使公权力不能溢出规范的边界。因此在监察权问题上,权力原理规范主要指立法目的、精神、价值和原则,一般不包括公德、习惯或共识。此类规范并不规定行为的具体模式和评价后果,因此属于原则性规范和政策性规范,或者张文显教授提出的标准性规范类型。

权力原理规范经常规定在法律的第一章"总则"之中。例如,《监察法》第1、6条规定了权力设立和运行的目的,即加强对行使公权力的公职人员的监督,实现反腐工作的全面推进,构建"不敢腐、不能腐、不想腐"的长效机制。第2条规定了监察权运行所应遵循的指导思想,即马克思列宁主义、毛泽东思想、邓小平理论、"三个代表"重要思想、科学发展观和习近平新时代中国特色社会主义思想。该条同时规定了监察权设立和运行的原则之一,即坚持中国共产党的领导。《宪法》第127条和《监察法》第4条也规定了监察权独立行使的原则。《监察法》第5、6条也提出了监察权责统一、惩戒与教育相结合等原则。这些条款都属于权力原理规范。

[①] 本章并没有完全采纳其称谓,因为"条理"在中文的语境中,更多地被用作形容词,即形容某种条分缕析的状态,很少被用来指称原则、价值、目的等。本章认为用"原理法"可能比"条理法"更能够传达出这一词汇的内涵。参见莫于川:《试论条理法在调整特别权力关系中的作用——以公立高校管理行为争议解决机制为例》,载《河南财经政法大学学报》2014年第3期。

（三）权力授予规范

权力授予规范是将监察权力授予特定机关和组织行使的规范,其中包括组织规范、职能规范和官员规范三种。

组织规范是有关行使监察权力的组织的规定,即将监察权力授予哪种组织行使。例如,《宪法》第 123 条规定,各级监察委员会是国家的监察机关。《监察法》第 3 条规定,各级监察委员会是行使国家监察职能的专责机关,依照本法对所有行使公权力的公职人员进行监察。这两条对行使监察权力的组织整体进行了规定。《宪法》第 124、125 条和《监察法》第 7、8、9、10、12 条继续规定,国家监察委员会是最高国家监察机关,省、自治区、直辖市、自治州、县、自治县、市和市辖区设立地方各级监察委员会,各级监察委员会可以设立派驻或派出监察机构、监察专员,监察委员会由主任、副主任和委员组成,上下级监察委员会之间属于领导和被领导的关系等,对行使监察权的监察委员会内部具体组成进行了规定。这些规范是对监察委员会组织构成的规定,因此也可以称为构成性规范。[①]

职能规范是有关监察权力授予界限与范围的规定,即监察机关能够享有哪些有关监察的职权。监察权力授予规范中的职能规范主要包括对权力进行整体授予的规定。例如,《宪法》第 127 条和《监察法》第 4 条规定,监察委员会依照法律规定独立行使监察权,办理职务违法和职务犯罪案件。《监察法》第 11 条规定了监察委员会履行监督、调查和处置的职责,是对监察权力的整体范围的规定,即监察权是对职务违法和职务犯罪进行监督、调查和处置的权力。此外,监察职能规范还包括对监察权运行过程中具体权限、程序和对该权力进行监督的规定,本章将这些规范归入权力运行规范或权力监督规范的范畴。

官员规范是有关组成监察机构、具体行使监察权力的监察官的规定。《监察法》第 14 条对监察官制度的规定,以及《监察官法》,都属于官员规范。《监察官法》对监察官的范围、职责、义务和权利、条件和选用、任免、管理等都作了相关的规定,为加强对监察官的管理和监督,保障监察官依法履职,维护监察官合法权益,推进高素质专业化监察官队伍建设,推进监察工作规范化、法治化提供了重要的支撑。

（四）权力运行规范

权力运行规范是有关监察权运行过程中具体权限和程序的规定,主要以程序性规范为表现方式。例如,《监察法》第 15 条规定了监察的范围,第 16、17 条和《国家监察委员会管辖规定(试行)》规定了各级监察机关的管辖范围,第四章"监察权限"规定了监察委员会可以采取的各种监察手段,第五章"监察程序"以及《公职人员政务处分暂行规定》《公职人员政务处分法》规定了监察委员会在监督、调查和处分过程中所应当遵循的程序和权限,第六章"反腐败国际合作"规定了监察机关在国际合作中的职责。此外,由于中纪委和国监委合署办公,党内纪律处分相关规范也对监察权的运作具有直接或参考的效力,如《监督执纪工作规则》和《党组讨论和决定党员处分事项工作程序规定(试行)》等,也属于监察权运行方面的有效规范。

权力运行规范赋权和限权一体两面的特征体现得最为明显。一方面,权力运行规范明

---

① 张文显主编:《法理学》,高等教育出版社、北京大学出版社 2018 年版,第 119 页。

确监察权具体运作过程中所应当遵循的程序和享有的职权,是对监察权行使范围和方式的指引。另一方面,这些程序和职权也是监察权运作的边界,即只有在规范中明确职权,监察委员会才能够行使,不能超越这个边界;对这一职权的行使也必须按照规范确定的程序进行,擅自改变或缩减程序是不被允许的。《监察法》第八章"法律责任"就是对监察权行使边界的规定,超过这个边界,就将承担法律否定性评价的责任。因此,第八章也是监察权运行规范的一个组成部分。

(五) 权力监督规范

权力监督规范是关于监察权力由何种组织监督以及如何进行监督的规则体系。权力必须接受监督,这一方面是权力容易扩张的性质使然。不受监督的权力极易溢出其既有边界,侵蚀其他权力或公民权利,因此对权力的监督在规范层面予以确立,是法治的必然要求。另一方面,对监察权进行监督也是我国人民代表大会制度的要求。在国家权力机关之下,所有权力及其机构都由国家权力机关产生,对其负责,受其监督。

具体来说,监察权力的监督规范主要体现为两个方面:外部监督和内部监督。

1. 外部监督即通过监察委员会之外的国家机构、组织或公民,实现对监察权运作的监督和制约。

首先,外部监督体现为权力机关对监察委员会的监督。《宪法》第 126 条和《监察法》第 8、9、53 条分别规定,国家监委由全国人大产生,对全国人大及其常委会负责,并受其监督;地方各级监委由本级人大产生,对本级人大及其常委会负责,并受其监督。此外,权力机关对监察权的监督还体现在国监委的主任由全国人大选举产生和罢免,副主任、委员由国监委主任提请全国人大常委会任免,地方各级监委的主任由本级人大选举产生和罢免,副主任、委员由主任提请本级人大常委会任免;各级人大常委会听取和审议本级监委的专项工作报告,组织执法检查;县级以上人大及其常委会举行会议时,组成人员可以对监察工作中的有关问题提出询问或质询。

其次,行政、检察和审判权力对监察权的运作也具有监督的作用。《宪法》第 127 条和《监察法》第 4 条规定,监察机关办理职务违法和职务犯罪案件,应当与审判机关、检察机关、执法部门互相配合,互相制约。互相制约即意味着审判、检察机关和执法部门应当对监察机关行使权力进行监督。

最后,根据《监察法》第 54 条的规定,监委的工作还应当接受民主监督、社会监督和舆论监督,这也是对监察权运行进行外部监督的一个重要组成部分。中纪委和国监委联合发布的《国家监察委员会特约监察员工作办法》就是对此类外部监督的制度化和精细化。该办法规定,国监委按照一定程序,从全国人大代表、全国政协委员、中央和国家机关有关部门工作人员、各民主党派成员、无党派人士、企事业单位和社会团体代表、专家学者、媒体和文艺工作者以及一线代表和基层群众中聘请特约监察员,监督国监委及其工作人员的履职情况,提出工作建议和咨询意见等。

2. 内部监督与外部监督相对,是监察委员会通过其内部机构或人员,实现对监察权力运行的限制和制约。

首先,内部监督体现为国监委对地方各级监委的监督和上级监委对下级监委的监督。《监察法》第 10 条规定,国监委领导地方各级监委的工作,上级监委领导下级监委的工作。领导关系的一种体现就是监督,例如,《监察法》第 9 条第 4 款规定,地方各级监委对上一级监委负责,并接受其监督。上下级监委之间的监督和被监督关系还体现在:《监察法》第16条规定,上级监察机关可以办理下一级监察机关管辖范围内的监察事项,必要时也可以办理所辖各级监察机关管辖范围内的监察事项。监察机关之间对监察事项的管辖有争议的,由其共同的上级监察机关确定。第17条规定,上级监察机关可以将其所管辖的监察事项指定下级监察机关管辖,也可以将下级监察机关有管辖权的监察事项指定给其他监察机关管辖。监察机关认为所管辖的监察事项重大、复杂,需要由上级监察机关管辖的,可以报请上级监察机关管辖。

其次,内部监督包括内部设立的专门监督机构的监督。《监察法》第15条第1项规定,监委内部的公务员也是监委监督的对象。第55条规定,监察机关通过设立内部专门的监督机构等方式,加强对监察人员执行职务和遵守法律情况的监督,建设忠诚、干净、担当的监察队伍。第60条规定,监察机关及其工作人员在行使职权过程中有违法行为的,被调查人及其近亲属可以向该机关申诉。一般来说,处理对本机关申诉的机构应当是内部监督机构,因此这一机构的设立和运作也是对监察权运作的一种监督。

再次,党的纪律检查机构对监委的监督也是内部监督的一个重要方面。一般来说,党的纪律检查机构与国家机构处于人员和职能分离状态,前者通过对国家机构内部党组织和党员的监督,实现对国家权力的运作事实上的监督,应当属于外部监督。但是,监委与党的纪律检查机构合署办公,因此在监察权的运作上,党的监督属于内部监督。

最后,监察人员也承担自我监督的责任。《监察法》第56条规定,监察人员必须模范遵守宪法和法律,忠于职守、秉公执法,清正廉洁、保守秘密;必须具有良好的政治素质,熟悉监察业务,具备运用法律、法规、政策和调查取证等能力,自觉接受监督。第57—59条还规定了监察人员不得打探案情、说情干预,遇到应当回避情形时应当自行回避,且在任职期间或离职之后都应当保守秘密等义务。这些都提出了监察人员对自己的言行进行有意识的自我监督的要求。

第四节　监察权规范的结构

按照一般法理学的界定,法律规范的结构主要包括概念、规则、原则和技术性规定。除此之外,监察权规范结构中还包含一个特殊部分,即政策性规定。

一、概念

概念是所有法律规范中均包含的一个必要组成部分。法律作为一个特殊的语言系统,其建立的基础首先是形成一个通用的概念系统。在此系统之上,法律才能够构建其对行为进行指引和评价的基本规则与原则体系。因而,概念系统是法言法语的基础,也是在法律语境中使交流得以实现的前提。

监察权规范的概念系统主要包括"国家监察职能""监察权""监督、调查和处置""监察机关""监察官""监察对象""留置""政务处分""复核与复审"等。"国家监察职能"指监察机关为了实现全面深入反腐败所承担的对相关机构和个人进行监察的国家职能。"监察权"是监察机关履行国家监察职能所享有的权力。这一权力来自最高国家权力机关对国家权力的分配,因此监察权是国家权力的一个组成部分,其最终来源于人民的授予。根据我国《监察法》第 11 条的规定,监察权主要包括三个方面的权力,即监督、调查和处置。"监察机关"是承担国家监察职能、行使监察权的国家机构。根据《宪法》和《监察法》的规定,监察机关包括最高监察机关(即国监委)和地方各级国家监察机关(即地方各级监委)。"监察官"是监察机关内具体行使监察权力、承担监察职能的个体。"监察对象"是监察机关依法监督、调查和处置的对象。根据《监察法》第 15 条的规定,监察对象包括公职人员和有关人员。"留置"是监察机关对监察对象进行监察过程中的一个特殊调查程序,其主要目标是将"两规"法治化。根据《监察法》和《〈中华人民共和国监察法〉释义》,留置是监察机关在调查职务违法或者职务犯罪过程中,对已经被掌握部分违法犯罪事实及证据且存在特殊情形的被调查人,经依法审批后,将被调查人带至并留在特定场所,使其就案件所涉及的问题配合调查。"政务处分"是监察机关对有职务违法行为的公职人员作出的处分。根据《监察法》第 45 条,政务处分包括警告、记过、记大过、降级、撤职、开除等。"复核与复审"是监察对象向监察机关提出的关于监察处理结果的异议。根据《监察法》第 49 条,二者的区别是:复审针对的是监察机关作出的涉及本人的处理决定,申请对象是作出决定的监察机关;而复核针对的是复审决定,申请对象是作出复审决定的监察机关的上级监察机关。

监察权规范的概念系统中,还包含许多与其他法律规范共通或共用的概念。例如,职务违法和职务犯罪、询问、讯问、查询和冻结、搜查、调取、查封、扣押、勘验检查、通缉、限制出境等,这些概念与《刑事诉讼法》及其解释通用;公务员、从事公务的人员等,与《公务员法》通用。值得注意的是,这里的公务员,指的是"依法履行公职、纳入国家行政编制、由国家财政负担工资福利的工作人员",与公职人员的范围并不相同。

二、规则

在一个规范系统中,规则是承担基本的行为指引与评价作用的部分,因此规则一般呈现为对行为模式的描述加法律后果。[①] 法律后果经常以规范性语词的方式展现,例如"允许""鼓励""应当""必须""禁止"等。在《监察法》中,大多数条文都符合这一结构。如《监察法》第 12 条规定,各级监察委员会可以向本级中国共产党机关、国家机关、法律法规授权或者委托管理公共事务的组织和单位以及所管辖的行政区域、国有企业等派驻或者派出监察机构、监察专员。其中"可以"是规范性语词,意指该条文所规定的行为是一种既可为也可不为的行为,无论为或不为,都不违背条文的要求,也就没有惩罚后果。向管辖区域、相关组织和单位派驻或派出监察机构、监察专员是本条规定的行为模式,意在提醒监察机关,派驻或派出监察机构、监察专员是其行使监察权过程中可选的一种行为方式。

三、原则

原则是关于实施行为所应当依据的标准的规定,一般不提供具体的行为模式或行为后果。在一个完整的规范体系中,仅仅有规则是不够的,原则也是其不可或缺的部分。因为一

---

① 关于规则的逻辑结构,法学界早期一般认可假定、处理和制裁三部分,但是 20 世纪 90 年代兴起二要素说,即法律规则包括行为模式和法律后果两部分。参见张文显主编:《法理学》,高等教育出版社、北京大学出版社 2018 年版,第 116 页。

方面,规则无法穷尽社会生活中所有的行为模式,针对规则未能涵括的行为模式,就需要诉诸原则进行指引和评价;另一方面,对某条既定规则的理解可能存在多个方向,此时究竟适用哪个解释,同样需要原则进行引领。在这个意义上,即便我们无须完全赞同德沃金的作为一个整体的法律,原则也必然在事实上是规范的一个组成部分。①

监察权规范主要包括坚持中国共产党领导、监察权独立行使、权责对等、惩戒与教育相结合等原则。

(一) 坚持中国共产党领导原则

《宪法》第 1 条第 2 款规定,中国共产党领导是中国特色社会主义最本质的特征。因此党的领导应当作为各个国家机关行使各种国家权力的一项基本原则,监察机关对监察权的行使亦应遵循。《监察法》第 2 条即开宗明义,要坚持中国共产党对国家监察工作的领导。

具体来说,在监察权的运作过程中,党的领导体现在三个方面:(1) 党的先进理论——一般也是宪法的指导思想——应当作为监察权力运作方向的指导。例如《监察法》第 2 条指出,监察工作要以马克思列宁主义、毛泽东思想、邓小平理论、“三个代表”重要思想、科学发展观、习近平新时代中国特色社会主义思想为指导。(2) 党的领导体现在党管干部人事和党组在国家机构中的领导与决策作用,这也是党在国家机构及其权力运作中进行领导的通常方式。《中国共产党党组工作条例》第 16、17 条指出,党组应当在贯彻落实党中央以及上级党组织决策部署的重大举措、制定拟订法律法规规章和重要规范性文件中的重大事项、业务工作发展战略和重大部署、重大改革、重要人事任免、职能配置、机构设置和人员编制等事项上承担大方向把握、大局管理和落实保障等方面的职责。(3) 党的领导体现在纪委与监委合署办公、共同推进监察体制完善和反腐败深入的国家监察目标方面。中共中央发布的《深化党和国家机构改革方案》在组建国家监察委员会的部分提出,该机构要与中央纪律检查委员会合署办公,履行纪检、监察两项职责,实行一套工作机构、两个机关名称。党的领导在合署办公中实现了对国家机构及其权力运作的直接领导。

(二) 监察权独立行使原则

《宪法》第 127 条和《监察法》第 4 条规定,监察委员会依照法律规定独立行使监察权,不受行政机关、社会团体和个人的干涉。这是对监察权独立行使原则的规定,意味着只要监察权的行使是在法律规定的范围之内,任何行政机关、社会团体或公民个人,都不得对其进行干扰。

但是,监察权独立行使原则并不排除其应当受到监督和制约。《宪法》第 127 条和《监察法》第 4 条同时规定,监察机关办理职务违法和职务犯罪案件,应当与审判机关、检察机关、执法部门互相配合,互相制约。根据《宪法》第 126 条和《监察法》第 8、9、53、54 条规定,监察委员会行使监察权,同时要受其同级人大及常委会的监督,并受到民主监督、社会监督和舆论监督等。权力之间的监督与制约并不影响监察权的独立行使,因为这种监督和制约仅在监察权突破规范划定的范围之时起作用;在监察权依法行使时,监督和制约机关、组织或个人必须尊重监察委员会的监督、调查和处置,不得影响其监察工作的顺利进行。

---

① 张文显主编:《法理学》,高等教育出版社、北京大学出版社 2018 年版,第 119–120 页。

(三) 权责对等原则

《监察法》第 5 条规定,监察工作要坚持权责对等,严格监督。这是对权责对等原则的规定。权责对等原则指监察机关在监督、调查和处置监督对象时,要对其责任以符合权力大小的方式进行理解。换句话说,就是监察对象应当承担多大的法律、政务和纪律责任,应当以其拥有多大的权力或在行为中行使多大的权力为依据。要避免拥有权力的公职人员不承担责任,或者不拥有权力的公职人员承担责任;同样要避免拥有较大权力的公职人员承担较小的责任,或者拥有较小权力的公职人员承担较大的责任。

(四) 惩戒与教育相结合原则

《监察法》第 5 条规定,监察工作要坚持惩戒与教育相结合,宽严相济。这是对惩戒与教育相结合原则的规定。惩戒与教育相结合原则指监察机关在对监察对象进行监督、调查和处置过程中,应当既注重对职业违法和职业犯罪行为进行调查和处置的严格性,也要强调在这个过程中对监察对象的教育。首先,这一原则要求惩戒的严格性,即监察机关必须严格对职业违法和职业犯罪行为进行调查和处置,不得随意宽宥罪行或有意错漏。其次,惩戒的后果要做到宽严相济,即针对严重的职务违法和犯罪行为,应当给予严厉的处罚;但是如果监察对象有法定的可以减轻惩戒后果的情况,也应当对处罚进行适当减轻。再次,惩戒要有教育性。监察权运作中的惩戒并不完全坚持报应论,即惩戒的正当性来源于惩戒或惩戒对象本身,也坚持目的论,即惩戒的目的在于教育。具体来说,监察惩戒的教育目的在于,一方面有效降低被惩戒的公职人员再次违法犯罪的可能性,另一方面警诫其他具有违法犯罪潜在可能的公职人员,避免违法犯罪数量的增多。最后,监察机关在监督过程中,也应当实现对监察对象的教育。监督过程中的教育,能够在事前避免职务违法犯罪行为的发生——事实上,只要监督过程中的教育到位,监察机关事后惩戒的工作将大幅度降低。在这个意义上,惩戒与教育相结合是保障监察权运作目标——全面深入反腐败——实现的重要原则。

此外,《监察法》第 5 条还规定了监察工作的其他原则,例如:严格遵照宪法和法律,以事实为根据,以法律为准绳;在适用法律上一律平等,保障当事人的合法权益等。这些原则也是其他权力运作或法律实践中的基本原则,因此本章不再进行专门介绍。

四、技术性规定

技术性规定指规范中有关技术问题的规定。其包含以下几个方面:

1. 明确规范制定的上位规范依据。例如,《监察法》第 1 条规定的“根据宪法,制定本法”;《监督执纪工作规则》第 1 条规定的“根据《中国共产党章程》和有关法律,结合纪检监察体制改革和监督执纪工作实践,制定本规则”。对上位规范依据的确认,能够将该规范置于一个规范体系之中,明确其与体系内其他规范的上下位效力关系与位阶,有利于对该规范的理解与适用。

2. 授权相关规范就具体事宜进行规定。对于某个规范无法涵括的事项,经常在附则或相关条文中,授权其他规范进行规定。例如,《宪法》第 124 条第 4 款规定,监察委员会的组织和职权由法律规定。《监察法》第 68 条规定,中国人民解放军和中国人民武装警察部队开展监察工作,由中央军事委员会根据本法制定具体规定。《监督执纪工作规则》第74条规定,各省(自治区、直辖市)党委、中央和国家机关工委可以根据本规则,结合工作实际,制定实施细则;中央军事委员会可以根据本规则,制定相关规定。

3. 宣告规范的实施与生效以及相关规范的效力问题。有的规范自公布之日起生效,例如,《监察法》第69条规定,本法自公布之日起施行。有的规范会在公布之日之外,另设一个实施生效日期,例如,《监督执纪工作规则》第77条规定,本规则自2019年1月1日起施行。在新的规范生效时,经常会有旧的相关规范需要被废止,例如,《监察法》第69条规定,在该法实施之日,《行政监察法》同时废止;《监督执纪工作规则》第77条也规定,2017年1月15日中央纪委印发的《监督执纪工作规则(试行)》同时废止;此前发布的其他有关纪检监察机关监督执纪工作的规定,凡与该规则不一致的,按照该规则执行。

4. 对规范解释权力的规定。国家的正式法律一般没有此项规定,因为法律解释的权力,根据《宪法》和《立法法》,由全国人大常委会、最高人民法院和最高人民检察院行使。但是党内法规、监察法规等,大多有此项规定。例如,《监督执纪工作规则》第76条规定,该规则由中央纪律检查委员会负责解释。《公职人员政务处分暂行规定》第22条规定,本规定由中央纪律检查委员会、国家监察委员会负责解释。《国家监察委员会特约监察员工作办法》第16条规定,本办法由国家监察委员会负责解释。

五、政策性规定

政策性规定指有关权力授予或权利确认与行使所要达到的政策目标的规范。这种规定虽并非权力规范所独有,却经常是权力设定之必须——因为权力与权利不同,其存在并不具有自然的正当性,因此必须以实现一定的政策目标作为其设立的正当性依据。监察权是中国特色社会主义法治的重要组成部分,是我国创设的新型权力,因而也应当有规范其政策目标的相关规定,即政策性规定。

关于监察权的政策性规定主要体现在《监察法》第1条、第6条和中共中央办公厅印发的《关于在北京市、山西省、浙江省开展国家监察体制改革试点方案》中。这些规范指出,监察权的设立和国家监察体制改革,是为了实现监察对行使公权力的公职人员的全面覆盖,推进廉政建设,构建"不敢腐、不能腐、不想腐"的长效廉政机制。因此,监察权的设立和运行,都要以全面深入推进反腐败工作、实现国家治理体系和治理能力现代化为基本目标。

● 拓展阅读

1. Ronald Dworkin, "The Model of Rules", 35 *The University of Chicago Law Review* (1967).

2. 陈鹏:《全国人大常委会"抽象法命题决定"的性质与适用》,载《现代法学》2016年第1期。

3. 秦前红、石泽华:《论监察权的独立行使及其外部衔接》,载《法治现代化研究》2017年第6期。

4. 钱宁峰:《论国家监察体制改革的合宪性依据》,载《江苏社会科学》2018年第2期。

5. 范进学、张玲玲:《国家监察体制改革的宪法问题》,载《学习与探索》2019年第2期。

6. 张震、廖帅凯:《习近平法治思想中的监察法治思维体系论》,载《重庆大学学报(社会科学版)》2021 年第 4 期。

● **课后思考**

1. 监察权规范是否只包括《监察法》《公职人员政务处分法》《监察官法》等《立法法》所确认的法律形式?

2. 监察权规范包含哪些类型? 这些类型赖以形成的分类依据是否具有合理性?

3. 监察权规范的构成要素有哪些? 与其他规范相比,监察权规范的构成要素有哪些特殊之处?

4. 监察权内部包含哪些具体权力? 这些权力之间的关系如何?

典型案(事)例   即测即评

下篇　监察法制度

第七章　监察法基础理论

本章探讨监察法的概念、性质、立法目的、立法依据、立法思想、渊源等基础理论。从监察法的主体、对象、内容的构成要素中解析其概念,得出监察法作为监察领域的基本法律具有统领性、混合性和探索性的特征。监察法的直接立法目的是建立我国监察体系,推动监察工作顺利进行,深入开展反腐败工作;根本立法目的是推进国家治理体系和治理能力现代化。监察立法的法律依据是宪法,事实依据是我国反腐败工作中存在的诸多待解决的问题。监察立法的指导思想是马克思列宁主义、毛泽东思想、邓小平理论、"三个代表"重要思想、科学发展观、习近平新时代中国特色社会主义思想,体现党对监察工作的绝对领导。监察法的渊源分为正式渊源与非正式渊源。其中,正式渊源包括宪法、法律、地方性法规、自治条例与单行条例、国际条约、军事法规,非正式渊源包括惯例、国家政策。

第一节　监察法概述

一、监察法的概念

对于监察法,有的学者将其定义为"规范国家监察机关及其工作人员进行国家监察活动的法律、法规、规章的总称"[1],采取的是《立法法》上的法律渊源概念,但这种观点将规章纳入监察法渊源值得商榷。因为规章实际上是行政权行使的方式之一,不具备对国家监察机关及其工作人员的规制效力。本书对监察法的概念分别从狭义和广义上进行理解。监察法在狭义上指《监察法》这部法律;在广义上指规范国家监察机关及其工作人员履行监察职责的监察法体系,包括法律、法规等。若无特别说明,下文使用的"监察法"均为狭义上的概念。以下对监察法概念从主体、对象和内容三个要素予以解析。

1. 监察法的主体为行使国家监察权的各级监察委员会。《监察法》第 3 条规定:"各级监察委员会是行使国家监察职能的专责机关。"监察委员会依照法律规定独立行使监察权,不受行政机关、社会团体和个人的干涉,其独立的地位已由我国《宪法》和《监察法》加以确认,分别规定在《宪法》第 127 条和《监察法》第 4 条。除此之外,《宪法》和《监察法》对监察委员会的产生方式、组织形式、领导机制进行了规定,《监察法》在第七章"对监察机关和监察人员的监督"和第八章"法律责任"中规定了对监察法主体的监督方式。以上规定明确

---

[1] 谢尚果、申君贵主编:《监察法教程》,法律出版社 2019 年版,第 4 页。

各级监察委员会的产生方式为:国家监察委员会由全国人民代表大会产生,地方各级监察委员会由本级人民代表大会产生。对主体的监督方式为:国家监察委员会对全国人民代表大会及其常务委员会负责,并接受其监督;地方各级监察委员会对本级人民代表大会及其常务委员会和上一级监察委员会负责,并接受其监督。主体内部的领导体制为国家监察委员会领导地方各级监察委员会、上级监察委员会领导下级监察委员会,内部之间并非监督关系。

2. 监察法的对象为所有公职人员行使公权力的行为。相较我国原有的以人大监督为核心的权力监督体系,监察对象的行为主体覆盖面更大,也更为明确。原有的权力监督体系的一大特点是监督权力的分散性:"'一府两院'对人大负责、受人大监督,人大是国家权力机关和监督机关,人民法院是审判机关,人民检察院是法律监督机关,检察权派生了职务犯罪侦查、起诉权,行政权派生出行政监察、行政复议监督和审计监督;执政党有监督国家的职能,党纪委则承担党内纪律审查职能,人民政协进行民主监督;此外,各民主党派、社会团体、新闻媒体和人民群众均有监督权。这套体系可以概括为'三驾马车'模式:党纪委为主导、检察院为保障、政府监察机关为补充,三轨并行、相对独立、分工运作、协作配合。"[1] 此外,原有权力监督体系的另一问题是监督对象的重复和遗漏。根据原《行政监察法》的规定,行政监察对象只能覆盖到国家行政机关及其工作人员和行政机关任命的其他人员的职务行为,无法实现对行政机关以外的工作机关及工作人员的监督;检察机关的监督则主要集中于司法机关以及职务犯罪等领域;人大常委会监督的主要对象是国家机关的工作,而无法详尽到对每个工作人员的监督;党内监督的方式无法对党组织以外的工作人员进行有效的监督。相比之下,《监察法》较好地解决了上述问题:一方面,它集中了监察权;另一方面,它的监察对象范围非常全面。根据《监察法》第 15 条的规定,监察机关对下列公职人员和有关人员进行监察:(1) 中国共产党机关、人民代表大会及其常务委员会机关、人民政府、监察委员会、人民法院、人民检察院、中国人民政治协商会议各级委员会机关、民主党派机关和工商业联合会机关的公务员,以及参照《公务员法》管理的人员;(2) 法律、法规授权或者受国家机关依法委托管理公共事务的组织中从事公务的人员;(3) 国有企业管理人员;(4) 公办的教育、科研、文化、医疗卫生、体育等单位中从事管理的人员;(5) 基层群众性自治组织中从事管理的人员;(6) 其他依法履行公职的人员。其中值得注意的是,在判断监察对象时,其是否具备公职人员的身份并不是主要的判断依据,关键要看其是否在履行公务,是否行使公权力。

3. 监察法的内容为监察权的行使。我国监察体系的建立使得监察权由原来行政权之下的行政监察权变成了一项独立的权力,与行政权、司法权处于同等地位,改变了我国的国家权力结构。监察权由各级监察委员会独立行使,监察权的行使主要体现为监察机关的监察职能。根据《监察法》第 3 条规定,监察机关的职能是对所有行使公权力的公职人员进行监察,调查职务违法和职务犯罪,开展廉政建设和反腐败工作,维护宪法和法律的尊严。以上可以归纳为监督、调查、处置职责。监察权由监察委员会在监督、调查、处置过程中享有的权力组成,主要规定在第四章"监察权限"以及第五章"监察程序"中。在监察权的行使方

---

[1] 秦前红:《困境、改革与出路:从"三驾马车"到国家监察——我国监察体系的宪制思考》,载《中国法律评论》2017 年第 1 期。

式上,监察机关在履行监察职权时可向监察对象的主体内部派驻或者派出监察机构、监察专员。《监察法》第 12 条规定:"各级监察委员会可以向本级中国共产党机关、国家机关、法律法规授权或者委托管理公共事务的组织和单位以及所管辖的行政区域、国有企业等派驻或者派出监察机构、监察专员。监察机构、监察专员对派驻或者派出它的监察委员会负责。"第 13 条规定:"派驻或者派出的监察机构、监察专员根据授权,按照管理权限依法对公职人员进行监督,提出监察建议,依法对公职人员进行调查、处置。"从以上两条规定可以看出,现有监察体制增加了监察力度,监督更为细致,提高了预防的效果,调查更易开展,处置结果也更为客观公正,有利于监察职能的发挥。其中值得注意的是,监察机关在调查阶段行使的是调查权,这不同于司法机关具有的侦查权,但是在调查采取的标准上,与侦查权是一致的。根据《监察法》第 33 条规定,监察机关在调查过程中取得的证据材料在刑事诉讼中可以作为证据使用,但是"监察机关在收集、固定、审查、运用证据时,应当与刑事审判关于证据的要求和标准相一致。以非法方法收集的证据应当依法予以排除,不得作为案件处置的依据"。此外,监察委员会履行调查职能时,在很多情形下需要公安机关予以协助,如为防止被调查人及相关人员逃匿境外,经省级以上监察机关批准,可以对被调查人及相关人员采取限制出境措施,由公安机关依法执行。从这一点也可以看出调查权的行使在限度上与司法机关的侦查权存有区别。此次监察体制改革的一个重大变化就是监察机关在行使调查职权时可以采取留置措施,它是不同于"两规"的法律上的概念,两个概念间是取代关系,在应对腐败问题上体现了法治思维。留置措施在法律效果上限制了被调查人的人身自由,属于较为严厉的措施,需要继续完善被调查人针对留置措施的救济措施、明确其适用条件。

二、监察法的性质与特征

(一) 监察法的性质

关于基本法律的判断标准,学界存在着不同看法,主要有"主体标准说""内容标准说""双重标准说""四重标准说"等[①],本书采取从制定主体进行判断的标准。根据我国《宪法》第 62 条有关全国人民代表大会职权的规定,全国人民代表大会制定和修改刑事、民事、国家机构的法律和其他的基本法律。我国《监察法》属于全国人民代表大会制定的法律,因而为国家监察领域的基本法律。

(二) 监察法的特征

通过对《监察法》地位、内容、结构等方面的考察,可以认为其具有统领性、混合性、探索性等特征。

1. 统领性。《监察法》在国家监察领域具有统领性。首先,在内容方面,《监察法》为我国的监察体系构建起了基本框架,为监察权的行使提供了主要依据。其次,在作用方面,《监察法》确认了国家监察体制改革的主要成果,标志着监察体制改革取得了阶段性的重大进步,具有对监察实践的统领性作用。最后,《监察法》对后续监察法领域相关配套法规等的

---

① 孔德王:《"基本法律"研究的现状与展望》,载《人大研究》2017 年第 11 期。

制定、各级监察委员会工作的具体开展有着统领性作用。根据我国法律体系的位阶,后续为了使监察工作与实践情况更相符合所制定的其他规范性文件都不得与《监察法》的规定相抵触。

2. 混合性。混合性是指《监察法》兼具监察组织法、行为法、程序法、救济法的性质。如前所述,《监察法》为监察机关的工作搭建了制度上的框架,能够保障监察工作顺利有序开展。一方面,为了加快推动监察工作顺利进行,确认监察体制改革取得的成果,作为一部基础性的法律,《监察法》在结构安排上将监察工作需要的组织法、行为法、程序法、救济法都加以囊括。另一方面,国家监察体制改革进程中,《监察法》作为现阶段所取得成果的载体,无法对所有监察工作有关内容事无巨细地予以规定,有必要为监察制度进一步的改革留足空间。所以在满足监察工作基本要求的情况下,不宜过多地制定法律分别对监察机关的组织、监察权的行使和程序以及救济加以规制。以上两个方面的原因共同造就了《监察法》的混合性特点。《监察法》第二章"监察机关及其职责"规定了各级监察委员会的产生方式、监督、领导体制、职责范围、组织形式,这些属于组织法的内容。第三章"监察范围和管辖"、第四章"监察权限"、第五章"监察程序"、第六章"反腐败国际合作"体现了行为和程序法的内容。第七章"对监察机关和监察人员的监督"以及第八章"法律责任"包括了救济方式,属于救济法的内容。

3. 探索性。国家监察体制改革是一次组织创新、制度创新,相应的监察法律体系尚处在建设过程中。《监察法》作为为监察法律体系提供制度框架的一部基础性法律,体现了我国立法机关在监察领域的探索。从这一角度对《监察法》进行审视,能够发现其探索性的特点。探索意味着存在不足之处。尽管《监察法》能够保障监察制度的基本运行,但是已经暴露出一些问题。如《监察法》第 5 条规定的"国家监察工作严格遵照宪法和法律,以事实为根据,以法律为准绳"将监察委员会行使职权的依据限定在了"宪法和法律"中,那么对于除此之外的规范性文件,监察委员会是否需要遵守,则成了需要进一步解释的问题。监察委员会需要接受本级人民代表大会及其常委会的监督,那么地方各级监察委员会对后者制定的地方性法规是否应当适用? 地方性法规是否属于《监察法》第 5 条"宪法和法律"中"法律"的范畴? 是否可以对"法律"作扩大解释? 这些问题均有待解决。

除此之外,由于《监察法》具有混合性的特点,在内容上需要规定的事项较为繁杂,包括组织法、行为法、救济法等。又囿于篇幅、立法技术等因素,它在制度设计上也必然体现出框架性和探索性的特点。例如,《宪法》和《监察法》都明确由监察委员会独立行使监察权,不受行政机关、社会团体和个人的干涉。要保证监察委员会行使职权的独立性,就应在人事选拔和任免、人员编制问题以及财务开支等方面予以保障,但是《监察法》第二章"监察机关及其职责"仅在第 14 条规定了"国家实行监察官制度,依法确定监察官的等级设置、任免、考评和晋升等制度",内容较为概括,对实践的指导意义不够显著。虽然《监察官法》的出台在很大程度上解决了该问题,但类似的问题尚存有不少,需要在改革的道路上继续探索,而《监察法》是重要的基础,也是进一步完善具有中国特色的监察体制工作的开端。

《监察法》从立法技术、制度设计等方面具有探索性,是其在监察法律体系中的地位使然。作为确认改革新成果的一部基本法律,要为后续的改革进展留足一定的立法空间,具有进一步细化的弹性。

三、监察法的立法目的

《监察法》第 1 条规定:"为了深化国家监察体制改革,加强对所有行使公权力的公职人员的监督,实现国家监察全面覆盖,深入开展反腐败工作,推进国家治理体系和治理能力现代化,根据宪法,制定本法。"该条规定即关于《监察法》立法目的的表述,从中可以将监察法的立法目的分为直接目的与根本目的。

(一) 直接目的

制定《监察法》的直接目的是建立我国监察体系,推动监察工作顺利进行,深入开展反腐败工作。

1.《监察法》的制定是为了深化国家监察体制改革。第十二届全国人大常委会副委员长李建国在 2018 年 3 月 13 日的第十三届全国人民代表大会第一次会议上所做的《关于〈中华人民共和国监察法(草案)〉的说明》中指出,"深化国家监察体制改革是以习近平同志为核心的党中央作出的事关全局的重大政治体制改革,是强化党和国家自我监督的重大决策部署","制定监察法是深化国家监察体制改革的内在要求和重要环节"。从内容上看,《监察法》建立起专门的监察机关即各级监察委员会,独立行使监察权,开辟了国家监察工作的新局面;从地位上看,作为监察法律体系的基本法律,无论对于决定接下来的监察体制改革方向,还是对监察工作的详细安排,《监察法》都是重要的参考依据;从发挥的作用上看,《监察法》以法律的方式确认了国家监察体制改革已经取得的成果,是对监察领域的理论创新、制度创新的成果的固定,充分表明了《监察法》的制定对于国家监察体制改革的重要性。

2.《监察法》的制定也是为了加强对所有行使公权力人员的监督,实现国家监察全面覆盖。在制定《监察法》之前,我国的监督体系是以人大监督为核心的监督体系,包括了党内纪律检查委员会、检察院、行政监察机关等机关的监督。这一体系存在的主要问题是监察范围存在着漏洞:一是行政监察无法对行政机关以外的工作人员进行监督;二是党内监督无法对非党员群体进行监督;三是检察机关在进行监督职能时存在自我监督的情况,难以保证监督具有良好效果。因而制定《监察法》的目的之一就是实现对所有行使公权力的公职人员的监督,以法律的形式全面填补国家监督空白。这在《监察法》第 3 条也有所体现:"各级监察委员会是行使国家监察职能的专责机关,依照本法对所有行使公权力的公职人员(以下称公职人员)进行监察,调查职务违法和职务犯罪,开展廉政建设和反腐败工作,维护宪法和法律的尊严。"规定监察委员会的职能,可以衔接对职务违法和职务犯罪的监管,避免检察机关无法对职务违法行为进行管辖的情况。而把《监察法》与原有的《行政监察法》相对比来看,行政监察是对"狭义政府"的监管,但是在人民群众的眼中,行使公权力的国家机关都代表着党和政府,"狭义政府"的范围不再能够满足人民群众的需要。因此《监察法》在第 15 条详细规定了监察对象的范围,使党内监督与国家监督有机结合,确保监察体系更加完备、监察力度更加有力,从而践行中国共产党全心全意为人民服务的宗旨。

3.《监察法》的制定是为了巩固反腐败斗争成果,推进反腐败工作走向常态化。一方面,《监察法》为成立监察委员会并使其与党的纪律检查机关合署办公提供了重要依据,能够加强党对反腐败工作的领导。党的十八大以来,反腐败工作在党的领导下取得了重大进展,党的十九大报告指出反腐败工作目前的进度为:"不敢腐的目标初步实现,不能腐的笼子越扎越牢,不想腐的堤坝正在构筑,反腐败斗争压倒性的姿态已经形成并巩固发展。"当然,反腐败斗争是一场持久战,党的二十大强调"只要存在腐败问题产生的土壤和条件,反腐败斗争就一刻不能停,必须永远吹冲锋号。坚持不敢腐、不能腐、不想腐一体推进……以零容忍态度反腐惩恶"。实践和经验告诉我们,反腐败工作的顺利开展需要坚持全面从严治党、坚持党的领导,而《监察法》的制定能够实现将党领导的改革与国家的立法相协调,用法治思维和法治方式更好地建立中国特色监察体系和进行反腐败工作。中央纪律检查委员会与国家监察委员会合署办公,衔接起党内制度与国家法律,构建起集中统一、权威高效的监察体系,既满足了党内监督的要求,也使反腐力量得到整合统一,实现监察的全面覆盖。另一方面,我国监察体系的建立能够为反腐败工作提供一个用于控制和预防的长效机制,《监察法》的制定也是为了达到这一目的。新的监察体系将我国的监察资源进行了整合,解决了原本监督系统中存在着的反腐败力量过于分散的问题。《监察法》明确了监察机关的监察范围,规定了监察机关行使职权的权限和程序,并明确了对监察机关如何进行监督,从顶层设计方面架构起了具有中国特色的国家监察体系,有利于反腐败工作的深入开展。

(二) 根本目的

制定《监察法》的根本目的是推进国家治理体系和治理能力现代化。习近平指出:"党的十八届三中全会提出的全面深化改革的总目标,就是完善和发展中国特色社会主义制度、推进国家治理体系和治理能力现代化。这是坚持和发展中国特色社会主义的必然要求,也是实现社会主义现代化的应有之义。"[①]国家治理体系是党领导人民管理国家的制度体系,包括政治、经济、文化、社会、生态文明、党的建设等多个方面。国家治理体系的不断完善,需要各个方面相互协调、共同发展,也需要相应的制度加以配合。国家治理能力是运用国家制度体系管理社会各方面事务的能力,国家治理体系与治理能力之间是协调共进的关系。要推进国家治理体系和治理能力现代化,需要多个领域相互配合、共同发展。在制度建设方面,各领域体制机制及法律制度的完善是基础而有效的措施,而《监察法》是建立监察制度的重要基础,是反腐败领域法律制度建设的重大进步,对于国家治理体系与治理能力具有推动作用。一方面,《监察法》推动了国家权力体系的完善,推进了我国监察工作的进展,改变了权力配置模式,使得监察权作为一项新型国家权力,与行政权、检察权、审判权相互合作又彼此制约[②],各级监察机关直接对产生它的各级人民代表大会及其常委会负责,并接受其监督。另一方面,《监察法》有利于提高党的执政能力和治国理政科学化水平。推进国家治理体系和治理能力现代化,最为基础的就是保证党组织的先进性及行使公权力机关内部的纯洁性,从这一目的来说反腐败工作具有深远的意义。制定《监察法》能够使反腐败工作得到制度保障,进而实现依规治党与依法治国、党内监督与国家监察有机统一,探索出一条党长期执

---

① 参见习近平在省部级主要领导干部学习贯彻十八届三中全会精神全面深化改革专题研讨班开班式上发表的重要讲话。
② 江国华:《中国监察法学》,中国政法大学出版社 2018 年版,第 24 页。

政条件下实现自我净化的有效路径①。

《监察法》的上述立法目的在其他条文中也有具体体现,例如,第2条规定,"构建集中统一、权威高效的中国特色国家监察体制";第3条规定,"各级监察委员会是行使国家监察职能的专责机关,依照本法对所有行使公权力的公职人员(以下称公职人员)进行监察,调查职务违法和职务犯罪,开展廉政建设和反腐败工作,维护宪法和法律的尊严";第6条规定,"国家监察工作坚持标本兼治、综合治理,强化监督问责,严厉惩治腐败;深化改革、健全法治,有效制约和监督权力;加强法治教育和道德教育,弘扬中华优秀传统文化,构建不敢腐、不能腐、不想腐的长效机制"。从监察委员会的职责、权限等内容也都可以看出《监察法》主要是围绕以上立法目的进行的顶层设计。法律的制定不仅是一次权力配置和制度设计,更为了增强所有行使公权力的机关及工作人员的廉政意识,以制度保障为后盾,在坚持党的统一领导下保证队伍的纯洁性和治理工作的正常运转。

四、监察法的立法依据

监察法的立法依据可以分为两个层面。在法律层面上,宪法是国家的根本法,具有最高的法律效力,制定法律、行政法规等必须以宪法为依据,因而制定《监察法》的法律依据是我国《宪法》。在事实层面上,建立国家监察体系是出于加强对所有行使公权力的公职人员的监督和深入开展反腐败工作。尽管我国反腐败斗争压倒性的姿态已经形成并巩固发展,但是目前已经取得的反腐败成果需要继续保持,反腐败斗争尚未结束,形势依然不容松懈,所以《监察法》也是我国反腐败工作历史进程的产物。

(一)《监察法》在法律层面以宪法为依据

在我国2018年修改《宪法》之前,宪法确立的"一府两院"模式没有涉及监察委员会的相关内容,无法给《监察法》制定提供合宪性基础。

在推行北京、浙江、山西的监察委员会的试点工作时,根据改革方案,"监察委员会由本级人民代表大会产生,对本级人民代表大会及其常务委员会和上一级监察委员会负责,并接受监督",从监察委员会的产生方式上以及试点工作中担任监察委员会主任的人选等都可以看到监察委员会不是单纯的在行政或者司法领域的机构,而具有独立的地位。在试点工作开展之初,就试点中监察委员会的产生方式和职权与当时的宪法规定之间的关系,法学界产生了一定的疑问,并对监察体制改革的未来走向形成了不同的意见。其中有的学者对监察体制改革提出了这样的问题:"考察宪法可发现,'监察'一语分别出现在《宪法》第89条和第107条,仅指行政监察。更为明确的是,宪法中的国家机关并不包括与'一府两院'并列且由同级人大产生的国家监察机关。如何在法治轨道上行使这项重大的'改革权',依照宪法法律规定将国家监察机关安置于宪法和法律之中,是国家监察体制改革面临的首要课题,也是法学界应当回答的问题。"②为了保证监察权的顺利行使,监察体制的改革必然要求助于宪法层面的指导,因而需要对宪法进行相应的修改,在宪法层面给国家监察体制改革提供

---

① 中共中央纪律检查委员会、中华人民共和国国家监察委员会法规室编写:《〈中华人民共和国监察法〉释义》,中国方正出版社2018年版,第54页。

② 秦前红、叶海波等:《国家监察制度改革研究》,法律出版社2018年版,第61页。

依据,以达到完成新的制度设计、构建国家机构组织新形式、完成国家权力制约结构重建的目标。

　　作为制定《监察法》的重要依据,2018 年《宪法修正案》中有关监察委员会的内容具有重大的意义。首先,建立具有中国特色的国家监察体制,推进国家治理体系和治理能力现代化,必须依据宪法进行,宪法修正案将监察委员会及相关内容写入宪法,体现了对宪法的尊重。《监察法》第 1 条明确规定"根据宪法,制定本法",这其实也是依宪立法、坚持以宪法为依据、体现宪法精神的最直接体现[①]。其次,《宪法修正案》规定了监察委员会的地位与产生方式、人员组成、机构设置、职能行使方式、领导机制等内容,在宪法层面确立了监察委员会作为国家机构的法律地位,为设立国家和地方各级监察委员会提供了根本法保障。最后,国家监察体制改革不仅是制度设计上的突破,还是国家权力制约结构上的变化,并包括了对"党政合体"的反腐败机制的尝试,宪法为这些变化与尝试提供了依据。

　　(二)《监察法》在事实层面以待解决的腐败问题为动因

　　《监察法》的立法目的包括深入开展反腐败工作。在事实层面,制定《监察法》的原因之一就是我国目前反腐败工作中存在一些问题以及我国腐败现象仍然存在,监察委员会的设立无疑是为解决这些问题而探索出的一条新的路径。党的十八大以来,反腐败工作取得了显著成效,反腐败斗争压倒性的姿态已经形成并巩固发展。但是腐败问题的解决并不能一蹴而就,需要构建一种长效机制对其进行持续性的预防和监察。在国家监察体系尚未建立时,反腐败工作存在的监督部门繁杂、手段不统一、部门间衔接不畅等问题,贯穿了反腐败工作的整个流程,使得从腐败预防阶段到惩治腐败人员阶段都颇为掣肘。

　　首先,从历史经验看,有效解决腐败的方式就是加强对公权力行使的制约力度,运用有效的监察机制进行监管,从而从源头上对腐败问题进行预防和治理。腐败现象的"共同特征都是利用公共权力为个人或小集团谋取私利"[②]。其表现形式与社会发展所经历的阶段有着必然的联系,腐败现象的社会历史根源是私有制的出现和权力集中又缺乏制约。其中私有制的出现使得"在社会财富总量有限的情况下,当社会财富的合法占有方式不能满足个人或家族或小集团私利时,运用公共权力占有社会财富就具备了滥用权力、以权谋私的必要性"[③]。权力的集中也使得权力在少数人手中成了稀缺物而被用于交换,这就需要有相应方式对权力的运行过程进行制约,否则就可能滋生腐败。改革开放以来,我国经济在高速发展的同时,腐败问题也随着不同领域的发展而逐渐暴露。为了保证党的队伍的纯洁性以及国家治理体系的有效运转,必须在源头上解决问题,即根据腐败问题历史根源中包含的要素给予精准的源头治理。

　　其次,我国原有反腐败制度存在诸多不足。在国家监察体制改革之前,我国反腐败领导体制和工作机制的总框架是:党委统一领导、党政齐抓共管、纪委组织协调、部门各负其责、依靠群众支持和参与[④]。在原有的反腐败监督机制中,行政监察制度和检察院的审判监督、职务犯罪监督等难以保证监督的实效性、全面覆盖和制度合力。行政监察制度中,监察机关与

---

① 张震:《"根据宪法,制定本法"的规范意蕴与立法表达》,载《政治与法律》2022 年第 3 期。
② 高新民:《国家治理体系现代化与反腐倡廉建设》,载《中共党史研究》2014 年第 2 期。
③ 高新民:《国家治理体系现代化与反腐倡廉建设》,载《中共党史研究》2014 年第 2 期。
④ 江国华:《中国监察法学》,中国政法大学出版社 2018 年版,第 19 页。

监察对象属于同级政府部门或者组织,横向进行的监察活动易受到机关内部关系的影响,并且行政监察实质上是行政系统内部的自我监督,无法形成良好的监督关系。检察机关的监督中,检察机关自身的侦查、审查起诉等活动实际上也落入了自我监督的缺陷中。除此之外,由于原有的监督体系部门较多,并且分属于不同的系统,人员安排上就出现了较为冗杂的现象,在人力、财力等资源方面开支较大,同时监督机关或者部门的财政又无法独立,不能保证其独立行使监督职能。

最后,原有的监督法律体系层次不够清晰。不同的监督部门所依据的法律或者规范都不相同,在规范之间难免会出现重合、冲突或者无法形成良好衔接的部分。例如,在原有监督法律体系中,党的纪律检查部门在采取措施时与司法程序衔接得不够紧密,能够采取的措施也十分有限,不能最大限度地发挥监督职能,具体表现为难以论证"两规"这一普遍存在的党纪审查手段的程序合法性。[①] 在解决程序合法性问题之前,通过党纪审查手段得到的证据很有可能因为手段问题被认定为非法证据而被排除,导致资源的浪费和办案难度的提高。

《监察法》正是基于原有监督法律体系在实践中存在的制度分散、法律层次不够清晰等问题和我国目前反腐败工作的现状而制定的,为国家监察工作提供了集中高效的制度保障。

五、监察法的立法思想

我国《监察法》第2条规定:"坚持中国共产党对国家监察工作的领导,以马克思列宁主义、毛泽东思想、邓小平理论、'三个代表'重要思想、科学发展观、习近平新时代中国特色社会主义思想为指导,构建集中统一、权威高效的中国特色国家监察体制。"这是对《监察法》立法思想和领导体制的阐述。对此可以从以下几点理解:

(一) 坚持中国共产党对国家监察工作的领导

无论是从党治国理政的历史经验还是从反腐败工作的规律来看,确保党在国家监察工作中的领导地位均有着重要的意义。

1.《监察法》的制定是我国监察体制改革的顶层设计和重大举措,明确党对监察工作的领导有利于发挥党的政治领导作用。习近平旗帜鲜明地指出:"我们最大的国情和党情是什么?就是中国共产党在中国是领导一切的,任何改革都必须有利于监察和加强党的领导。"[②]《中共中央关于全面推进依法治国若干重大问题的决定》指出:"把党的领导贯彻到依法治国全过程和各方面,是我国社会主义法制建设的一条基本经验。"党的十八大以来,各种实践也证明了反腐败工作需要坚持和加强党的领导,这是反腐败工作最终取得胜利的关键。在过去的几十年里,中国共产党领导全党全国各民族人民进行了艰苦卓绝的奋斗,中国共产党在这一过程中充分地发挥了正确的决策和领导作用。

2.《监察法》的制定为党的各级纪律检查委员会与监察委员会合署办公提供了法治依据,明确党的领导有利于推动监察工作顺利开展。一方面,坚持党在监察工作中的领导地位对于预防腐败起着重要的作用。建立国家监察体系是为了预防和惩治腐败,深入开展反腐

---

① 秦前红、叶海波等:《国家监察制度改革研究》,法律出版社2018年版,第9页。

② 中共中央纪律检查委员会、中华人民共和国国家监察委员会法规室编写:《〈中华人民共和国监察法〉释义》,中国方正出版社2018年版,第57页。

败工作。党的纪委系统在长期的反腐败工作中一直发挥着领导作用,其采取的措施对监察对象有着良好的威慑效果。另一方面,《监察法》是党的重大决策部署通过法定程序转化成为国家意志的体现,明确中国共产党对国家监察工作的领导也是应有之义。

(二) 以马克思列宁主义、毛泽东思想、邓小平理论、"三个代表"重要思想、科学发展观、习近平新时代中国特色社会主义思想为指导思想

党的十九大将习近平新时代中国特色社会主义思想写入了《宪法》。党的二十大首次以专章形式论述"坚持全面依法治国,推进法治中国建设",强调以习近平法治思想为引领,完善以宪法为核心的中国特色社会主义法律体系、扎实推进依法行政、严格公正司法、加快建设法治社会。习近平新时代中国特色社会主义思想,是对马克思列宁主义、毛泽东思想、邓小平理论、"三个代表"重要思想、科学发展观的继承和发展,是马克思主义中国化最新成果,是党和人民实践经验和集体智慧的结晶,是中国特色社会主义理论体系的重要组成部分,是全党全国人民为实现中华民族伟大复兴而奋斗的行动指南,必须长期坚持并不断发展。习近平在一系列重要讲话中,深刻阐释了深化国家监察体制改革的重大意义、根本目的、总体目标和主要任务,形成了科学完备的思想体系,是习近平新时代中国特色社会主义思想的重要组成部分,既是国家监察体制改革实践经验的重要总结,也是国家监察体制改革的重大理论创新,科学回答了为什么改、为谁改、怎么改等重大理论和实践问题,为深化国家监察体制改革提供了强大的思想理论武器和行动指南 [1]。《监察法》应当对上述理论思想进行吸收并予以实践,各级监察委员会也应按照上述理论思想解释具体条文。

(三) 构建"集中统一、权威高效"的中国特色国家监察体制

"集中统一、权威高效"是对建设中国特色国家监察体制目标的凝练,也是《监察法》在制度设计方面的指导思想。改革之前的监督体系存在着资源分散、对象重复交叉或遗漏、部门过多较冗杂等缺陷,而监察委员会的设立及其职能的设计,使得国家监察体制正朝着"集中统一、权威高效"的方向发展。首先,我国监察委员会制度整合了多个监督部门,将监察资源集中在了专门的各级监察委员会中,统一了原有的过于分散的监督部门以及不同种类的监督模式。其次,各级监察委员会与党的纪律检查委员会合署办公,坚持了党对监察工作的领导,解决了党纪国法之间的衔接问题。依照我国《宪法》和《监察法》的规定,各级监察委员会属于行使国家监察职能的专责机关,独立行使监察权,不受行政机关、社会团体和个人的干涉,体现了其独立权威的地位。最后,成立行使国家监察职能的专责机关能够解决原有的监督体系过于冗杂的问题,使人力和财力等资源得到了高效的利用。对监察程序的设计以及对监察权限、调查措施的规定,也提高了监察工作的效率,避免了"九龙治水而水不治"情况的产生,体现了对高效性的立法追求。

---

[1] 中共中央纪律检查委员会、中华人民共和国国家监察委员会法规室编写:《〈中华人民共和国监察法〉释义》,中国方正出版社 2018 年版,第 59 页。

第二节　监察法的渊源

一、监察法的正式渊源

(一) 宪法

宪法规定了国家的根本制度和根本任务,是我国的根本法,具有最高的法律效力。我国的任何主体都必须以宪法作为根本的活动准则,并且负有维护宪法尊严、保证宪法实施的职责①。我国《宪法》第 5 条明确规定:"中华人民共和国实行依法治国,建设社会主义法治国家。国家维护社会主义法制的统一和尊严。一切法律、行政法规和地方性法规都不得同宪法相抵触。一切国家机关和武装力量、各政党和各社会团体、各企业事业组织都必须遵守宪法和法律。一切违反宪法和法律的行为,必须予以追究。任何组织或者个人都不得有超越宪法和法律的特权。"因而监察委员会的建立以及《监察法》的制定都需要以宪法为依据。2018 年《宪法修正案》正式将监察委员会写进了"国家机构"一章,规定了监察委员会的产生方式和组织形式、领导机制、监察权的行使以及监察机关与审判机关等的关系,通过这些相关规定,使得监察体制改革的重要成果通过宪法确定了下来。

将监察委员会的相关内容写进《宪法》有以下两点必要性:

1. 监察委员会的设立以及监察权的行使都无法通过对原宪法的解释而得到依据。如果不对宪法进行相应的修改,监察改革中涉及的监察委员会与其他国家机关之间的关系改变以及监察委员会的产生等变革便不能获得宪法依据。宪法解释不能超出宪法文本的内容,原有的宪法文本无法通过解释得出如此多的含义。

2. 重大改革应当于法有据,此次监察体制改革不仅仅是新的机构的设立,更是打破了原有的国家权力结构,形成了"一府一委两院"的模式,这种重大改变不能适用普通立法程序,否则就会损害宪法权威,与推进法治国家建设相违背。基于以上原因,在建立监察委员会、制定监察法之前,要对宪法进行修改,使其能够容纳新的理论、实践、制度创新成果,达到与时俱进的效果,因此,十三届全国人大一次会议对宪法进行了修改。先通过宪法修正案,再对《监察法草案》进行审议,能够使《监察法》与《宪法修正案》的内容相衔接,并对《宪法修正案》确立的监察制度加以细化。

(二) 法律

法律是由全国人民代表大会及其常务委员会制定、颁布的规范性文件。《监察法》第 5 条规定:"国家监察工作严格遵照宪法和法律,以事实为根据,以法律为准绳;在适用法律上一律平等,保障当事人的合法权益;权责对等,严格监督;惩戒与教育相结合,宽严相济。"这条规定明确了监察法的正式渊源是"宪法和法律",这里的"法律"主要指《监察法》,当然也包括《公职人员政务处分法》和《监察官法》。但是,全国人民代表大会常务委员会制定、颁

---

① 参见《宪法》序言。

布的规范性决议、决定在效力上与法律一致,也应当属于监察法的渊源。例如2017年11月4日,第十二届全国人大常委会第三十次会议表决通过了《全国人民代表大会常务委员会关于在全国各地推开国家监察体制改革试点工作的决定》(简称《决定》)。该《决定》包括监察委员会设立的工作安排、监察委员会权限内容和可采取的措施、暂停适用的法律规定等内容,对于监察工作开展初期具有重要的规范性、指导性作用。

(三) 监察法规

2019年10月26日,第十三届全国人大常委会第十四次会议通过《全国人民代表大会常务委员会关于国家监察委员会制定监察法规的决定》,授权国家监察委员会制定监察法规。2021年9月20日,国家监察委员会公布《监察法实施条例》,这是国家监察委员会成立以来制定的第一部监察法规。另外,由中央纪委和国家监委联合发布的《国家监察委员会特约监察员工作办法》《公职人员政务处分暂行规定》和《国家监察委员会管辖规定(试行)》等也属于监察法规的范畴。监察法规是对《监察法》条文原则精神和规定的解读和细化,是将《监察法》具体应用于实践工作的不可或缺的环节,属于监察法的正式渊源之一。

(四) 地方性法规、自治条例与单行条例

《监察法》第5条规定“国家监察工作严格遵照宪法和法律”,这里存在的问题是如何理解“宪法和法律”? 如果对“法律”做狭义上的理解,那么监察法的正式渊源仅包括我国《宪法》与《监察法》,这与《监察法》本身的规定有所冲突,因为其在附则中还规定了中央军委可以根据《监察法》制定军事法规,在“反腐败国际合作”一章中规定了国家监察委员会组织国际条约的实施工作。因而这里的“法律”应做广义上的理解,还应包括地方性法规、自治条例与单行条例。《监察法》第9条第4款规定:“地方各级监察委员会对本级人民代表大会及其常务委员会和上一级监察委员会负责,并接受其监督。”从中可以得出地方人大与地方各级监察委员会之间属于监督关系。从这种关系也可以推断出监察委员会可以适用地方性法规和自治条例、单行条例。根据《宪法》第100条规定,省、直辖市和设区的市在不与上位法相抵触的前提下,可以制定地方性法规。因而地方性法规是省、直辖市和设区的市人民代表大会及其常务委员会制定发布的适用于本行政区域内的规范性文件。地方各级监察委员会由本级人民代表大会产生,负责本行政区域内的监察工作。对于地方各级监察委员会来说,在工作开展方面,地方性法规更适应本行政区域环境,有利于地方各级监察委员会行使职能。同理,民族自治地方的各级监察委员会应当遵守相关自治条例和单行条例。

(五) 国际条约

国际条约指两个或两个以上国家或国际组织之间缔结的,确定彼此间的权利义务关系的各种协议。可以作为我国法律渊源的国际条约是我国参加或者缔结的条约。关于条约在我国法律渊源体系中如何适用的问题,存在着应当直接适用还是需要转换成为国内立法再予以适用的争论。在监察领域,监察工作的国际合作是通过国际条约达成的,因此应将国际条约作为监察法渊源之一。《监察法》第50条规定:“国家监察委员会统筹协调与其他国家、地区、国际组织开展的反腐败国际交流、合作,组织反腐败国际条约实施工作。” 根据这条规定,国家监察委员会需要组织反腐败国际条约的实施工作,因而反腐败国际条约也是国家监察委员会进行反腐败国际合作工作的重要依据。《监察法》第 51 条规定:"国家监察委员会组织协调有关方面加强与有关国家、地区、国际组织在反腐败执法、引渡、司法协助、被判刑人的移管、资产追回和信息交流等领域的合作。"这些反腐败工作的合作都需要通过国际条约进行,从这一条规定中也可以看出国际条约的法律渊源地位。但是这里存在着是否能够直接被监察委员会适用的问题,有待立法机关进一步说明。

(六) 军事法规

《监察法》第 68 条规定:"中国人民解放军和中国人民武装警察部队开展监察工作,由中央军事委员会根据本法制定具体规定。"这是关于中国人民解放军和中国人民武装警察部队开展监察工作的特殊规定。党的十九大、二十大都强调要依法治军,本条规定有助于提高国防和军队建设的法治化水平,从而推进实现建军一百年奋斗目标,开创国防和军队现代化新局面。《监察法》属于全国人大制定的法律,可在全国范围内适用,但是军队因其特殊性无法直接适用《监察法》,因而需要由中央军事委员会根据《监察法》制定适合军队的规定。中央军事委员会制定的与监察工作有关的军事法规同样属于我国监察法的正式渊源。

(七) 不属于监察法渊源的规范性文件

一般来说,我国法律渊源体系中的正式渊源除上述几种外,还包括行政法规、国务院颁布的其他规范性文件、行政规章(含部门规章和地方政府规章)。但是在监察法领域,不应将行政法规、国务院颁布的其他规范性文件、行政规章作为监察法渊源。理由如下:

首先,在 2018 年《宪法修正案》和《监察法》颁布后,有关行政监察的法律法规、行政法规便失去效力、停止适用,不能再为监察工作提供法律依据。以《行政监察法》为例,《监察法》第 69 条规定:"本法自公布之日起施行。《中华人民共和国行政监察法》同时废止。"法律的失效方式主要包括:制定、颁布新的法律,原有法律部分或全部内容与新的法律抵触的,抵触部分即失效;新的法律载明原法律全部或部分失效;对不符合形势的法律通过公告的方式宣布无效。《行政监察法》就是通过《监察法》的载明而被宣告无效的,而为了配合《行政监察法》的实施颁布的法规、规章、条例等,也将由于《行政监察法》的失效或与《监察法》相抵触归于无效,因而无法为新的监察工作提供法律依据。

其次,此次监察体制改革成果打破了原有的权力结构,形成了"一府一委两院"模式。在这一新的模式下,监察权成为与行政权处于相同地位的能够独立行使的权力。行政法规、政府规章无权规定另一性质国家机关的事务,即便作了规定,对监察委员会也不具有约束力。

最后,行政法规、行政规章等有关监察的内容与监察委员会从事的监察工作在监察对象的性质、监察范围等方面都不相符合,行政领域的监察实际上是行政权运行的表现之一,并不属于正在构建的国家监察体系的组成部分。如《煤矿安全监察条例》《特种设备安全监察条例》等即属于行政权发挥效力的表现,其监察的对象也不属于行使国家公权力的公职人员,监察的行为也不是行使公权力的行为,在实践中无法为监察委员会的工作提供法律依据。有的学者将其作为监察法的正式渊源之一,主要是因其为监察法的立法工作提供了依据[①]。但在立法过程中参考国务院制定的监察条例并非对其内容的实际引用,其只对立法工

---

① 谢尚果、申君贵主编:《监察法教程》,法律出版社 2019 年版,第 7 页。

作起到一定的指导作用,并非依据性作用,因而不能将其归为监察法的正式渊源。

二、监察法的非正式渊源

(一) 惯例

作为监察法的法律渊源的形式,惯例与习惯的含义有所不同。习惯主要指社会习惯,而惯例则是指监察主体行使职权过程中形成的习惯性做法。我国监察体系尚处于建设阶段,未形成习惯供监察机关参考,故而在此仅将惯例作为监察法的非正式渊源的一个表现形式。监察机关在实践中形成的惯例可以为解决类似问题提供一定的参考,可以衔接法律和实践中存在的贴合不够紧密的部分,填补一定的空白。此外,法律具有很强的权威性,不能通过频繁地修改法律应对实践中出现的问题,此时惯例便能够发挥其灵活性及指导性的作用。

(二) 国家政策

国家政策在我国通常可以通过法律、法规、规章中的原则性规定得以实现,也是具有重要作用的非正式渊源之一,能够在很大程度上影响正式渊源的制定和实践工作的大致走向。在监察法领域,也多处体现了国家政策的指导性作用:首先,从监察体制改革的方面来看,国家监察体制改革是以习近平同志为核心的党中央作出的重大决策部署,是事关全局的重大政治体制改革,涉及政治权力、政治体制、政治关系的重大调整。监察体制改革是在党中央的领导下进行的,《监察法》的制定就是对改革过程中取得的重要成果的确认。其次,从监察机关的组建和运行来看,《监察法》第 2 条规定坚持以马克思列宁主义、毛泽东思想、邓小平理论、"三个代表"重要思想、科学发展观、习近平新时代中国特色社会主义思想为指导,强调坚持党对国家监察工作的领导。此外,根据党中央关于深化国家监察体制改革的部署,监察机关与党的纪律检查机关合署办公,加强了党对监察工作的领导。通过以上两个方面可以看出,国家政策在监察法领域起到了较强的指导性作用,监察权的行使需要顺应国家政策指明的方向,因此,国家政策也属于监察法重要的非正式渊源。

以上是对监察法非正式渊源的列举。需要指出的是,在监察法领域内,法院的判例不能对监察工作产生实质性影响,也无法提供指导性意见,判例不属于监察法的非正式渊源。《宪法》规定监察机关与司法机关、执法机关等之间的关系为相互配合、相互制约。司法机关可以通过行政诉讼程序对行政机关的行为进行审查,但是对监察机关尚未建立起相关的司法程序予以制约,仅能通过有关职务犯罪的刑事案件产生联系。《监察法》第 60 条规定了被调查人及其近亲属的申诉制度,被调查人及其近亲属对上一级监察机关的复查结果仍不服的,因监察机关不是行政机关,不能通过提起行政复议或者行政诉讼的方式进行救济。同时,《监察法》第八章"法律责任"规定了监察机关及其工作人员实施违法、侵权行为时所需承担的法律责任,但都不是采取司法机关审判的程序,因而在监察法领域,法院的判例无法成为非正式渊源。

- ● 拓展阅读
  1. 谢尚果、申君贵主编:《监察法教程》,法律出版社 2019 年版。

2. 江国华:《中国监察法学》,中国政法大学出版社 2018 年版。

3. 秦前红、叶海波等:《国家监察制度改革研究》,法律出版社 2018 年版。

4. 秦前红:《困境、改革与出路:从"三驾马车"到国家监察——我国监察体系的宪制思考》,载《中国法律评论》2017 年第 1 期。

5. 王若磊:《论监察体制的制度逻辑》,载《法学评论》2021 年第 4 期。

● **课后思考**

1. 为什么说监察法具有探索性?

2. 监察法的立法依据是什么?

3. 如何理解国家监察机关与司法机关的关系?

典型案(事)例　　即测即评

第八章 监察法的效力

监察法的效力类型包括三类,即认可效力、规范效力和实际效力。随着监察立法的不断完善,将最终形成以《宪法》和《监察法》为基础,以监察特别法为骨干,以监察法规、监察规章为配套规范的监察法规范体系,进而形成监察法的多层级效力体系。监察法规范效力的四维论更为科学和全面,具体指向监察法的主体效力、时间效力、空间效力和事项效力。解决监察法的规范效力冲突,也应当遵循处理法律效力冲突的一般方法与原则,即上位法优于下位法(含根本法优于普通法)、新法优于旧法、特别法优于一般法。

第一节 监察法的效力概述

一、问题的界定

法的效力关乎法律秩序的根本问题,是法律秩序之源,即法的效力是法律本身的内在构成要素,法律秩序的有效建立及良好运作,皆以法的效力为基础和前提。监察法的效力事关监察法秩序的存在与形塑,而监察法效力旨在回答监察法的适用范围,在更深的层次则指向监察法效力的基础。另外,需要特别说明的是,本章的监察法指向广义的监察法,包括《宪法》《监察法》等与国家监察工作相关联的法律规范体系,但主要围绕《监察法》的效力展开论述。

监察法效力问题具有重要的理论意义和实践价值。享有相应立法权的国家机关所制定的监察法规范体系并不具有当然的法的效力,需要从监察法效力的理论层面予以厘清。在监察法的实务方面,监察法的效力存在位阶与冲突,如果不能有效地解决效力冲突,将导致监察法适用上的无所适从。对于监察法效力问题的探究,可以促成监察法的良好施行。

二、监察法效力的概念

法的效力是法的基本属性,是法的各种约束力的统称。法的效力指向两个维度:一是国家的强制与保障。法的效力以国家的强制与保障为后盾,没有国家的强制与保障,法的效力将难以为继。二是法的价值与功能。法之所以具有效力,是因为法有特定的价值与功能。[1]

---

[1] 张文显主编:《法理学》,高等教育出版社、北京大学出版社 2018 年版,第 93 页。

法的效力概念的内在规定性表明相应对象获得了法律的承认。监察法的效力属于法的效力概念之范畴,具体指监察法的适用范围,旨在解答监察法在什么地方和时间、对什么人以及因何类事项具有法效力的问题。[①]监察法的效力以国家的强制与保障为后盾,并以监察法的特有价值作为其效力的支撑。

监察法的效力,在规范层面一般表现在监察法规范体系的具体条款之中。一般而言,完整的、系统的法效力条款就是法的对象效力条款、事项效力条款、时间效力条款、空间效力条款的有机统一。而一套齐全的监察法效力条款,亦应当包括该四类效力条款,至少能够从监察法规范中获得法效力的内容。

监察法的效力具有如下特征[②]:一是稳定性。监察法一经享有立法权的国家机关制定并颁布,在其被废止之前便具有当然的法效力。监察法效力的稳定性与监察法规范体系本身的安定性相一致,是监察法治的基本要求。二是普遍性。监察法存续期间,对所有规制对象,在相同的条件下具有相同的约束力。监察法效力的普遍性与监察法适用上的一律平等相一致。三是等级性。监察法规范体系是由处于法体系金字塔顶端的宪法以及监察法律、法规等组成的等级有序的体系,可以说监察法效力的等级关系是不同位阶的监察法之间控制关系的一项重要内容。

第二节　监察法的效力类型

法的效力概念由内容的正确性、权威机构发布和社会实效三类因素构成。[③]一般原理上,法的效力对应三类效力类型,即认可效力(道德效力或确信效力)、应然效力和实然效力。法的认可效力表明了遵守法律的道德基础;应然效力则是指法由国家制定并由国家实施而应当具有的效力;实然效力是法所具有的实际上的国家强制作用力。[④]三类效力类型,分别对应法哲学中的自然法学、社会法学和法律实证主义的基本判断与主张。监察法的效力类型亦包括三类,即认可效力、规范效力和实际效力。

一、认可效力

大多数公民对监察法律制度的遵守是基于共同的法律确信,而这种共同确信的根据是得到认可的监察法律制度之基本价值。[⑤]监察法的认可效力为国家通过强制力实施监察法奠定了道德和伦理基础。缺失认可效力的监察法实施,将面临巨大的阻力,其影响波及监察法的实际效力乃至规范效力。

制定《监察法》的重要意义可以从一个侧面表明监察法的认可效力,是监察法认可效力

---

① 此属于监察法效力的四维论。法效力的四维论更为科学与全面,是指法律在属时、属地、属人、属事四维度中的国家强制作用力。参见张根大:《法律效力论》,法律出版社 1999 年版,第 21 页。

② 法的效力作为法律对其规制对象的作用力,亦具有相似的特征。参见姚建宗:《法律效力论纲》,载《法商研究(中南政法学院学报)》1996 年第 4 期。

③ Robert Alexy, *The Argument from Injustice*, translated by B.l.Poulson & S.L.Poulsen, Clarendon Press, 2002, p.85.

④ [德]伯恩·魏德士:《法理学》,丁晓春、吴越译,法律出版社 2013 年版,第 148-149 页。

⑤ 就一般的法认可效力而言,基本权利的保障、法治国家思想以及禁止权力滥用,是人们共同法律确信的具体根据。参见[德]伯恩·魏德士:《法理学》,丁晓春、吴越译,法律出版社 2013 年版,第 149 页。

的现实基础。首先,深化国家监察体制改革是事关全局的重大政治体制改革,而制定《监察法》是深化国家监察体制改革的法治要求。不仅如此,制定《监察法》还是构建集中统一、权威高效的国家监察体系的必然要求和为新形势下反腐败斗争提供坚强法治保障的现实需要。国家监察法治的发展,丰富了人民代表大会制度的蕴涵,同时有助于推进国家治理体系和治理能力现代化。①

监察法的创制也是一个经历理性的审慎考量的过程,而这样的一个民主科学立法过程,也是支持监察法认可效力的重要因素。2016 年 12 月,全国人大常委会通过《关于在北京市、山西省、浙江省开展国家监察体制改革试点工作的决定》,决定在局部地区开展国家监察体制改革试点。经过近一年的改革试验,国家监察体制改革积累了可复制推广的经验。2017 年 11 月,全国人大常委会通过《关于在全国各地推开国家监察体制改革试点工作的决定》,决定将国家监察体制改革试点全面铺开。可见,《监察法》的创制过程遵循立法试验主义的传统,实现了法治与改革的有效衔接互动。

《监察法》所确立的基本原则和内容是监察法认可效力的重要源流。比如,根据《监察法》第 5 条规定,国家监察工作要遵循监察法治原则、平等原则、保障当事人合法权益原则、权责对等原则、惩戒与教育相结合原则等。这些具体的监察工作原则,符合法治和基本权利保障的一般原理,是塑造监察法认可效力的重要规范基础。

二、规范效力

监察法规范所具有的应然的法律效力,就是监察法的规范效力。监察法的规范效力强调法律被执行、被遵守的"应然",而非事实上的"实然"。更为重要的是,监察法的规范效力强调监察法对调整对象所具有的"应然"作用力,并在监察法效力体系中处于核心位置,是讨论监察法效力不可回避的内容。

监察法的规范效力根据体现为以下两个方面:

首先,单行监察法的规范效力根据,是创制该单行监察法的更高一层级的法规范。按照法律规范等级体系理论,法律规范效力的根据不能到现实中去寻找,而应当到规范所赖以产生的其他规范中去寻找。法律规范之所以有效力,是因为它是按照另一个法律规范确定的方式被创造的,因此后一个规范便成了前一个规范的效力的理由。② 具体到《监察法》,其规范效力根据是《宪法》对国家监察制度的创设与确认。2018 年《宪法修正案》在《宪法》第三章"国家机构"中增加一节,作为第七节"监察委员会"。同年 3 月 20 日,十三届全国人大一次会议通过《监察法》。据此,宪法和法律委员会针对《监察法》的宪法依据作了专门说明:"党中央决定启动宪法修改工作后,监察法立法与宪法修改相衔接、相统一。在本次全国人民代表大会会议上,先表决通过宪法修正案,从而为监察法立法提供有力宪法依据。"③《监察法》第 1 条规定:"为了深化国家监察体制改革,加强对所有行使公权力的公职人员的监

---

① 李建国:《关于〈中华人民共和国监察法(草案)〉的说明——2018 年 3 月 13 日在第十三届全国人民代表大会第一次会议上》,载《中华人民共和国全国人民代表大会常务委员会公报》2018 年第 2 号。

② [奥]凯尔森:《法与国家的一般理论》,沈宗灵译,商务印书馆 2013 年版,第 193–194 页。

③ 《第十三届全国人民代表大会宪法和法律委员会关于〈中华人民共和国监察法(草案)〉审议结果的报告》,载《中华人民共和国全国人民代表大会常务委员会公报》2018 年第 2 号。

督,实现国家监察全面覆盖,深入开展反腐败工作,推进国家治理体系和治理能力现代化,根据宪法,制定本法。"此处的"根据宪法,制定本法"包含两个层面的内涵:一是《监察法》是全国人大根据《宪法》第 62 条行使法律制定权的结果;二是国家监察权属于宪法创制的具体国家权力,该类立法属于创制性立法,继而《监察法》的制定不可以仅强调消极的不抵触宪法原则,而应当有明确的宪法依据。[1]

其次,《宪法》《监察法》等构成了监察法的规范体系,其各自的规范效力不仅取决于其内容,还要求其必须由享有立法权限的国家机关通过合法程序制定,才具有相应层级的规范效力。《立法法》第 10 条第 2 款规定,全国人民代表大会制定和修改刑事、民事、国家机构的和其他的基本法律。《监察法》是关于监察委员会这一国家机构的法律,属于"基本法律"的范畴。在实际立法程序中,《监察法》由具有基本法律制定权的全国人民代表大会创制,也符合《宪法》《立法法》规定的立法程序。

三、实际效力

事实的效力观把法律规范的实际效力作为其效力的基础和重要标志。实际效力涉及法律规范是否实际地被民众所遵守,而规范效力则涉及法律规范是否有资格或值得民众去遵守。[2]法的规范效力是法律效力的可能性,而实际效力则是法律效力的现实性。[3]基于这样的认识,监察法的实际效力是监察法规范效力实现的一种结果。监察法的实际效力具有两个特征:一是具有量的规定性。即在监察法的实施中,总是存在监察法的部分规定没有得到完全执行的情况,也就是说,总是存在监察执法不完满的状态。监察法在实践中不可能完全没有获得遵守,也不可能全部得到执行。二是具有量的可变性。即监察法实际效力的量不是一成不变的,而是随着执法环境的改变、监察法治的发展而发生相应的变化,甚至可能无限接近完满的状态。

第三节　监察法的效力体系和位阶

法律秩序是由不同等级的诸规范组成的体系。在这一体系中,一个较低规范的创造由另一个较高规范决定,后者的创造又由一个更高规范决定,而以最高的规范即基础规范为终点,作为整个法律秩序效力的最高理由,这一系列规范就构成了这一法律秩序的统一体。[4]监察法秩序也是一个由不同位阶的监察法规范构成的统一体。而监察法的效力体系与监察法规范自身的位阶层次紧密联系在一起,不同位阶的监察法规范构成了监察法多层级的纵向效力体系。

监察法秩序是以宪法为核心,由不同位阶的法律、法规等有机结合组成的整体。宪法处于监察法规范体系金字塔的顶端,而全国人大及其常委会制定的《监察法》及相关部门法则

---

[1] 针对"根据宪法,制定本法"更为系统详细的阐述,参见叶海波:《"根据宪法,制定本法"的规范内涵》,载《法学家》2013 年第 5 期。

[2] 张文显:《二十世纪西方法哲学思潮研究》,法律出版社 2006 年版,第 371 页。

[3] 张根大:《法律效力论》,法律出版社 1999 年版,第 166 页。

[4] [奥] 凯尔森:《法与国家的一般理论》,沈宗灵译,商务印书馆 2013 年版,第 193-194 页。

处于第二位阶,监察法规、监察规章也位列监察法的规范体系之中,具有法的效力。由于党的纪律检查委员会与监察委员会合署办公,与监察相关的党内法规与监察法规范体系存在密切关系,涉及"纪法效力的衔接与协调"问题。

一、宪法

为了贯彻和体现深化国家监察体制改革的精神,为成立监察委员会提供宪法依据,2018年《宪法修正案》增加了有关监察委员会的各项规定。例如,在《宪法》第三章"国家机构"增加一节作为第七节"监察委员会",就国家监察委员会和地方各级监察委员会的性质、地位、名称、人员组成、任期任届、领导体制、工作机制等作出规定。与此相适用,《宪法》其他地方也作了协调性的修改。比如,将《宪法》第 3 条第 3 款中"国家行政机关、审判机关、检察机关都由人民代表大会产生"修改为"国家行政机关、监察机关、审判机关、检察机关都由人民代表大会产生"等。

《宪法》中关于国家监察制度的相关规定,构成了监察立法的最高依据和根本准则,立法机关负有职责将这些内容予以具体化。比如,《宪法》第 127 条第 2 款确立了监察机关应当与审判机关、检察机关、执法部门"互相配合,互相制约"的原则。那么,监察立法就应当充分体现"互相配合,互相制约"的原则,平衡各国家机关之间的关系,特别是在监察机关与检察机关之间,从而达到宪法要求的程度。国家监察工作的具体立法之所以具有规范效力,很大程度上是因为它具备宪法依据,符合宪法规定。

二、《监察法》及相关部门法

《监察法》对监察工作的指导思想和领导体制、监察工作原则与方针、监察机关及其职责、监察范围和管辖、监察权限、监察程序、反腐败国际合作、对监察机关和监察人员的监督、法律责任等作了一般性规定。由此可见,"监察法是反腐败国家立法,是一部对国家监察工作起统领性和基础性作用的法律"[1],为国家监察法秩序奠定了重要的规范基础。

正是由于《监察法》是"起统领性和基础性作用的法律",因此在《监察法》这一基础性法律的基础上制定相应的配套规范,是监察立法的一个重点工作。例如,根据《监察法》第 11 条规定,对违法公职人员"依法"作出政务处分决定是监察机关重要的职责;《监察法》第 45 条授权监察机关对违法的公职人员"依照法定程序"作出警告、记过、记大过、降级、撤职、开除等政务处分决定。另外,《监察法》第 14 条规定,国家实行监察官制度,"依法"确定监察官的等级设置、任免、考评和晋升等制度。正是由于《监察法》确立了"依法""依照法定程序"作出政务处分决定、"依法"确定监察官制度的要求,便需要及时制定政务处分、监察官等制度的配套立法。在此背景下,《公职人员政务处分法》和《监察官法》应运而生,与此前中央纪委和国家监委印发的《国家监察委员会管辖规定(试行)》和《公职人员政务处分暂行规定》共同构成《监察法》的配套法律法规,对《监察法》所确立的工作原则、方针以

---

[1] 李建国:《关于〈中华人民共和国监察法(草案)〉的说明——2018 年 3 月 13 日在第十三届全国人民代表大会第一次会议上》,载《中华人民共和国全国人民代表大会常务委员会公报》2018 年第 2 号。

及一般规定进行细化,推进《监察法》更加高效地实施。

除了《监察法》与其配套法律之间效力的协调外,还涉及《监察法》与《刑法》《刑事诉讼法》之间的"法法衔接"问题。具体而言,《监察法》与《刑法》的效力范围存在差异,监察机关只能就职务犯罪进行调查,而无权审查、提起公诉。《监察法》第 11 条第 3 项规定,监察机关依法对违法的公职人员依法作出政务处分决定;对履行职责不力、失职失责的领导人员进行问责;但对涉嫌职务犯罪的,应将调查结果移送人民检察院依法审查、提起公诉。因此,监察机关要把握职务违法与职务犯罪的界限,除了少数犯罪情节轻微、不需要判处刑罚予以问责、政务处分外,决不允许"以罚代刑"成为常态现象。[①] 而《监察法》和《刑事诉讼法》之间衔接协调的问题,实质涉及监察机关履行职务犯罪调查职责与检察机关履行职务犯罪审查起诉职责之间的关系。

值得指出的是,腐败治理往往涉及国家、地区和国际组织之间的合作,但是反腐败国际条约对我国不具有直接、优先的规范效力,即反腐败国际条约需要转化为国内法予以适用。当前我国已加入《联合国反腐败公约》[②]《联合国打击跨国有组织犯罪公约》[③] 等国际条约。宪法规定全国人大常委会决定条约和重要协定的批准,因此中国参加条约及重要协定与法律的制定,在获得立法机关同意这一程序上是吻合的,但不能就此推论宪法已经赋予国际条约和重要协定国内法的效力。缔约权和条约的国内法效力是两个关联但又彼此独立的问题。宪法在国际条约的国内效力这个问题上是沉默的[④],立法法也没有承认国际条约的直接和优先适用效力。因此,反腐败国际条约只有转化为国内法才具有效力,即可以采行间接或转化适用的模式。

综上,宪法中有关监察的相关规定位于监察法效力体系的第一位阶。《监察法》及其配套法律,以及《刑法》《刑事诉讼法》等部门法均处于监察法效力体系的第二位阶,彼此之间遵循适用范围与内容的衔接与协调。在宪法所确立的监察法秩序框架下,《监察法》在监察法秩序的构建中处于枢纽地位,它与相关部门法共同构筑起监察法的基本效力体系。

三、监察法规、监察规章

随着人大之下"一府两院"转变为人大之下"一府一委两院"的横向权力配置结构,监察委员会成为人民代表大会制度中一个相对独立的权力单元。正是基于这一横向权力配置结构的改变,再将监察法规范置于原行政监察法时期的行政法体系之中就不合时宜,而应当将监察法规范从行政法体系中剥离出来,使其获得独立的地位。这样的转变也指向监察法规、规章制定权。结合当前国家立法体制,应当将国家监察委员会和地方监察委员会的监察法规和监察规章制定权分别予以明确规定。当前,《全国人民代表大会常务委员会关于国家监察委员会制定监察法规的决定》和新修订的《立法法》已经明确赋予国家监察委员会制定

① 刘艳红:《〈监察法〉与其他规范衔接的基本问题研究》,载《法学论坛》2019 年第 1 期。
② 2005 年全国人大常委会批准 2003 年在联合国大会上通过的《联合国反腐败公约》,同时声明:中华人民共和国不受《联合国反腐败公约》第 66 条第 2 款的约束。
③ 2003 年全国人大常委会批准 2000 年在联合国大会上通过的《联合国打击跨国有组织犯罪公约》,同时声明:(1)中华人民共和国对本公约第 35 条第 2 款予以保留,不受该款约束。(2)在中华人民共和国政府另行通知前,本公约暂不适用于中华人民共和国香港特别行政区。
④ 李鸣:《应从立法上考虑条约在我国的效力问题》,载《中外法学》2006 年第 3 期。

监察法规的权限。国家监察委员会也制定了首部监察法规——《监察法实施条例》,为《监察法》的充分实施提供了有力的保障。相较而言,监察规章则尚处于理论探索阶段,需要结合监察实践的不断深入来进行针对性的制度设计。监察法规、监察规章不得与作为上位法的《宪法》《监察法》及相关法律相抵触。

另外,全国人民代表大会的授权监察立法也应当与《监察法》的效力相衔接。根据《监察法》第 68 条的规定,中国人民解放军和中国人民武装警察部队开展监察工作,由中央军事委员会根据《监察法》制定具体规定。此条款属于全国人大对中央军事委员会的授权监察立法。这是因为武装力量的监察工作具有一定的特殊性,《监察法》从实际出发,根据有关法律规定,授权作为军事立法机关的中央军事委员会按照法定程序起草军事监察工作的具体规定,作为监察法的配套法规。[1] 军事监察工作的具体规定,应当依据《监察法》的基本原则、精神,结合军事监察工作的特殊情况制定。

随着监察立法的不断完善,将最终形成以《宪法》和《监察法》为基础,以监察特别法为骨干,以监察法规、监察规章为配套规范的监察法规范体系[2],继而形成监察法的多层级效力体系。

四、监察相关的党内法规

监察相关的党内法规,主要涉及 2018 年修订的《中国共产党纪律处分条例》,适用于因违犯党纪而应受到党纪责任追究的党组织和党员。党纪严于国家法律的规定,该党内法规可以起到预防公职人员违法犯罪的作用,对于治理腐败具有重要意义。

《中国共产党工作机关条例(试行)》第 5 条规定,根据工作需要,党的工作机关可以与职责相近的国家机关等合并设立或合署办公。党的十九大指出"深化国家监察体制改革,将试点工作在全国推开,组建国家、省、市、县监察委员会,同党的纪律检查机关合署办公"。当前监察体制下的组织结构即纪律检查委员会与监察委员会合署办公。党章是最根本的党内法规,其第 46 条第 1 款规定党的各级纪律检查委员会是党内监督专责机关,主要任务是:维护党的章程和其他党内法规,检查党的路线、方针、政策和决议的执行情况,协助党的委员会推进全面从严治党、加强党风建设和组织协调反腐败工作。可见,纪律检查委员会是党内法规的监督者和执行者。

正是基于纪律检查委员会与监察委员会合署办公的特别组织结构,监察相关党内法规与监察法的效力应当协调。合署办公后的纪律检查委员会和监察委员会机构与职能的整合问题,实质上是监察相关党内法规与国家监察法体系的衔接与协调问题。[3] 因为党纪问责和公务追责遵循两条相对独立的路径,党员干部受到纪律处分之后,并不影响对其法律责任的追究。正如《中国共产党纪律处分条例》第 29 条规定:"党组织在纪律审查中发现党员严重违纪涉嫌违法犯罪的,原则上先作出党纪处分决定,并按照规定给予政务处分后,再移送有关国家机关依法处理。"党内法规与国家法律的衔接与协调,至少应当以四个方面为基准:

---

[1] 中共中央纪律检查委员会、中华人民共和国国家监察委员会法规室编写:《〈中华人民共和国监察法〉释义》,中国方正出版社 2018 年版,第 285-286 页。

[2] 冯铁拴:《国家监察立法体系化论析》,载《西南政法大学学报》2019 年第 1 期。

[3] 秦前红、叶海波等:《国家监察制度改革研究》,法律出版社 2018 年版,第 136 页。

体系共存的相容性;具体规范的无矛盾性;价值追求的同向性;行为指导的连贯性。① 监察相关党内法规与国家监察法也应当以此为衔接协调的基准。

第四节　监察法的规范效力

监察法的规范效力,是指监察法的适用范围,包括对什么主体、在什么时间、在什么空间以及对何种事项发生效力。监察法规范效力的四维论比较科学和全面,具体指向监察法的主体效力、时间效力、空间效力和事项效力。②

一、监察法的主体效力

在一般原理上,法对人的效力遵循不同的原则:(1) 属人主义原则。该原则以人的国籍和组织的国别为标准确立法的效力范围。(2) 属地主义原则,即依据领土确定法的效力的范围。(3) 保护主义原则,即以保护本国利益为标准确定法的效力范围。(4) 以属地主义为主,结合属人主义和保护主义原则。③ 监察法的主体效力,具体指监察法对哪些主体产生效力。具体内容包括三个方面:

一是监察法约束国家和地方各级监察机关和监察人员。换言之,监察委员会的人员组织结构和权力运行受到监察法的约束。比如,《监察法》第55条规定:"监察机关通过设立内部专门的监督机构等方式,加强对监察人员执行职务和遵守法律情况的监督,建设忠诚、干净、担当的监察队伍。"从该条可见,监察机关和监察人员属于《监察法》约束的对象。

二是所有行使公权力的人员属于监察法的约束对象。《监察法》第3条规定:"各级监察委员会是行使国家监察职能的专责机关,依照本法对所有行使公权力的公职人员(以下称公职人员)进行监察,调查职务违法和职务犯罪,开展廉政建设和反腐败工作,维护宪法和法律的尊严。"可见, "公职人员"是监察对象,自然受到监察法的约束。

三是其他与监察工作有关的机关、单位和个人,也受到监察法的约束。根据《监察法》第53条规定,各级监察委员会应当接受本级人大及其常委会的监督,各级人大常委会听取和审议本级监察委员会的专项工作报告,组织执法检查。据此,各级人大及其常委会也受《监察法》的约束。此外,《监察法》第18条第1款规定:"监察机关行使监督、调查职权,有权依法向有关单位和个人了解情况,收集、调取证据。有关单位和个人应当如实提供。"因此,与监察工作相关的单位和个人也属于《监察法》的主体效力范围。

二、监察法的时间效力

监察法的时间效力,具体指向监察法的效力起始和终止的期限,以及有无溯及力的问

---

① 秦前红、苏绍龙:《党内法规与国家法律衔接和协调的基准与路径——兼论备案审查衔接联动机制》,载《法律科学(西北政法大学学报)》2016年第5期。

② 在法理上,一个规范也同时具有属时、属地、属人和属事四个效力范围。参见［奥］凯尔森:《法与国家的一般理论》,沈宗灵译,商务印书馆2013年版,第81-82页。

③ 张文显主编:《法理学》,高等教育出版社、北京大学出版社2018年版,第94页。

题。下面分别就监察法的生效时间、失效时间及溯及力问题展开论述。

监察法的生效时间与其他法律的生效时间类似,一般有两种方式:一是从公布之日起生效;二是公布之后经过一段时间再生效。《监察法》第 69 条规定:"本法自公布之日起施行。《中华人民共和国行政监察法》同时废止。"《监察法》已由全国人大于 2018 年 3 月 20 日通过,当日公布后即生效。《监察法》采公布之日起生效的方式,主要是考虑到 2016 年年底已经开展了监察体制改革的试点,而且在《监察法(草案)》审议过程中已做好相应的宣传教育工作,公布之日即生效能够更为高效地推进国家监察体制改革。

监察法的失效时间,即监察法效力终止的时间,一般由立法机关作出决定。通常的法律失效方式,包括新法公布实施后旧法自然失效、立法机关宣布某一法律废止、某一法律在制定时即规定了有效期限等。例如,1997 年 5 月全国人大常委会修订通过的《行政监察法》就是随《监察法》的公布施行被同时废止的。

监察法的溯及力,是指监察法是否可以适用于其施行以前的职务违法犯罪行为。《监察法》没有对其溯及力的问题作出规定,不过其第 5 条规定:"国家监察工作严格遵照宪法和法律,以事实为根据,以法律为准绳……"该条确立了监察法治原则。"法不溯及既往"规则存在的法律基础是法的安定性原则以及由其衍生出的信赖保护原则。相比较而言,信赖保护是"法不溯及既往"规则的直接法理基础。"法不溯及既往"的目的在于保护人们的信赖利益,而不至于在国家权力面前无所适从。因此,从监察法治原则可以推导出,我国监察法原则上否认监察法的溯及力。以监察法不溯及既往为原则,也是反腐败法治化的要求。

但是,监察法不溯及既往原则并非绝对,立法者针对一些具体情况也作出一些例外性的规定。《立法法》第 104 条规定:"法律、行政法规、地方性法规、自治条例和单行条例、规章不溯及既往,但为了更好地保护公民、法人和其他组织的权利和利益而作的特别规定除外。"[①]因此,在确定监察法的相关规定或措施是否具有溯及力时,应当具体分析该类规定对监察对象权利义务的实质影响情况。比如,《监察法》规定的留置措施[②]应当具有溯及既往的效力。留置措施是对党的纪律监察措施——"两规"的取代。"两规"是指"要求有关人员在规定的时间、地点就案件所涉及的问题作出说明"。"两规"的规范依据仅是党内法规,其内容却剥夺或限制调查对象的人身自由,与"限制人身自由的强制措施和处罚只能制定法律"的法律保留原则相冲突。另外,相较"两规"措施,留置措施的适用条件与程序更为严格,更有利于保障被调查人的合法权利。

三、监察法的空间效力

监察法的空间效力,是指监察法在什么地域范围内具有效力。古人云:"惟奉三尺之律,

---

① 学理上针对法溯及力的问题有更为精细的划分。基于对法律规范安定性的确信而产生的信赖利益是基于实体法而非程序法形成的。因此,法溯及力的规则应当采行"实体从旧、程序从新"的规则。参见刘志刚:《法律规范冲突的解决方法》,载《政法论丛》2014 年第 5 期。

② 《监察法》第 43 条第 1、2 款规定:"监察机关采取留置措施,应当由监察机关领导人员集体研究决定。设区的市级以下监察机关采取留置措施,应当报上一级监察机关批准。省级监察机关采取留置措施,应当报国家监察委员会备案。留置时间不得超过三个月。在特殊情况下,可以延长一次,延长时间不得超过三个月。省级以下监察机关采取留置措施的,延长留置时间应当报上一级监察机关批准。监察机关发现采取留置措施不当的,应当及时解除。"

以绳四海之人。"① 监察法的空间效力包括本国领域内和国外两个方面的效力问题。

监察法对本国领域内应受监察法调整的主体均具有法律效力,即坚持属地原则。具体而言,《监察法》属于全国人大制定的基本法律,在本国国境以内的全部区域具有法律效力。我国国境以内的全部区域包括领陆(国境线以内的陆地以及陆地以下的底土)、领水(内水、领海及其领水的水床及底土)和领空(领陆、领水之上的空气空间)。实际上,全国人大及其常委会制定的规范性法律文件,一般而言在全国均具有法律效力。另外,《监察法》不适用于我国香港、澳门和台湾地区,这是基于"一国两制"方针的制度安排。不过,由于香港、澳门、台湾地区是中国领土不可分割的一部分,其相关的监察法律规定也是中国广义监察法的一部分。

监察法在空间上的适用范围也涉及在国外的效力,即坚持管辖上的属人原则。监察机关大部分工作是针对贪污贿赂、失职渎职等职务犯罪履行监督、调查、处置职责。《刑法》第7条第2款规定:"中华人民共和国国家工作人员和军人在中华人民共和国领域外犯本法规定之罪的,适用本法。"《刑法》这样规定,一方面是因为国家工作人员和军人的身份及职权决定了其在领域外的犯罪会直接危害国家安全和利益;另一方面是因为随着对外开放和市场经济的发展,上述人员在中国领域外的犯罪现象增加,需要采取属人管辖原则进行抑止。② 鉴于《监察法》与《刑法》的有效衔接互动要求,针对贪污贿赂、失职渎职等职务犯罪的监察,应当与《刑法》针对国家工作人员在本国领域内犯罪的效力保持一致。此外,监察机关亦针对公职人员涉嫌贪污贿赂、滥用职权、玩忽职守、权力寻租、利益输送、徇私舞弊以及浪费国家资财等职务违法履行监督、调查和处置职责。为了建立周密严整的反腐败法治体系,针对公职人员的职务违法也应当适用属人管辖原则。

四、监察法的事项效力

法所调整的主体应当如何行为,哪些行为他们应当做或不应当做,这属于规范的事项效力范畴。比如,调整人们宗教生活的规范涉及一种事项范围,它不同于调整人们经济生活的规范的范围。③ 而监察法的事项效力,具体是指监察法对什么样的行为具有法效力。

《监察法》是一部集组织法、程序法、行为法和责任法为一体的综合性、基础性法律。就《监察法》的具体规定而言,在法的性质上,监察法属于公法,其主要调整公职人员与监察机关之间的关系以及监察机关与其他国家机构之间的关系。监察法所调整法律关系的内容对其事项效力产生影响。

监察机构和监察人员围绕所有行使公权力的公职人员的职务违法和职务犯罪履行监督、调查、处置职责,并开展廉政建设和反腐败工作,而所有公职人员应依法受到相应监察。因此,涉及职务违法和职务犯罪、廉政建设和反腐败工作等监察工作相关事项,均属于监察法的事项效力范围,而具体内容则以监察法的规定为准。

---

① (唐)吴兢:《贞观政要》。

② 张明楷:《刑法学》(上),法律出版社2016年版,第73页。

③ [奥]凯尔森:《法与国家的一般理论》,沈宗灵译,商务印书馆2013年版,第81页。

第五节　监察法的规范效力冲突及其解决

广义的监察法构成一个多层效力位阶的规范体系,包括《宪法》《监察法》及相关部门法、法规、规章等规范性文件。基于法秩序统一的要求,在规范层面,监察法的规范体系应当是内在协调、相互一致的。在宪法秩序下,我国形成了"一元、两级、多层次"的立法体制。但宪法、立法法、地方组织法、全国人大及其常委会授权决定对各类国家机关之间立法权限的界分存在模糊之处。正是立法权限界分的模糊,导致了法律规范冲突的产生,监察法规范体系也存在效力冲突问题。比如,监察法同位阶规范之间不一致、监察法下位阶规范与上位阶规范相抵触等。

解决监察法的规范效力冲突,也应当遵循处理法律效力冲突的一般方法与原则,即上位法优于下位法(含根本法优于普通法)、新法优于旧法、特别法优于一般法。下面从这三个方面,就监察法规范效力冲突的解决展开具体论述。

通过"上位法优于下位法"解决监察法的规范效力冲突,首先就要明确监察法的等级效力体系。《立法法》第98—102条系统地确立了我国不同类型法律规范之间的效力,具体为:宪法具有最高的法律效力;法律的效力高于法规、规章。以此为基础,宪法处于监察法规范体系的金字塔顶端,作为宪法中监察规范具体化的《监察法》则是国家监察工作的基础性法律,其他有关监察的规范性文件不得与之相抵触。《立法法》第107条进一步明确规定,法律法规存在"下位法违反上位法规定的"情形的,有关机关根据自身的权限予以改变或者撤销。比如,2018年中央纪委、国家监委印发《国家监察委员会特约监察员工作办法》,建立了特约监察员制度,并对特约监察员工作进行指导和规范。在规范性质上,该工作办法属于监察工作相关的规范性文件,其内容就不得与《监察法》的具体规定相抵触。

"新法优于旧法"也是解决监察法规范效力冲突的重要规则之一。《立法法》第103条规定,同一机关制定的法律、法规,新的规定与旧的规定不一致的,适用新的规定。该规则适用的条件:一是新法与旧法必须是由同一机关制定的;二是新法和旧法的规定不一致;三是新法对该规则有明确的规定。

《监察法》是监察法规范体系中的一般法,与之对应的特别法就具有优先的效力,这样的判断正是基于"特别法优于一般法"冲突解决规则。比如,《监察法》第14条规定实行"监察官制度,依法确定监察官的等级设置、任免、考评和晋升等制度",那么专门针对监察官制度的立法如《监察官法》就属于特别法的范畴。再如,《监察法》第45条授权监察机关对违法的公职人员依照法定程序作出警告、记过、记大过、降级、撤职、开除等政务处分决定,那么专门针对政务处分的立法如《公职人员政务处分法》就是特别法。总之,关于监察委员会组织、监察官、政务处分、监察程序等领域的特别法可以根据该项制度领域的特殊情况作出具体规定,其在适用上具有优先效力。但是,《监察法》作为监察领域的基础性法律,特别法不得与其基本原则、方针和精神相抵触。

需要指出的是,《监察法》第68条规定:"中国人民解放军和中国人民武装警察部队开展监察工作,由中央军事委员会根据本法制定具体规定。"本条是对中国人民解放军和中国人民武装警察部队制定军事监察工作的具体规定进行立法授权。授权立法是指立法机关授权有关国家机关依据所授予的立法权进行立法的活动。[1] 军事监察工作的具体规定,应当根据《监察法》的基本原则和精神,结合军事监察工作的特殊情况制定。授权机关所立法律与授权主体制定的法律具有同等效力。正因如此,《立法法》第 106 条第 2 款规定:"根据授权制定的法规与法律规定不一致,不能确定如何适用时,由全国人民代表大会常务委员会裁决。"如果在实践中,军事监察工作的具体规定与《监察法》不一致而无法适用,则由全国人大常委会裁决。

第六节　反腐败国际合作

腐败不是某个国家或地区存在的问题,而是所有国家或地区需要共同面对的挑战。加强反腐败国际合作,构建反腐败执法司法合作的全球网络成为国际社会的共同需求。《监察法》将反腐败国际合作的经验和做法通过法律的形式固定下来,成为我国进一步完善和发展反腐败国际合作法律制度的基础。

一、国家监察委员会的国际反腐败工作职责

2003 年第 58 届联合国大会通过了《联合国反腐败公约》,这是联合国历史上通过的第一个关于国际反腐败斗争的法律文件。该公约对各国加强国内的反腐败行动、提高反腐败成效、促进反腐败国际合作具有十分重要的意义。事实上,开展反腐败国际合作对于预防和控制腐败具有显著的成效。《监察法》第 50 条专门规定了国家监察委员会在国际反腐败工作中的职责,下面分别从职责主体和职责内容两个方面进行阐述。

(一) 职责主体

国际反腐败工作的职责主体是国家监察委员会,而不是地方各级监察委员会,更不是国家监察委员会之外的其他中央国家机关。在权力纵向配置关系上,反腐败国际合作属于外交领域,在央地关系的事权划分上属于中央事权。《监察法》第 7 条第 1 款规定:"中华人民共和国国家监察委员会是最高监察机关。"由国家监察委员会作为国际反腐败工作的统筹协调主体,符合事权划分的一般原则。而从权力横向配置的角度,反腐败国际合作涉及诸多国家、地区的法律,具有很强的专业性和技术性,同时反腐国际追逃追赃工作的政治性也很强,涉及国内国外方方面面,因此,由作为最高监察机关的国家监察委员会来统筹协调中央各国家机关的国际反腐败工作,具有合理性。[2]

(二) 职责内容

《监察法》第 3 条规定:"各级监察委员会是行使国家监察职能的专责机关,依照本法对所有行使公权力的公职人员(以下称公职人员)进行监察,调查职务违法和职务犯罪,开展廉政建设和反腐败工作,维护宪法和法律的尊严。"廉政建设和反腐败工作也包含了反腐败国际合作的内容。国家监察委员会的国际反腐败工作职责包括两项:

---

[1] 周旺生:《立法学》,法律出版社 2009 年版,第 303 页。

[2] 马怀德主编:《中华人民共和国监察法理解与适用》,中国法制出版社 2018 年版,第 190–191 页。

一是统筹协调与其他国家、地区、国际组织开展的反腐败国际交流、合作。国家监察委员会的统筹协调职责强调的是统一筹划与协调,而引渡、资产追回、司法协助等具体反腐败国际合作工作仍然需要由相关具体部门办理。我国反腐败国际合作工作的主要内容是加强与联合国、二十国集团、亚太经合组织、金砖国家组织、东盟、国际刑警组织等的交流合作,增进反腐败信息的共享,深化与重点国家的沟通协作。

二是组织反腐败国际条约实施工作。我国已经加入《联合国反腐败公约》《联合国打击跨国有组织犯罪的公约》等国际公约。这些反腐败国际条约的实施工作由国家监察委员会组织开展,具体包含组织国内有关部门研究我国加入反腐败国际条约的利弊、反腐败国际条约在国内法中的转化与适用、反腐败国际条约履约机制的完善等。

二、国家监察委员会反腐败国际合作领域

《监察法》第 51 条将反腐败国际合作的组织协调职责赋予国家监察委员会,由其组织并协调最高人民法院、最高人民检察院、外交部、国安部、公安部、司法部等国内有关部门与有关国家、地区、国际组织开展反腐败国际合作。除了开展诸如建立反腐败交流合作关系、签署双边合作谅解备忘录、将反腐败合作纳入战略与经济对话等反腐败双边合作外,我国在反腐败多边合作中做了许多工作。比如,当前我国已参与了 15 个国际反腐败多边机制,如二十国集团反腐败工作组、亚太经合组织反腐败工作组、亚太经合组织反腐败执法合作网络、国际反腐败学院、金砖国家反腐败合作机制、亚洲监察专员协会理事会等。[1] 结合《监察法》的规定,国家监察委员会组织协调有关方面开展反腐败国际合作的具体领域如下:

（一）反腐败执法合作

反腐败执法合作是反腐败案件在执法机关之间的国际合作方式,并为国际公约所确认,具体指公安机关、司法行政部门、金融监管部门等执法机关与其他国家、地区、国际组织在反腐败案件的调查取证、通信侦听、建立联合调查机构、抓捕外逃涉案人、反洗钱等方面的国际合作。比如,公安机关协调国际刑警组织发布"红色通缉令"。《联合国反腐败公约》第 48 条和《联合国打击跨国有组织犯罪公约》第 27 条均规定了"执法合作",明确要求缔约国应当在符合本国法律制度和行政管理制度的情况下相互密切合作,以加强打击本公约所涵盖的犯罪的执法行动的有效性,并列举执法合作应采取的有效措施。反腐败执法合作机制的建立与实施,无疑可以增强一国反腐败执法行动的有效性。

（二）引渡

引渡是指某一国家将本国境内的在他国受到刑事追诉或已被判处刑罚的人移交给该请求国,以便请求国对其提起刑事诉讼或执行刑罚的一种反腐败国际合作制度。反腐败国际合作中的引渡,以双边条约、多边条约或互惠原则为重要基础。《监察法》授权国家监察委员组织协调引渡方面的国际合作,在实践中将取得显著成效。

---

[1] 中共中央纪律检查委员会、中华人民共和国国家监察委员会法规室编写:《〈中华人民共和国监察法〉释义》,中国方正出版社 2018 年版,第 228 页。

（三）司法协助

司法协助是指有关国家、地区为了共同打击犯罪，以其签署的双边或多边条约为规范依据，并以互惠原则为重要原则，在刑事诉讼文书送达、调查取证、移送物证和书证、冻结和扣押财产等方面，相互提供最广泛的司法方面的协助。互惠原则即相互之间给予对等的优惠待遇。如果某一国家协助我国为一定的司法行为，我国也应当协助该国为对等的司法行为。《刑事诉讼法》第 18 条规定："根据中华人民共和国缔结或者参加的国际条约，或者按照互惠原则，我国司法机关和外国司法机关可以相互请求刑事司法协助。"2014 年全国人大常委会批准《中华人民共和国和波斯尼亚和黑塞哥维那关于刑事司法协助的条约》，明确在相互尊重主权和平等互利的基础上，相互提供刑事司法协助。

（四）被判刑人的移管

被判刑人的移管是指外逃人员在某一国法院被判处刑罚，而后移送他国（通常为被判刑人的国籍国）服刑的一种制度。《联合国反腐败公约》第 45 条明确规定了被判刑人的移管，即"缔约国可以考虑缔结双边或多边协定或者安排，将因实施根据本公约确立的犯罪而被判监禁或者其他形式剥夺自由的人移交其本国服满刑期。"

（五）资产追回

资产追回是指针对贪污贿赂等犯罪嫌疑人携款外逃的情况，通过与有关国家、地区、国际组织的合作，追回犯罪资产的机制。在实践中，反腐败国际合作中的资产追回主要包括两种情形：一是请求国向被请求国提供犯罪嫌疑人在被请求国的犯罪所得、财产、设备等证据，被请求国作出没收资产的判决，然后将没收的资产返还给请求国；二是请求国对犯罪嫌疑人在被请求国的犯罪所得、财产、设备等作出没收的判决，被请求国对没收判决予以承认和执行。[1] 资产追回是打击腐败犯罪的有力措施和手段。

（六）信息交流

反腐败国际合作中的信息交流，是指为了提高反腐败工作水平与效率，某一国的职能部门与其他国家、地区和国际组织就反腐败的相关数据、资料、知识等进行交流分享的制度。信息交流涉及多方面内容，既包括有关反腐败法治、制度及运作经验方面的信息交流，也包括相互追逃、追赃方面的信息交流。[2]

三、国家监察委员会反腐败国际追逃追赃和防逃工作

反腐败国际合作的另一个重要内容是将因腐败流失国外的国家资产予以追回和防止腐败人员潜逃国外。基于腐败的追逃追赃工作涉及中外反腐败、外交、警务、检务、司法、反洗钱等不同的职能部门，需要特定的国家机关组织协调该类繁杂的工作，并督促有关单位做好反腐败国际追逃、追赃和防逃工作。

---

[1] 马怀德主编：《中华人民共和国监察法理解与适用》，中国法制出版社 2018 年版，第 198–199 页。
[2] 姜明安：《监察工作理论与实务》，中国法制出版社 2018 年版，第 86–87 页。

(一) 反腐败国际追逃

开展反腐败国际追逃合作,追捕归案,需要满足以下几个条件:一是追逃对象是涉嫌重大贪污贿赂、失职渎职等职务犯罪案件的被调查人。二是被调查人逃匿到国(境)外。三是掌握证据比较确凿。这里应当区分执法的证明标准和刑事审判的证明标准,前者的证明标准要低于后者。

在实践中,开展反腐败国际追逃的方式有多种,其中引渡是利用国际刑事司法协助开展境外追逃的正式渠道和理想方式,此外还包括非法移民遣返、劝返、异地起诉等引渡之外的替代措施。所谓"非法移民遣返",是指由请求国向外逃涉案人员所在地国提供其违法犯罪线索和伪造护照等虚假身份情况,使其所在地国根据相关移民法规强制将其遣返至请求国的一种合作机制。而所谓"劝返",是指通过劝说沟通的方式,让职务犯罪外逃人员主动或同意回国归案的一种司法措施。"异地起诉"则是请求国在无法行使管辖权的情况下,向外逃人员所在地国提供自己掌握的证据材料,使外逃人员所在地国根据本国法律对外逃人员提起诉讼,使外逃人员受到应有的法律制裁。另外,追逃方式还包括绑架、诱捕等非常规措施。所谓"绑架",是指用绑架手段将外逃人员缉捕回国,而"诱捕"是将犯罪嫌疑人引诱到本国境内、国际公海、国际空域或有引渡条约的第三国,然后进行逮捕或引渡。由于该类非常规措施易引发外交纠纷,因此在实践中较少使用。[①]

(二) 反腐败国际追赃

反腐败国际追赃,是指贪污贿赂、失职渎职等职务犯罪案件的涉案人携带赃款赃物逃往境外,请求国向赃款赃物所在国请求查询、冻结、扣押、没收、追缴、返还涉案资产,追回涉案资产的国际合作。开展反腐败国际追赃的手段主要有:一是在开展引渡、遣返等追逃工作的同时,附带请求移交赃款赃物;二是利用赃款赃物所在国犯罪所得追缴法或其他国内法进行追赃;三是通过境外民事诉讼方式进行追赃;四是运用刑事政策促使犯罪嫌疑人或其近亲属自行退赃;五是运用刑事诉讼法规定的违法所得没收程序进行追赃。[②] 反腐败国际追赃具有较大的难度,追赃成本和技术较高,是反腐败国际合作中的难点问题。

(三) 反腐败国际防逃

防逃工作是通过加强组织管理和干部监督,查询、监控涉嫌职务犯罪的公职人员及其相关人员进出国(境)和跨境资金流动情况,在调查案件过程中设置防逃程序,以防止涉嫌职务犯罪的公职人员逃往境外。涉案人员的进出国(境)和跨境资金流动可以成为判断其有无外逃可能的线索。在具体工作上,要严格执行公职人员护照管理、出入境审批报备制度,认真落实对配偶子女移居国(境)外的国家工作人员相关管理规定,定期开展"裸官"清理,做好对党员领导干部个人有关事项报告情况的抽查核实。这些具体措施与方法的运作,有助于分析并掌握涉嫌职务犯罪的公职人员外逃的风险,并最终将职务犯罪嫌疑人阻拦在国门之内。

---

① 中共中央纪律检查委员会、中华人民共和国国家监察委员会法规室编写:《〈中华人民共和国监察法〉释义》,中国方正出版社 2018 年版,第 231 页。

② 江国华:《中国监察法学》,中国政法大学出版社 2018 年版,第 299 页。

- **拓展阅读**

  1. 张文显:《二十世纪西方法哲学思潮研究》,法律出版社 2006 年版。
  2. 周旺生:《立法学》,法律出版社 2009 年版。
  3. 马怀德主编:《中华人民共和国监察法理解与适用》,中国法制出版社 2018 年版。
  4. 姜明安:《监察工作理论与实务》,中国法制出版社 2018 年版。
  5. 刘艳红:《〈监察法〉与其他规范衔接的基本问题研究》,载《法学论坛》2019 年第 1 期。
  6. 曹鎏:《论监察法治的核心要义及发展图谱》,载《行政法学研究》2022 年第 5 期。

- **课后思考**

  1. 阐释《监察法》在整个国家监察法效力体系中的位阶与作用。
  2. 简述监察法规范效力类型的具体内容。
  3. 解决监察法规范效力冲突的方法有哪些?

典型案(事)例

即测即评

第九章 监察机关和管辖

《监察法》和《监察法实施条例》对国家监察委员会和地方各级监察委员会的设置原则、产生、人员组成、任期、领导体制、工作机制有详细规定。《监察官法》建立了监察官制度,包括监察官的等级设置、任免、考评和晋升等。《监察法》及其实施条例确立了监察委员会实行的是级别管辖与地域管辖相结合的原则,各级监察委员会按照干部管理权限对本辖区内的监察对象依法进行监察,同时对提级管辖和管辖争议的解决作出了规定。

第一节 监察机关

一、监察机关的设置

(一) 设置原则

监察委员会作为行使国家监察职能的专责机关,与党的纪律检查机关合署办公,从而实现党对国家监察工作的领导。监察委员会本质上是党的反腐败工作机构,这是加强党对反腐败工作的集中统一领导的内在要求和具体体现。

《监察法》第 2 条明确规定"坚持中国共产党对国家监察工作的领导"。《监察法实施条例》第 10 条强调"国家监察委员会在党中央领导下开展工作"。深化国家监察体制改革的重要目的之一,就是要加强党对反腐败工作的统一领导。监察委员会对所有行使公权力的党员干部、公职人员进行监督,对违纪的进行查处,对涉嫌违法犯罪的进行调查处置,这是坚持党管干部原则、加强党的领导的重要体现,是完善坚持党的全面领导体制机制的重要举措。党管干部不仅要管干部的培养、提拔、使用,还要对干部进行教育、管理、监督,对违纪违法的干部作出处理。

1949 年 11 月 9 日,中共中央选举成立首届中央纪律检查委员会。1954 年 9 月 21 日,第一届全国人大决定成立监察部。其后,党的纪检和监察体制几经变迁。1993 年,根据中共中央、国务院的决定,中共中央纪律检查委员会与监察部合署办公,履行党的纪律检查和行政监察两项职能。党的十九大明确各级监察委员会同党的纪律检查机关合署办公,实现对所有行使公权力的公职人员监察全面覆盖。《监察法》具有组织法的功能,从国家监察委员会的设置到地方各级监察机关的组织,以及监察机关权力及其工作人员的行为都有明确规定,为构建具有中国特色的监察制度提供了法律依据。

现实的党情、国情决定了合署办公的体制。一方面,基于中国共产党的执政地位,各级国家机关工作人员尤其是领导干部中党员占了很大比例,身份上同时属于党的纪委检查对象和监察机关的监察对象,监督对象具有同一性。另一方面,出于工作便利考虑,各级国家机关均设有党委或者党组,党的纪检工作可以覆盖所有党员、干部,合署办公客观上扩大了监察范围,能增强监察工作实效。纪委作为党的机构,代表党具体负责反腐败工作,符合中国政治实际。监察委员会和纪委的关系,应当是对内融为一体,对外明确分工,事实上的一个主体、程序上的两个主体。一个主体是政治实质,两个主体是党内法规和法律的要求。

国家监察委员会的组织机构包括内设职能部门、直属单位和派驻纪检监察组。其中,内设职能部门具体包括办公厅、组织部、宣传部、研究室、法规室、党风政风监督室、信访室、中央巡视工作领导小组办公室、案件监督管理室、第一监督检查室至第十一监督检查室、第十二审查调查室至第十六审查调查室、案件审理室、纪检监察干部监督室、国际合作局、机关事务管理局、机关党委、离退休干部局。

地方各级监察委员会参照国家监察委员会的内设机构安排,作出对应的安排。当然,考虑到各级监察机关行政、编制、财力等具体因素,允许各级监察委员会因地制宜,作出适当的取舍以及创制。

(二) 领导体制和工作关系

1. 上下级监察机关之间的领导体制。《监察法》第10条明确了监察机关上下级之间的领导体制,即各级监察机关之间是垂直领导关系。此外,地方各级监察委员会还要接受同级党委的领导。《监察法实施条例》第10条规定,地方各级监察委员会在同级党委和上级监察委员会双重领导下工作。具体而言,监督执法调查工作以上级监察委员会领导为主,线索处置和案件查办在向同级党委报告的同时应当一并向上一级监察委员会报告。

第一,国家监察委员会领导地方各级监察委员会的工作。领导的本义是率领并引导。领导本身包含着教育、管理和监督。国家监察委员会在全国监察体系中处于最高地位,主管全国的监察工作,率领并引导所属各内设机构及地方各级监察委员会的工作。在监察法中确立这样的监察机关领导关系,能够保证监察机关集中统一领导、统一工作步调、统一依法履职。

第二,上级监察委员会领导下级监察委员会的工作。地方各级监察委员会负责本行政区域内的监察工作,除了依法履行自身的监督、调查、处置职责外,还应对本行政区域内下级监察委员会的工作实行监督和业务领导。按照党的十八届三中全会通过的《中共中央关于全面深化改革若干重大问题的决定》精神,地方监察委员会查办职务违法犯罪案件时,以上级监察委员会领导为主,线索处置和案件查办在向同级党委报告的同时必须向上级监察委员会报告。在《监察法》中确立这样的领导关系,一方面,有利于上级加强对下级监察委员会履行监察职责情况的监督,上级监察委员会可以通过检查工作、受理复核申请等方式,对发现的问题予以纠正,监督下级监察委员会严格依法办事,公正履职。另一方面,当下级监察委员会遇到阻力时,上级监察委员会可以支持其依法行使职权,帮助其排除各种干扰。

2. 监察机关与其他国家机关、组织、单位和个人的关系。《监察法》第4条规定了独立行使职权和互相配合、互相制约的原则。这一规定说明了监察机关与其他国家机关、组织、单位和个人的关系。

第一，监察委员会依法独立行使监察权。"依法"是前提。监察委员会作为行使国家监察职能的专责机关，履行职责必须遵循社会主义法治原则的基本要求，必须严格依照法律进行活动。行政机关、社会团体和个人不得利用职权、地位，或者采取其他不正当手段干扰、影响监察人员依法行使职权。

强调监察机关依法独立行使监察权，并不意味着监察机关可以不受任何约束和监督。监察机关在党的集中统一领导和本级人大及其常委会监督下开展工作，下级监察机关要接受上级监察机关的领导和监督，地方各级监察机关要接受国家监察委员会的领导和监督。此外，监察机关还应依法接受民主监督、社会监督、舆论监督等。

第二，监察机关与审判机关、检察机关、执法部门在办理职务违法犯罪案件过程中互相配合、互相制约。审判机关是指各级人民法院，检察机关是指各级人民检察院，执法部门是指公安机关、国家安全机关、审计机关以及质检部门、安全监管部门等行政执法部门。监察机关履行职责离不开执法部门的协助、配合，同时也需要监督和制约这些机关。"互相配合"主要是指监察机关与司法机关、执法部门在办理职务违法犯罪案件过程中，要按照法律规定，在正确履行各自职责的基础上，互相支持，不能违反法律规定，各行其是，互不通气，甚至互相扯皮。"互相制约"主要是指监察机关与司法机关、执法部门在追究职务违法犯罪过程中，通过程序上的制约，防止和及时纠正错误，以保证案件质量。监察机关与司法机关、执法部门互相配合、互相制约的机制在《监察法》中许多具体程序的设置上均有体现。例如，监察机关决定通缉的，由公安机关发布通缉令，追捕归案。再如，对于监察机关移送的案件，检察机关经审查后，认为需要补充核实的，应当退回监察机关补充调查，必要时可以自行补充侦查。

第三，有关机关和单位对监察机关有协助的义务。监察机关工作过程中，遇到超出监察机关职权范围或者其他紧急、特殊情况，需要公安、司法行政、审计、税务、海关、财政、工业信息化、价格等机关以及金融监督管理等机构予以协助的，有权要求其予以协助。只要是监察机关依法提出的协助要求，有关机关和单位应当在其职权范围内依法予以协助。例如，监察机关进行搜查时，可以根据工作需要提请公安机关配合，公安机关应当依法予以协助。监察机关采取留置措施，可以根据工作需要提请公安机关配合，公安机关应当依法予以协助。

二、监察机关的产生及组织形式

(一) 产生

《监察法》第8条和第9条分别规定了国家和地方监察委员会的产生、任职期限和与人大及其常委会的关系。

1. 国家监察委员会的产生。《宪法》规定，国家行政机关、监察机关、审判机关、检察机关都由人民代表大会产生，对它负责，受它监督。《监察法》第8条第1款、第9条第1款规定，国家监察委员会由全国人民代表大会产生，地方各级监察委员会由本级人民代表大会产生。国家监察机关由人民代表大会产生，对全国人民代表大会及其常务委员会负责，并受其监督。《监察法》第53条还规定，国家监察委员会向全国人大常委会作专项工作报告，接受执法检查，接受人大代表和常委会组成人员就监察工作中的有关问题提出的询问和质询。

上述规定坚持和贯彻了人民代表大会制度这一根本政治制度,体现了人民当家作主的要求,有利于强化人大对监察委员会的监督。同时,规定了国家监察委员会作为最高监察机关,统一领导地方各级监察机关工作的地位。

国家监察委员会主任由全国人大选举产生。国家监察委员会主任每届任期同全国人民代表大会每届任期相同,连续任职不得超过两届,这与宪法关于国务院总理、最高人民法院院长、最高人民检察院检察长连续任职届数的规定相一致。全国人民代表大会有权罢免国家监察委员会主任。国家监察委员会副主任、委员由主任提请全国人大常委会任免。《监察法》未对监察委员会副主任、委员连续任职期限作出规定。

2. 地方各级监察委员会的产生。地方各级监察委员会由本级人民代表大会产生,负责本行政区域内的监察工作。地方各级监察委员会对本级人大及其常委会和上一级监察委员会负责,并接受其监督。

地方各级监察委员会主任的任期同本级人大每届任期相同。地方各级监察委员会由主任、副主任若干人、委员若干人组成,主任由本级人民代表大会选举,副主任、委员由监察委员会主任提请本级人民代表大会常务委员会任免。需要注意的是,对于地方各级监察委员会主任的连选连任没有限制性规定。

(二) 组织形式

2018 年《宪法修正案》规定:"中华人民共和国国家监察委员会是最高监察机关。"《监察法》第 7 条规定:"中华人民共和国国家监察委员会是最高监察机关。省、自治区、直辖市、自治州、县、自治县、市、市辖区设立监察委员会。"

1. 国家监察委员会。在我国四级监察机构中,国家监察委员会是中央一级的监察机关,是最高国家监察机关,在我国监察体系中居于最高地位。其最高地位主要体现在:(1) 国家监察委员会的组成人员由全国人民代表大会及其常务委员会选举或者任命产生。(2) 国家监察委员会负责全国监察工作,领导地方各级监察委员会的工作。(3) 国家监察委员会有权办理各级监察机关管辖范围内的监察事项。

2. 地方各级监察委员会。《监察法》明确了地方设省级(省、自治区、直辖市)监察委员会、市级(地级市、行政公署、自治州)监察委员会、县级(市辖区、县、自治县、县级市、旗、自治旗、林区)监察委员会。

三、监察委员会的性质及其职责

(一) 监察委员会的性质

《监察法》第 3 条明确指出,各级监察委员会是行使国家监察职能的专责机关。将监察委员会定位为行使国家监察职能的"专责机关",与纪律检查委员会的定位相匹配。"专责机关"与"专门机关"相比,不仅强调监察委员会的专业化特征、专门性职责,更加突出强调了监察委员会的责任,行使监察权不仅是监察委员会的职权,更是其职责和使命担当。因此,必须强调监察委员会的政治机关属性。

《监察法》的起草者认为:"国家监察委员会负责全国监察工作,是实现党和国家自我监督的政治机关,不是行政机关、司法机关。"① 理由是:"这种监察机关是执政党的部门(纪委)与国家机关(反腐工作部门)相互配合(合署办公)形成的机关,它代表执政党和国家行使监督权,不同于传统的行政机关,也不同于司法机关。"黄风将监察委员会理解为"根据宪法、监察法独立行使职权的反腐败专门机构"②。

(二)监察委员会的职责

《监察法》第 3 条规定,各级监察委员会依照本法对所有行使公权力的公职人员进行监察,调查职务违法和职务犯罪,开展廉政建设和反腐败工作,维护宪法和法律的尊严。《监察法》第 11 条规定了监察机关履行监督、调查和处置三项职责。党的十九大修改的党章规定,党的各级纪律检查委员会的职责是监督、执纪、问责。《监察法》对监察委员会职责的规定与党章对纪委的监督、执纪、问责职责的规定相一致。

1. 监督职责。监督是监察委员会的首要职责。监察委员会代表党和国家,依照宪法、监察法和有关法律法规,监督所有公职人员行使公权力的行为是否正确,确保权力不被滥用,确保权力在阳光下运行,把权力关进制度的笼子。

监察机关履行监督职责的方式包括廉政教育和监督检查。廉政教育是防止公职人员产生腐败的基础性工作。廉政教育的根本内容是加强理想信念教育,使公职人员牢固树立马克思主义的世界观、人生观、价值观和正确的权力观、地位观、利益观,使讲规矩、守法律成为公职人员的自觉行动,不断增强不想腐的自觉。监督检查的方法包括列席或者召集会议、听取工作汇报、实施检查或者调阅、审查文件和资料等,监督检查的内容是公职人员依法履职、秉公用权、廉洁从政从业以及道德操守情况。

党内监督和国家监察都是中国特色治理体系的重要组成部分,一体两面,具有高度的内在一致性。在合署办公体制下,纪委的监督、执纪、问责与监委的监督、调查、处置是对应的,既有区别又有一致性。纪检机关的监督和监察机关的监督在指导思想、基本原则上是高度一致的,目的都在于惩前毖后、治病救人,抓早抓小、防微杜渐。《中国共产党党内监督条例》详细规定了党内监督。党内监督的内容、方式和要求,也都适用于国家监察的监督。要准确把握、高度重视监察委员会的日常监督职责,把纪委监督与监察委员会监督贯通起来。

2. 调查职责。调查公职人员涉嫌职务违法和职务犯罪,是监察委员会的一项经常性工作,是监察委员会开展廉政建设和反腐败工作的一项重要措施。对公职人员涉嫌职务违法和职务犯罪的调查,突出体现了监察委员会作为国家反腐败工作机构的定位,体现了监察工作的特色。《监察法实施条例》第 23—32 条对监察机关负责调查的职务违法和职务犯罪的范围作了列举,主要内容包括涉嫌贪污贿赂、滥用职权、玩忽职守、权力寻租、利益输送、徇私舞弊以及浪费国家资财等 7 类公职人员主要的职务违法和职务犯罪行为,基本涵盖了公职人员的腐败行为类型。根据《监察法》及其实施条例,将监察机关采取的措施归纳为谈话、讯问、询问、留置、查询、冻结、搜查、调取、查封、扣押、勘验检查、鉴定、技术调查、通缉和限制出境等 15 项,其中不少措施都属于为了完成调查职责所采用的。

① 中共中央纪律检查委员会、中华人民共和国国家监察委员会法规室编写:《〈中华人民共和国监察法〉释义》,中国方正出版社 2018 年版,第 62 页。
② 谭畅、李馥含:《国家监委一年之变:改革"小纪委",分设"前后台"》,载《南方周末》网站。

3. 处置职责。处置主要包括四个方面:(1) 对违法的公职人员依法作出政务处分决定,即监察委员会根据监督、调查结果,对违法的公职人员依照法定程序作出警告、记过、记大过、降级、撤职、开除等政务处分决定。《监察法》施行后,监察对象由行政机关工作人员,扩大到所有行使公权力的公职人员,原有行政处分的概念不再适用。《监察法》引入政务处分的概念,明确作出政务处分的主体是监察机关,对象包括所有行使公权力的公职人员。2018年 4 月 16 日,中纪委、国家监委颁布《公职人员政务处分暂行规定》,对政务处分作了初步规定。2020 年 6 月 20 日,全国人大常委会发布《公职人员政务处分法》,把党内法规中有关纪律转化为对公职人员的要求,坚持党纪、政务处分轻重程度相匹配、工作程序相衔接,既把纪律挺在前面,体现纪严于法的要求,又突出政务处分的特点。

(2) 对履行职责不力、失职失责的领导人员进行问责。这里的"问责",是指监察委员会根据问责的有关规定,对不履行或者不正确履行职责的,按照管理权限对负有管理责任的领导人员作出问责决定,或者向有权作出问责决定的机关提出问责建议。问责的对象是公职人员中的领导人员,主要是指:中国共产党机关、人大机关、行政机关、监察机关、审判机关、检察机关、政协机关、民主党派和工商联机关中担任各级领导职务和副调研员以上非领导职务的人员;参照公务员法管理的单位中担任各级领导职务和副调研员以上非领导职务的人员;大型、特大型国有和国有控股企业中层以上领导人员,中型以下国有和国有控股企业领导班子成员,以及上述企业中其他相当于县处级以上层次的人员;事业单位领导班子成员及其他六级以上管理岗位人员。

(3) 对涉嫌职务犯罪的,将调查结果移送人民检察院依法审查、提起公诉。对被调查人涉嫌职务犯罪,监察机关经调查认为犯罪事实清楚,证据确实、充分的,制作起诉意见书,连同案卷材料、证据一并移送检察机关依法审查、提起公诉。

2018 年 4 月,中央纪委、国家监委印发了《国家监察委员会管辖规定(试行)》,详细列举了国家监委管辖的六大类 88 个职务犯罪案件罪名:一是贪污贿赂犯罪,涉及刑法条文 24 条,包括 17 个罪名。二是滥用职权犯罪,涉及刑法条文 15 条,包括 15 个罪名。三是玩忽职守犯罪,涉及刑法条文 11 条,包括 11 个罪名。四是徇私舞弊犯罪,涉及刑法条文 15 条,包括 15 个罪名。五是重大责任事故犯罪,涉及刑法条文 11 条,包括 11 个罪名。六是公职人员其他犯罪,涉及刑法条文 19 条,包括 19 个罪名。另外,监察委员会还有权向检察机关提出对被调查人从宽处罚的建议。

根据《监察法》的规定,监察机关对所有行使公权力的公职人员的职务犯罪行为都可以进行调查。但是基于工作的便利性和实效性,《刑事诉讼法》规定部分职务犯罪的侦查可由检察机关负责。2018 年 10 月,十三届全国人大常委会第六次会议对《刑事诉讼法》修改,删去了检察院对贪污贿赂等案件行使侦查权的规定,但是保留了检察院对在诉讼活动法律监督中发现的司法工作人员利用职权实施的侵犯公民权利、损害司法公正的犯罪的侦查权:"人民检察院在对诉讼活动实行法律监督中发现的司法工作人员利用职权实施的非法拘禁、刑讯逼供、非法搜查等侵犯公民权利、损害司法公正的犯罪,可以由人民检察院立案侦查。对于公安机关管辖的国家机关工作人员利用职权实施的重大犯罪案件,需要由人民检察院直接受理的时候,经省级以上人民检察院决定,可以由人民检察院立案侦查。"检察机关直接进行立案侦查的 14 个具体罪名是非法拘禁罪,非法搜查罪,刑讯逼供罪,暴力取证罪,虐待被监管人罪,滥用职权罪,玩忽职守罪,徇私枉法罪,民事、行政枉法裁判罪,执行判决、裁定失职罪,执行判决、裁定滥用职权罪,私放在押人员罪,失职致使在押人员脱逃罪,以及徇私舞弊减刑、假释、暂予监外执行罪。

(4)对监察对象所在单位提出监察建议。监察建议是监察委员会依照法定职权,根据监督、调查结果,对监察对象所在单位廉政建设和履行职责存在的问题等提出的。监察建议不同于一般的工作建议,它具有法律效力,被提出建议的有关单位无正当理由必须履行监察建议要求其履行的义务,否则,就要承担相应的法律责任。

四、监察委员会派出监察机构

(一)监察委员会与派驻、派出监察机构、监察专员的关系

为了满足监察工作需要,保证监察委员会能够经常、及时、准确地了解分散在不同机关、组织和单位等的监察对象情况,使监察机关对公职人员的监察真正"看得见、管得着",卓有成效地实施监察,《监察法》第12条规定:"各级监察委员会可以向本级中国共产党机关、国家机关、法律法规授权或者委托管理公共事务的组织和单位以及所管辖的行政区域、国有企业等派驻或者派出监察机构、监察专员。监察机构、监察专员对派驻或者派出它的监察委员会负责。"在《监察法》中规定监察机关派驻或者派出监察机构、监察专员,也是从法律层面上将党的自我监督形式法治化、规范化。

派驻监督是党的自我监督的重要形式。党的十九大修改的党章规定,党的中央和地方纪律检查委员会向同级党和国家机关全面派驻党的纪律检查组。《党内监督条例》总结党的十八大以来派驻纪检机构改革实践经验,把派驻监督纳入党内监督的制度框架,明确了纪委派驻纪检组与派出机关的工作关系、派驻纪检组的职责任务、派出机关的领导方式,为强化党内监督、推进全面从严治党提供了制度保障。监察委员会成立以后,在党和国家层面形成了巡视、派驻、监察全面覆盖的统一的权力监督格局,形成了发现问题、纠正偏差、惩治腐败的有效机制。

1. 监察委员会与派驻、派出监察机构、监察专员是领导与被领导关系。派驻、派出监察机构、监察专员是由监察委员会派驻在党和国家机关,履行监督职能的机构。派驻、派出监察机构、监察专员由监察委员会直接领导、统一管理,向监察委员会负责并请示报告工作。监察委员会与派驻、派出监察机构、监察专员是领导与被领导关系而不是指导与被指导关系,即上往下派,垂直领导。派驻监督是监察委员会日常监督延伸的触角,派驻、派出监察机构、监察专员与监察对象朝夕相处,二者都是近距离、全天候、常态化的监督,开展监督最直接、最及时。

2. 派驻、派出监察机构、监察专员与驻在单位部门是监督与被监督的关系。派驻、派出监察机构、监察专员对派驻、派出它的监察机关负责,不受驻在部门的领导,具有开展工作的独立地位,派驻、派出监察机构、监察专员在驻在部门具有独立性。派驻、派出监察机构、监察专员要切实履行好监督责任,引导和监督驻在部门改变惯性思维,自觉摆正被监督角色。作为国家监察专责机构,派驻、派出监察机构、监察专员应把检查督促驻在部门依规治党、依法行政作为首要任务,防止权力滥用和腐败行为的发生。在此过程中,派驻、派出监察机构、监察专员要善于发现法律法规、行政惯例、管理制度的各种漏洞,及时向有关部门提出修改

完善建议,防患于未然。派驻、派出监察机构、监察专员要扎实有效地开展廉政警示教育,构筑反腐倡廉的思想防线,营造廉政光荣、腐败可耻的价值导向和文化氛围。派驻、派出监察机构、监察专员要根据监督需要介入驻在部门相关业务活动,配合驻在部门健全完善反腐领导体制和工作机制,掌握驻在部门工作流程,熟悉驻在部门权力运行轨迹,针对发现的问题及时约谈、及时提醒,防止小问题积累成大问题,推进驻在部门的党风廉政建设和反腐败工作。

(二)各级监察委员会派驻、派出监察机构、监察专员的范围及组织形式

1. 组织形式。监察委员会具体设置派驻、派出监察机构还是监察专员,应遵循实际需要,根据监察对象的多少、任务轻重而定。一般来说,地区、盟等地方的监察机构,可以采取派出监察机构的形式;对于街道、乡镇,可以采取派出监察专员的形式;对于党的机关、国家机关等,可以采取派驻监察机构的形式。

2. 各级监察委员会派驻、派出监察机构、监察专员的范围。具体包括本级中国共产党机关、国家机关、法律法规授权或者委托管理公共事务的组织和单位以及所管辖的行政区域、国有企业等。这里的国家机关主要是指行使国家权力、管理国家事务的机关,包括国家权力机关、国家行政机关、审判机关、检察机关等。这里的行政区域主要是指街道、乡镇以及未设置人民代表大会的地区、盟等区域。县级监察委员会向所管辖的街道、乡镇派出监察机构、监察专员,可以每个街道、乡镇单独派出,也可以几个街道、乡镇归口派出,推动国家监察向基层延伸,就近解决群众身边的腐败问题。

(三)监察委员会派驻、派出监察机构、监察专员的职责

《监察法》第13条明确了派驻、派出监察机构、监察专员的法定职责是对公职人员进行监督,提出监察建议,依法对公职人员进行调查、处置。

第一,根据授权进行监督,提出监察建议。监察机构、监察专员的监督对象是其驻在的中国共产党机关、国家机关、法律法规授权或者委托管理公共事务的组织和单位以及行政区域、国有企业内的所有公职人员,其中重点对象是领导人员。随着《监察法》施行后国家监察体制改革的不断深化,派驻或者派出的监察机构、监察专员重点监督什么,还需要根据实践的发展不断总结提炼、规范完善。派驻监察机构、监察专员根据监督结果,对驻在单位廉政建设和履行职责存在的问题等提出监察建议。

第二,根据授权依法进行调查、处置。但其调查、处置对象,不包括派驻或者派出它的监察委员会直接负责调查、处置的公职人员。例如,国家监察委员会派驻的监察机构,可以依法调查、处置驻在机关、部门的司局级及以下干部,但是对于驻在机关、部门的中管干部,则要由国家监察委员会来进行调查、处置。

派驻、派出监察机构、监察专员是监察机关的分支,是执行巡视巡察职能的重要抓手,有助于发现管辖范围内各单位存在的职务违法和职务犯罪问题。监察机关可以参照党的巡视组派驻各企事业单位巡视的职责设置,规划自己的派驻或派出监察职责:(1)接受派驻或派出监察机关的领导。(2)执行派驻或派出机关布置的任务。(3)处理好与派驻机关的关系。秉公监察,不得接受请客送礼,不与派驻机关人员私自会面。(4)收集到的问题线索要悉数向监察委员会汇报,不得"捂盖子"。(5)做好巡察问题的收集、整理工作,保存好涉案证据。(6)贯彻民主程序。不仅要与派驻单位的工作人员、群众多多接触,也要允许涉及有关问题

的公职人员充分陈述、辩解和申诉。

在派驻、派出监察机构、监察专员的职责权限上，派驻、派出监察机构、监察专员原则上既可以对公职人员涉嫌职务违法进行调查、处置，又可以对涉嫌职务犯罪进行调查、处置。派驻、派出监察机构、监察专员的具体职责权限，则需要根据派驻、派出它的监察机关的授权来确定。

此外，监察专员作为监察官，还应严格执行《监察官法》规定的有关职责，履行监察官的义务。

第二节　监察官制度

习近平在主持研究深化国家监察体制改革、制定监察法过程中，多次对监察队伍建设提出明确要求。《监察法》第14条规定，国家实行监察官制度，依法确定监察官的等级设置、任免、考评和晋升等制度。监察法的规定落实了以习近平同志为核心的党中央作出的重要部署，为国家实行监察官制度确立了坚实的法律基础。

监察官制度应有利于监察机关工作人员增强工作的荣誉感、责任感和使命感，这是深化国家监察体制改革过程中的重要组织制度的创新，有利于推进国家治理体系和治理能力现代化。

监察官制度的关键所在是权责对等。要依据《监察法》的基本规定，立足中国历史文化传统和国情，在吸收国（境）外有益经验的基础上，形成具有中国特色的监察官制度体系，对监察官履职的政治、道德、廉洁等要求作出明确规定，实现权力、责任、义务相统一。

《监察法》并未对监察官制度的具体问题作出明文规定，而由《监察官法》予以补充完善。结合《监察法》和《监察官法》的相关规定，本部分内容着重从监察官的选任、管理、惩戒和申诉三个方面，从学理上对监察官制度进行分析。

一、监察官的选任制度

《监察法》明确规定，监察官是依法行使监察权的监察人员。《监察法》第56条规定，监察人员必须模范遵守宪法和法律，忠于职守、秉公执法，清正廉洁、保守秘密；必须具有良好的政治素质，熟悉监察业务，具备运用法律、法规、政策和调查取证等能力，自觉接受监督。

第一，"遵守宪法和法律"要求监察官具有较高的法治思维和法治意识，能够做尊法守法的模范。

第二，"忠于职守、秉公执法"要求监察官必须认真履行职责，坚守工作岗位，恪尽职守。同时，要正确运用权力，尊重事实、客观公正。

第三，"清正廉洁、保守秘密"要求监察官不利用职权谋取个人私利，严格遵守保密法律和纪律。

第四，"具有良好的政治素质"强调监察官要提高政治觉悟、严守政治纪律，与党中央保持高度一致，维护党中央权威。同时，具有极强的自我约束力和心理承受力。

第五，"熟悉监察业务，具备运用法律、法规、政策和调查取证等能力"，强调监察官具备监察专业知识和相关业务知识，熟悉与工作相关的法律、法规、政策，并善于在调查取证中运用。

第六，"自觉接受监督"强调监察官应具有自律自省的意识。

基于上述要求,《监察官法》第 12 条对担任监察官应当具备的条件进行列举式规定:(1) 具有中华人民共和国国籍;(2) 忠于宪法,坚持中国共产党领导和社会主义制度;(3) 具有良好的政治素质、道德品行和廉洁作风;(4) 熟悉法律、法规、政策,具有履行监督、调查、处置等职责的专业知识和能力;(5) 具有正常履行职责的身体条件和心理素质;(6) 具备高等学校本科及以上学历;(7) 法律规定的其他条件。此外,对于本法施行前的监察人员不具备前述第 6 项规定的学历条件的,应当接受培训和考核,具体办法由国家监察委员会制定。

二、监察官的管理制度

《公务员法》第 3 条第 2 款规定,法律对公务员中领导成员的产生、任免、监督以及监察官、法官、检察官等的义务、权利和管理另有规定的,从其规定。《监察官法》对监察官制度作出明确规定。

(一) 任免制度

《监察法》第 8 条第 2 款和《监察法》第 9 条第 2 款分别规定了国家监察委员会和地方各级监察委员会主任由同级人大选举,副主任、委员由监察委员会主任提请同级人大常委会任免。《监察法》没有具体规定免除监察官职务的程序,《监察官法》对该问题进行了补充,秉承"谁任谁免"的原则,监察委员会主任应由同级人大罢免,副主任、委员应由同级人大常委会罢免。

《监察官法》第 21 条规定了免除监察官职务的情形:(1) 丧失中华人民共和国国籍的;(2) 职务变动不需要保留监察官职务的;(3) 退休的;(4) 辞职或者依法应当予以辞退的;(5) 因违纪违法被调离或者开除的;(6) 法律规定的其他情形。

(二) 等级制度

《监察官法》在监察官等级设置上,创制了具有中国特色的监察官称谓和等级。在等级设置上,独立于法官、检察官、警官制度,不照抄照搬。当前监察官等级既追求层次合理,又力求扁平化,体现了精简、高效的队伍建设方针。

《监察官法》将监察官等级分为 13 级,依次为总监察官、一级副总监察官、二级副总监察官,一级高级监察官、二级高级监察官、三级高级监察官、四级高级监察官,一级监察官、二级监察官、三级监察官、四级监察官、五级监察官、六级监察官。对监察官等级的设置之所以没有参考司法机关的模式,是因为监察官与法官、检察官虽然相似,都具有很强的专业性,但二者在属性上具有差异,不宜简单地将司法机关选拔人员的标准套用于监察机关。法院的"员额制"不完全匹配监察官制度的需求。这是因为,首先,监察体制改革前监察机关人员普遍不足。监察体制改革后,尽管有 定数量人员从检察机关转隶而来,但这部分人员是带着业务量而来的。监察对象实行全面覆盖,使得监察对象的数量剧增,实行员额制后减少监察官数量,势必加剧监察机关人手不足的问题。其次,监察机关中的行政事务部门与专业部门很难严格区分。监察官体现的是综合性而非单一性。

在设立监察官等级时遵循了以下原则:(1) 层次设置合理,有利于实现分类管理,体现精简、高效的队伍建设方针。(2) 权责对等,不同级别的监察官设置不同的权限。(3) 工作责任制。

和法院、检察院不同,监察委员会的很多工作都是集体决策的,所以需要协调好监察官独立履行职权与集体决策之间的关系。(4) 监察官的等级应反映职务、学识、专业水平、资历等方面情况,能够适应监察官履行职责的特殊要求。(5) 配套多元化职位及晋升路径。在强调整体专业化的同时,发挥每个人不同岗位的作用,激发整体反腐败的动力和活力。监察官职级不再与行政级别挂钩,从低一级向高一级晋升采取工作年限固定晋升和择优选升两种方式。

(三) 考评和晋升制度

实行以德能勤绩廉为主要指标的监察官等级考评与晋升办法。要改变传统的以行政职务为主导的晋升模式,激励监察官不断提高业务水平,凭借自身专业能力在职业生涯中获得成就感,从而保证监察官队伍的专业性。

1. 考评机构。监察委员会设立相对独立的监察官考评委员会,负责监察官的考核工作。考评委员会的组成人员应为奇数。监察官考评委员会主任可由监察委员会主任兼任。

2. 考评内容。对监察官的考核,应当全面、客观、公正,实行平时考核和年度考核相结合。对监察官的考核内容包括监察工作实绩、职业道德、专业水平、工作能力、工作作风。其中,重点考核监察工作实绩。

3. 考评结果。分为优秀、称职、基本称职和不称职四个等次。考核结果作为调整监察官等级、工资以及监察官奖惩、免职、降职、辞退的依据。考评结果以书面形式通知监察官本人。监察官对考核结果如果有异议,可以申请复核。

4. 监察官在监察工作中有显著成绩和贡献的,或者有其他突出事迹的,应当给予奖励。

(四) 惩戒和申诉制度

1. 监察官有下列行为之一的,依法给予处理;构成犯罪的,依法追究刑事责任:(1) 贪污贿赂的;(2) 不履行或者不正确履行监督职责,应当发现的问题没有发现,或者发现问题不报告、不处置,造成恶劣影响的;(3) 未经批准、授权处置问题线索,发现重大案情隐瞒不报,或者私自留存、处理涉案材料的;(4) 利用职权或者职务上的影响干预调查工作、以案谋私的;(5) 窃取、泄露调查工作信息,或者泄露举报事项、举报受理情况以及举报人信息的;(6) 隐瞒、伪造、变造、故意损毁证据、案件材料的;(7) 对被调查人或者涉案人员逼供、诱供,或者侮辱、打骂、虐待、体罚、变相体罚的;(8) 违反规定采取调查措施或者处置涉案财物的;(9) 违反规定发生办案安全事故,或者发生安全事故后隐瞒不报、报告失实、处置不当的;(10) 其他职务违法犯罪行为。监察官有其他违纪违法行为,影响监察官队伍形象,损害国家和人民利益的,依法追究相应责任。

2. 监察官涉嫌违纪违法,已经被立案调查、侦查,不宜继续履行职责的,按照管理权限和规定的程序暂时停止其履行职务。

3. 探索在国家监察委员会和省、自治区、直辖市监察委员会内设监察官惩戒委员会,负责从专业角度审查认定监察官是否存在违反监察职责的行为,提出构成故意违反职责、存在重大过失、存在一般过失或者没有违反职责等审查意见。监察官惩戒委员会提出审查意见后,监察委员会依照有关规定作出是否予以惩戒的决定,并给予相应处理。监察官惩戒委员会由监察官代表、其他从事法律职业的人员和有关方面代表组成,其中监察官代表不少于半数。监察官惩戒委员会的日常工作,由监察委员会相关内设职能部门承担。

4. 监察官惩戒委员会审议惩戒事项时,当事监察官有权申请有关人员回避,有权进行陈述、举证、辩解。监察官惩戒委员会作出的审查意见应当送达当事监察官。当事监察官对审查意见有异议的,可以向惩戒委员会提出,惩戒委员会应当对异议及其理由进行审查,作出决定。

第三节 监察管辖

管辖,是指国家监察委员会对监察对象职务违法和职务犯罪进行监督调查处置的权限和分工。对监察机关的管辖进行明确规定,既可以有效避免争执或推诿,又有利于有关单位和个人按照监察机关的管辖范围提供问题线索,充分发挥人民群众反腐败的积极性。同时,对提级管辖和管辖争议解决方式作出规定,可以增强监察工作的机动性、实效性,做到原则性与灵活性相结合。

(一) 一般管辖

《监察法》第16条和《监察法实施条例》第45条规定,监察委员会实行的是级别管辖与地域管辖相结合的原则。即按照管理权限和属地管辖相结合的原则,实行分级负责制。

各级监察委员会按照干部管理权限对本辖区内的监察对象依法进行监察。国家监察委员会管辖中管干部所涉监察事项,省级监察委员会管辖本省省管干部所涉监察事项等,一般处级干部所涉监察事项由市级监察委员会管辖,处级以下干部所涉监察事项由区县监察委员会管辖。

(二) 提级管辖

提级管辖是对分级管辖制度的必要补充,便于处理一些难度较大的监察事项。《监察法》第16条第2款规定了提级管辖。

《监察法实施条例》第47条第1款和第2款进一步明确了可以提级管辖的情况,即上级监察机关对于下一级监察机关管辖范围内的职务违法和职务犯罪案件,具有下列情形之一的,可以依法提级管辖:(1) 在本辖区有重大影响的;(2) 涉及多个下级监察机关管辖的监察对象,调查难度大的;(3) 其他需要提级管辖的重大、复杂案件。上级监察机关对于所辖各级监察机关管辖范围内有重大影响的案件,必要时可以依法直接调查或者组织、指挥、参与调查。

《监察法》第17条第2款规定,监察机关认为所管辖的监察事项重大、复杂,需要由上级监察机关管辖的,可以报请上级监察机关管辖。《监察法实施条例》第47条第3款进一步明确了可以报请上级机关管辖的情形,即在本辖区有重大影响的,或者涉及多个下级监察机关管辖的监察对象,调查难度大的,或者其他需要提级管辖的重大、复杂案件。监察机关应当按照一般管辖的分工,尽全力管好自己管辖范围内的监察事项。但是,监察机关考虑到所在地方的实际情况,以及本机关的地位、能力,认为所管辖的监察事项实属重大、复杂,而尽自己力量不能或者不适宜管辖的,可以报请上级监察机关管辖。

（三）指定管辖

指定管辖是指根据上级监察机关的指定确定监察事项的管辖机关。《监察法》第 17 条第 1 款规定了指定管辖。指定管辖包括两种情况：

1. 对于原本属于自己所管辖的监察事项，上级监察机关可以将其指定给所辖的下级监察机关管辖。例如，省级监察委员会可以将自己管辖的监察事项指定本省的某个市级监察委员会管辖。指定管辖体现了上级监察机关对下级监察机关的领导，同时也能够增强工作灵活性。进行指定管辖的主要原因是工作需要，在指定时，上级监察机关要通盘考虑，如上级监察机关的工作任务比较饱满，而下级监察机关的人员和能力又足以承担移交给其办理的监察事项的，为尽快保质保量完成工作任务，上级监察机关可以将其所管辖的监察事项指定下级监察机关管辖。

2. 上级监察机关可以将下级监察机关有管辖权的监察事项指定给自己所辖的其他监察机关管辖。《监察法实施条例》第 48 条第 3 款规定："上级监察机关对于下级监察机关管辖的职务违法和职务犯罪案件，具有下列情形之一，认为由其他下级监察机关管辖更为适宜的，可以依法指定给其他下级监察机关管辖：（一）管辖有争议的；（二）指定管辖有利于案件公正处理的；（三）下级监察机关报请指定管辖的；（四）其他有必要指定管辖的。"

上级监察机关进行指定管辖，要根据办理监察事项的实际需要和下级监察机关的办理能力等因素确定，不能把自己管辖的监察事项一概指定下级监察机关管辖，也不能不顾实际情况进行指定，造成下级监察机关工作上的混乱，影响监察工作的实效。

（四）管辖争议的处理

《监察法》第 16 条第 3 款规定，监察机关之间对监察事项的管辖有争议的，由其共同的上级监察机关确定。

对于同一监察事项，两个或者两个以上监察机关都认为自己具有或者不具有管辖权而发生争议的，应报请它们的共同上级监察机关，由该上级监察机关确定由哪一个监察机关管辖。共同的上级监察机关，是指同发生管辖争议的两个或者两个以上监察机关均有领导与被领导关系的上级监察机关。这一规定的基础是隶属关系，例如，同一省的两个地市级监察委员会的共同上级监察机关是该省监察委员会；两个县级监察委员会，如分属同一省内两个不同地市，其共同的上级监察机关是该省监察委员会。

监察机关在工作实践中，既不能越权办理不属于自己管辖的监察事项，也不能放弃职守把自己管辖的监察事项推出不管。如果不能依法确定某个监察事项是否属于自己的管辖范围，要及时请示上级监察机关予以明确。

● 拓展阅读

1. 卞建林：《监察机关办案程序初探》，载《法律科学（西北政法大学学报）》2017 年第 6 期。

2. 李洪雷：《论我国监察机关的名与实》，载《当代法学》2018 年第 1 期。

3. 周磊、焦利：《构建中国特色国家监察官制度：背景与建议》，载《北京行政学院学报》2019 年第 3 期。

4. 叶青、王小光:《监察委员会案件管辖模式研究》,载《北方法学》2019 年第 4 期。

5. 叶海波:《从"纪检立规"到"监察立法":深化国家监察体制改革法治路径的优化》,载《政治与法律》2020 年第 8 期。

- **课后思考**

  1. 如何理解监察委员会和纪委"合署办公"?

  2. 监察委员会的性质是什么? 其与司法机关的性质有何异同?

  3. 监察管辖的类型有哪些?

典型案(事)例　　即测即评

第十章 监察权限

　　监察权限是监察机关按照《监察法》的规定，实施监察监督可以行使的监察权力。从立法目的上看，《监察法》希望给监察机关充分赋权，以便有效查处职务违法和职务犯罪案件，但同时希望监察机关规范行使职权。

第一节 监察权限概述

　　《监察法》第19—30条赋予了监察机关谈话、询问、讯问、留置、查询、冻结、搜查调取、查封、扣押、勘验检查、鉴定、技术调查措施、通缉、限制出境等权力。从法律的具体规定来看，本书认为《监察法》赋予监察机关的权限具有以下几方面特点。

一、权力内容的全面性

　　从法律规定的内容来看，监察机关被法律赋予的监察权非常全面。对于一些可能发生职务违法的监察对象，法律赋予了监察机关谈话或者要求说明情况的权力；对于涉嫌职务违法的被调查人，法律赋予了监察机关要求其就涉嫌违法行为作出陈述的权力；对涉嫌贪污贿赂、失职渎职等职务犯罪的被调查人，监察机关可以进行讯问，要求其如实供述涉嫌犯罪的情况；被调查人涉嫌贪污贿赂、失职渎职等严重职务违法或者职务犯罪的，监察机关可以采取留置措施。可见，从轻微的职务违法到严重的职务犯罪，监察机关都被法律赋予了相应的监察权。通过监察权的全面配置，监察机关可以对职务违法和职务犯罪案件展开有效的调查，及时发现监察对象或被调查人的违法犯罪行为，从而确保反腐工作的顺利推进。

二、权力对象的完整性

　　通常认为监察机关的监察对象是公职人员，但是从《监察法》关于监察权力的规定来看，与职务违法和职务犯罪有关的其他人员也是监察对象。因此首先要明确，监察对象与调查对象存在区别。监察对象是《监察法》第15条规定的公职人员和其他履行公职的人员，而调查对象是与职务违法和职务犯罪有关的人员，既包括监察对象，也包括其他虽然不是监察对象，但是为了查清职务违法和职务犯罪案件，被监察机关依法调查的人员。

　　由此不难看出，监察权力针对的对象比监察对象更广。那些虽然不是监察对象，但是与职务违法和职务犯罪有关的证人、鉴定人员、共同犯罪人员等也是监察调查的对象。虽然监察机关的根本目的在于查清公职人员和其他履行公职的人员是否存在职务违法和职务犯罪,但是为了查清案件,监察机关需要对与案件有关的所有人员进行调查,否则可能无法获得足够的证据证明监察对象是否存在职务违法与职务犯罪,也无法查清在职务违法和职务犯罪案件中是否存在其他共同犯罪人员。由此,《监察法》对监察机关的授权使得所有与案件有关的人员都被纳入了监察调查的范围,在监察权力的对象方面体现了应有的完整性。

三、权力行使的明确性

从《监察法》的规定来看,法律一方面赋予了监察机关比较全面的监察权力,另一方面对这些权力的行使从实体和程序两方面都作出了非常明确的规定。从法律条文中,我们能够明显看出,立法者既非常关注监察监督工作的有效性,如为了有效推进监察监督工作,《监察法》赋予了监察机关充分的监察权力;又非常关注监察机关获得了监察权力以后可能发生权力滥用的问题,因此明确规定了运用监察权力的具体条件。

《监察法》对于监察权力行使的条件主要从实体和程序两个角度展开。第四章"监察权限"主要从实体的角度明确了监察权力的具体实施条件,第五章"监察程序"则主要从程序的角度对监察机关如何实施监察权作出了明确规定。如《监察法》第19条规定:"对可能发生职务违法的监察对象,监察机关按照管理权限,可以直接或者委托有关机关、人员进行谈话或者要求说明情况。"这是《监察法》对监察机关行使谈话权的规定。从内容上看,监察机关行使谈话权的实体条件是:监察对象可能发生职务违法;谈话应当按照监察机关的管理权限进行;谈话可以由监察机关进行,也可以委托有关机关、人员进行。这些条件都是从实体的角度作出的规定。《监察法》第27条规定:"监察机关在调查过程中,对于案件中的专门性问题,可以指派、聘请有专门知识的人进行鉴定。鉴定人进行鉴定后,应当出具鉴定意见,并且签名。"这是《监察法》对监察机关鉴定权的规定。监察机关行使该权力应当符合的实体条件包括:针对专门性问题;指派、聘请有专门知识的人员;出具鉴定意见和签名等。

第二节　谈话、询问、讯问

一、谈话

《监察法》第19条规定:"对可能发生职务违法的监察对象,监察机关按照管理权限,可以直接或者委托有关机关、人员进行谈话或者要求说明情况。"这是关于监察机关谈话权的规定。监察实务中,正确理解本条内容需要注意以下几方面问题:谈话针对可能发生职务违法的监察对象;谈话应当按照公职人员监督权限进行;谈话可以委托进行;谈话和要求说明情况的异同。

(一)可能发生职务违法

从逻辑上讲,可能发生职务违法包括公职人员未来可能发生职务违法和公职人员已经发生职务违法但尚未被发现两种情形。从经验上看,有些职位容易发生职务违法,如某些部门的一线执法人员可能存在收受相对人物质利益,不严格依法行政,或者担任某些特定职位的公职人员曾经先后连续发生职务违法行为。对此,监察机关应当对后续担任该特定职务的公职人员进行谈话,教育、告诫其依法行使职权,防止发生职务违法行为。另外,监察机关在巡视、监督检查过程中发现,或者接到信访、报案、举报怀疑公职人员可能已经发生职务违法的,有权对被怀疑的监察对象进行谈话,或者要求其说明情况。

(二) 监察机关的管理权限

不同级别和种类的监察机关有不同的监察权限。《监察法》第 8 条第 1 款规定:"国家监察委员会由全国人民代表大会产生,负责全国监察工作。"第 9 条第 1 款规定:"地方各级监察委员会由本级人民代表大会产生,负责本行政区域内的监察工作。"第 12 条第 1 款规定:"各级监察委员会可以向本级中国共产党机关、国家机关、法律法规授权或者委托管理公共事务的组织和单位以及所管辖的行政区域、国有企业等派驻或者派出监察机构、监察专员。"第 13 条规定:"派驻或者派出的监察机构、监察专员根据授权,按照管理权限依法对公职人员进行监督,提出监察建议,依法对公职人员进行调查、处置。"

从法律规定上来看,监察机关的管理权限以地域管辖为原则。国家监察委员会对全国所有监察事务具有管辖权,县级以上地方各级监察委员会对本行政区域内的监察事务有管辖权。据此,监察机关对自己管辖区域内的公职人员具有监督管理权。

另外,监察机关派驻或派出的监察机构、监察专员原则上对被派驻的机关、组织、单位、行政区域、国有企业公职人员有监督管理权。当然这种监督管理权应当以派驻或派出它们的监察机关的名义实施,或者经过派驻或派出它们的监察机关授权,并依法进行。

需要指出的是,我国实行党的纪律检查机关和监察机关合署办公,因此,如果监督管理的对象是党员干部,则首先应当根据《监督执纪工作规则》的规定,确定对党员干部违纪和违法犯罪进行监督的纪检监察机关。

(三) 受委托的机关和人员

《监察法》规定,监察机关可以直接与监察对象进行谈话或要求其说明情况,也可以委托有关机关和人员进行。但是,"有关机关和人员"具体指哪些,目前尚没有很明确的规定。对于受委托的人员,《监察法实施条例》第 72 条第 1 款作了相关规定:"采取谈话方式处置问题线索的,经审批可以由监察人员或者委托被谈话人所在单位主要负责人等进行谈话。"可见,受委托人员应当满足两个条件:一是与被谈话人在同一单位,二是系被谈话人的主要负责人。

对于受委托的机关,相关法律法规目前并没有进行规定。本书认为,从逻辑上讲,有关机关不能仅仅是国家机关,因为可能行使公权力的人员并不限于国家机关的公职人员,其他法律法规授权组织、国有企事业单位、基层群众性自治组织中从事管理的人员也是监察对象,这些单位也可以接受监察机关的委托,对监察对象进行谈话,因此,可以接受委托的有关机关实际上也应当包括《监察法》第 15 条规定的单位。

对于监察机关委托有关机关、人员对监察对象进行谈话或要求说明情况的条件和程序,《监察法实施条例》仅笼统地规定监察机关应当制作委托函,受委托人在收到委托函后 15 个工作日以内与监察对象进行谈话并及时形成谈话情况材料报送监察机关。本书认为,谈话和要求说明情况是正式的监察行为,因此监察机关在向有关机关和人员进行委托时,出具书面的委托书是必要的,应在委托书中明确委托的事由,委托有关机关、人员实施的行为具体名称,需要注意的特定事项,以及受委托的机关和人员向监察机关反馈委托事项办理情况等。

(四) 谈话或者要求说明情况

谈话和要求说明情况的内涵有所不同。谈话是监察机关或者监察机关委托的机关、人员与被调查人进行交谈,以了解被调查人是否存在违法行为,听取被调查人对有关问题的解释。要求说明情况是监察机关要求被调查人就有关问题作出解释说明。虽然法律并没有明确规定被调查人应如何说明情况,但是既然说明情况并非当面进行,被调查人应当以书面的形式对有关情况进行具体说明。

从监察实践来看,谈话和要求说明情况具有非常密切的联系。通常情况下,监察机关自己或者委托有关机关人员进行谈话,对于全面了解公职人员是否发生职务违法具有非常重要的意义。因为谈话可以涉及公职人员的多方面行为,可以全面判断公职人员是否可能发生职务违法行为。不仅如此,在谈话的过程中,监察机关也可以要求公职人员对有关事项作出说明解释。而单纯的要求说明情况,一般针对特定的事项,由公职人员进行解释说明。在范围上,要求说明情况要比谈话窄一些。

二、讯问、询问

《监察法》第 20 条规定:"在调查过程中,对涉嫌职务违法的被调查人,监察机关可以要求其就涉嫌违法行为作出陈述,必要时向被调查人出具书面通知。对涉嫌贪污贿赂、失职渎职等职务犯罪的被调查人,监察机关可以进行讯问,要求其如实供述涉嫌犯罪的情况。"第 21 条规定:"在调查过程中,监察机关可以询问证人等人员。"这是关于监察机关讯问、询问权的规定。根据上述规定,讯问是监察机关对涉嫌职务犯罪的被调查人实施的调查行为,而询问是监察机关对证人等其他人员实施的调查行为。监察机关实施讯问和询问行为应当注意以下几个问题:

(一) 行为对象

按照法律规定,讯问的对象是涉嫌贪污贿赂、失职渎职等职务犯罪的被调查人;询问的对象是证人等其他人员。监察机关对被调查人进行讯问的前提应该是已经掌握部分犯罪证据,为了全面掌握被调查人的犯罪证据,监察机关还需要进一步审查调查,讯问此时就是审查调查的手段之一;证人等其他人员不是调查对象,不涉嫌职务犯罪,监察机关可以在审查调查过程中向其了解情况,收集证据,但是由于不是被调查人,不能进行讯问,而只能进行询问。

此处值得讨论的是公职人员以外的其他有关人员,涉嫌行贿罪或者共同犯罪的,监察机关是否可以对其进行讯问。从法律规定来看,其他人员如果涉嫌职务犯罪中的共同犯罪的,可以涵盖在"涉嫌贪污贿赂、失职渎职等职务犯罪的被调查人"之中。其他有关人员如果实施共同犯罪,当然属于涉嫌贪污贿赂、失职渎职等职务犯罪。因此,公职人员之外的这些有关人员可以成为监察机关讯问的对象。但是如果公职人员之外的其他有关人员涉嫌行贿罪,则无法被涵盖。因此,本书认为《监察法》第 20 条关于讯问对象的规定存在不周延之处。但是基于有关人员的行贿罪与公职人员受贿罪关系密切,《监察法》又规定,监察机关有权对有关人员涉嫌行贿罪进行监察调查。据此,对涉嫌行贿罪的有关人员,监察机关应当有权对其进行讯问调查。当然,从法律制度周延性的角度来看,未来《监察法》修改完善时,应当明确对于公职人员以外涉嫌行贿罪和共同犯罪的有关人员,监察机关有权进行讯问。

(二) 适用范围

按照法律规定,讯问适用于被调查人涉嫌贪污贿赂、失职渎职等职务犯罪的案件。关于询问适用于什么案件,法律没有明确规定,只是规定在调查过程中,监察机关可以询问证人等人员。由于监察调查主要针对被调查人涉嫌职务违法和职务犯罪的案件,因此可以推断询问针对的也是职务违法和职务犯罪的案件。

《监察法》第 20 条第 1 款规定,在调查过程中,对涉嫌职务违法的被调查人,监察机关可以要求其就涉嫌违法行为作出陈述,必要时向被调查人出具书面通知。本书认为这一规定可以被视为法律赋予了监察机关要求被调查人作出陈述的权力。在学界,很多人没有将其视为监察机关的一项监察权,但是要求被调查人作出陈述与监察机关对被调查人进行讯问,在内涵上比较接近,都是以命令的方式要求被调查人作出解释和回答。所不同的是,讯问针对的是职务犯罪案件,而要求作出陈述针对的是职务违法案件。

(三) 法律上的强制力

监察机关实施的讯问和询问在法律上是否具有强制力,涉及被调查人、证人依法应当如何对待监察机关的讯问和询问,以及是否因此承担相应的法律后果等重要问题。从法律规定来看,讯问针对的是被调查人涉嫌贪污贿赂、失职渎职等职务犯罪;从事由来看,不是一般的违法违纪行为,而是可能受到刑事处罚的犯罪行为。因此,讯问应当是一种强制性监察调查行为。尽管《监察法》没有规定监察机关在实施讯问之前可以传唤被调查人,但是从讯问的内涵来看,其中已经蕴含了监察机关可以要求被调查人到指定的地点接受讯问的权力。

而询问的情形则有所不同。由于询问针对的是证人等其他人员,这些人本身并不涉嫌违法犯罪,因此询问不具有法律上的强制力,监察机关不能要求被询问人在指定的地点接受询问,而应当事先征求被询问人的意见,在被询问人可接受的地点进行询问。当然接受监察机关询问是公民配合调查的法律义务,因此,被询问人不能拒绝接受监察机关的询问。无正当理由拒不接受监察机关的询问的,应当承担相应的法律后果。

第三节　留　　置

《监察法》第 22 条第 1 款规定:"被调查人涉嫌贪污贿赂、失职渎职等严重职务违法或者职务犯罪,监察机关已经掌握其部分违法犯罪事实及证据,仍有重要问题需要进一步调查,并有下列情形之一的,经监察机关依法审批,可以将其留置在特定场所:(一) 涉及案情重大、复杂的;(二) 可能逃跑、自杀的;(三) 可能串供或者伪造、隐匿、毁灭证据的;(四) 可能有其他妨碍调查行为的。对涉嫌行贿犯罪或者共同职务犯罪的涉案人员,监察机关可以依照前款规定采取留置措施。留置场所的设置、管理和监督依照国家有关规定执行。"这是关于监察机关留置权的规定。党的十九大明确提出要通过立法赋予监察机关留置权,《监察法》明确赋予了监察机关这一权力。从本条规定的内容来看,监察机关行使留置权需要注意以下几点:

一、适用范围

留置权只能针对被调查人涉嫌贪污贿赂、失职渎职等严重职务违法或职务犯罪行为。被调查人涉嫌违反道德操守或轻微职务违法的行为,尽管也可能属于贪污贿赂、滥用职权等职务违法行为,但因为情节尚属轻微,没有达到严重违法或犯罪的程度,就不得适用留置。根据《监察法实施条例》的规定,严重职务违法是指根据监察机关已经掌握的事实及证据,被调查人涉嫌的职务违法行为情节严重,可能被给予撤职以上政务处分。之所以将严重的职务违法也纳入留置范围,是因为根据以往的调查经验,一些公职人员的职务违法行为已经到了严重程度的,很有可能会被追究刑事责任,需要移交人民检察院审查起诉。

二、适用前提

所谓适用前提,是指监察机关对涉嫌严重职务违法和职务犯罪的被调查人适用留置应满足的条件。根据《监察法》的上述规定,本书认为适用留置的基本前提包括:已经掌握其部分违法犯罪事实及证据;仍有重要问题需要进一步调查。

《监察法实施条例》第 92 条第 3 款对"已经掌握其部分违法犯罪事实及证据"作了规定,具体是指同时具备下列情形:(1) 有证据证明发生了违法犯罪事实;(2) 有证据证明该违法犯罪事实是被调查人实施的;(3) 证明被调查人实施违法犯罪行为的证据已经查证属实。以上三项条件必须同时具备,其要求之高基本达到"犯罪事实清楚,证据确实充分"的程度,体现了对监察机关留置权的严格适用限制,也彰显了对涉案人员权利的充分保障。

适用留置的另一个前提是仍有重要问题需要进一步调查。这一方面是为了保证监察机关规范行使留置权,防止在没有任何证据或者丝毫不掌握证据和事实的前提下滥用留置权;另一方面也是为了防止被调查人在进一步调查的过程中采取妨碍调查的行为,导致案件调查不能正常进行。

三、适用条件

所谓适用条件,是指监察机关在适用留置权时,除了应当满足基本前提之外,还必须满足个案中可能需要具备的具体条件。这些具体条件首先表现为,监察机关实施留置权必须经监察机关依法审批,并将调查对象留置在特定场所。留置权对被调查人的人身自由无疑具有非常重大的影响。公职人员依法享有相应的权利,不当实施留置会导致公职人员不应有的权利损害。为了加强对留置权行使的监督,《监察法》明确规定,实施留置必须经过严格的内部审批程序。另外,与《刑事诉讼法》不同,监察机关对被调查人实施留置,其留置场所并不在关押一般犯罪嫌疑人的看守所,而是监察机关办理案件的特定场所。留置权的行使涉及多方面问题,被调查人的人身安全,以及监察机关对留置场所、工作人员的熟悉程度等,对于调查工作能否顺利进行关系重大。

被调查人具有下列情形之一的,可以对其实施留置措施:涉及案情重大、复杂;可能逃跑、自杀;可能串供或者伪造、隐匿、毁灭证据;可能有其他妨碍调查行为。从上述情形来看,采取留置措施主要目的在于防止出现妨碍调查行为,这些可能发生的妨碍调查行为可能是被调查人实施的,也可能是其通过默许、组织、参与等方式实施的。虽然被调查人被留置不一定能够完全阻止妨碍调查行为的发生,其他人也可能为了被调查人或者自身的利益实施妨碍调查的行为,但是至少通过留置被调查人可以在相当程度上避免或减少妨碍调查行为的发生。

另外,按照《监察法》的规定,其他涉案人员虽不属于个案中被调查的公职人员,但是对于因为行贿或者共同职务犯罪而被调查的人员,也可以采取留置措施。这一点事实上打破了只有公职人员才可以被监察机关调查追究法律责任的观点。即便这些人不是公职人员,只要他们实施了行贿犯罪行为或者实施共同职务犯罪,也会成为调查对象,被采取留置措施。

第四节 查询、冻结、搜查、调取、查封、扣押

一、查询、冻结

《监察法》第 23 条规定:"监察机关调查涉嫌贪污贿赂、失职渎职等严重职务违法或者职务犯罪,根据工作需要,可以依照规定查询、冻结涉案单位和个人的存款、汇款、债券、股票、基金份额等财产。有关单位和个人应当配合。冻结的财产经查明与案件无关的,应当在查明后三日内解除冻结,予以退还。"这是关于监察机关的查询、冻结权的规定,从文本内容来看,这一规定主要包含以下几层意思。

(一)查询、冻结的前提

查询冻结的前提是被调查人涉嫌贪污贿赂、失职渎职等严重职务违法或者职务犯罪。这表明只有对于涉嫌严重职务违法或者职务犯罪的公职人员,监察机关才可以采取查询、冻结措施,对于公职人员的其他违法违纪行为,不得实施查询、冻结行为。当然法律并没有明确什么是"涉嫌"。在内涵不明确的情况下,监察机关根据以往办案经验并充分结合个案具体情况来判断被调查人是否属于涉嫌严重职务违法或者职务犯罪,是否可能被追究刑事责任,进而确定"涉嫌"的内涵,并决定是否有必要实施查询、冻结行为。

实施查询、冻结行为必须基于工作需要。对于什么是"工作需要",法律也没有明确界定,但是有一点应当是明确的,那就是要基于调查工作的需要,而不是其他工作的需要。当然,最终是否需要实施查询、冻结行为,监察机关可以根据个案作出合理的理解和解释。

(二) 查询、冻结的依据和对象

查询、冻结的依据并不仅仅限于《监察法》及《监察法实施条例》。根据《监察法》第 23 条规定,监察机关应当"依照规定"实施查询、冻结。由于没有法律位阶的限制,这里的规定既可以包括国家制定的法律、法规和规章,也可以包括其他规范性文件。当然,《监察法》关于监察程序的规定也是查询、冻结行为的实施依据。

查询、冻结的对象是涉案单位和个人。从监察实践来看,涉案的单位和个人既包括被调查人及其所在的机关、单位,也包括与被调查人实施严重职务违法或者犯罪行为相关的其他组织和个人。如在公职人员受贿案中,既可能是受贿的公职人员,也可能是实施行贿行为的单位或个人。此时监察机关实施调查行为的对象,显然已经从作为被调查人的公职人员,扩大到其他单位或非公职人员。这又有力地证明了监察调查的对象其实并不仅限于公职人员,其他与严重职务违法或者职务犯罪相关的主体也是调查对象。

(三) 查询、冻结的法律效力

查询、冻结具有法律上的强制力。冻结行为在法律上具有强制力,这一点不会存在疑问。《行政强制法》和《刑事诉讼法》都赋予了行政执法机关和刑事侦查机关,对涉案的存款、汇款、债券、股票、基金份额等财产依法进行冻结的权力。但是查询是否具有强制力,不论是理论还是实践均可能存在疑问。有人认为,查询只是监察机关询问有关情况的事实行为,在法律上不应当具有强制力。对此,《监察法》明确规定,监察机关实施查询、冻结行为时,有关单位和个人应当配合。法律关于"有关单位和个人应当配合"的规定,并非另行赋予监察机关强制权,而是提示监察机关和有关单位、个人,必须遵守监察机关依法提出的查询、冻结要求,不得拒绝,否则应当承担相应的法律责任。

实施冻结行为应当遵守法律的特别要求。尽管监察机关被赋予冻结权,但是由于冻结行为对有关单位和个人的财产会产生重要影响,为了防止监察机关不当实施冻结行为,侵害有关单位、个人的合法权益,法律规定监察机关必须在实施冻结行为以后,尽快查明被冻结的财产是否与案件有关。如果经过调查发现被冻结的财产与案件没有关系,应当在查明以后的 3 日内解除冻结,退还当事人。这里我们能非常清晰地看到《监察法》的立法思路:一方面赋予监察机关足够的监察权限;另一方面非常关注监察权是否可能被滥用的问题,通过立法对监察机关实施查询、冻结行为进行法律规制。

二、搜查

《监察法》第 24 条规定:"监察机关可以对涉嫌职务犯罪的被调查人以及可能隐藏被调查人或者犯罪证据的人的身体、物品、住处和其他有关地方进行搜查。在搜查时,应当出示搜查证,并有被搜查人或者其家属等见证人在场。搜查女性身体,应当由女性工作人员进行。监察机关进行搜查时,可以根据工作需要提请公安机关配合。公安机关应当依法予以协助。"这是关于监察机关对人身和财产搜查权的规定,监察实践中我们需要把握以下几方面。

（一）搜查的前提和对象

搜查的前提是被调查人涉嫌职务犯罪。《监察法》在规定监察强制权时，一般针对的是被调查人严重职务违法或者职务犯罪行为，但是对于搜查权，仅针对涉嫌职务犯罪的行为。从部门法比较的角度来看，《刑事诉讼法》规定侦查机关在犯罪侦查中可以实施搜查，而在行政法上，行政执法机关一般被赋予了行政检查权但没有被赋予搜查权。相较检查权，搜查权具有更加明显的强制力。检查权的行使往往具有预先明确的方式方法，而搜查权的行使则由执法机关和执法人员根据具体情况灵活掌握，对相对人的自由和权利影响更大。

搜查的对象包括人身、场所、设施和财物。按照法律规定，搜查的目的在于找到或发现被调查人或者犯罪证据。实践中，被调查人为了逃避调查和处罚，可以将自己隐藏起来，也可能将一些不利于自己的证据隐藏起来。为了及时找到被调查人，或者收集确实充分的证据确认案件事实，顺利推进监察调查工作，法律赋予监察机关对人身、场所、设施和财物的搜查权。

（二）搜查的基本规则

搜查行为对被调查人和其他有关单位、个人的权益可能造成影响，如可能损害人格尊严、人身自由以及场所、设施、财物。为了实现利益平衡，既能够及时发现被调查人或犯罪证据，又能避免不应有的损害，尤其是避免矛盾争议的发生，法律规定监察机关行使搜查权必须遵守一定的规则。例如，监察人员应当依法出示搜查证，以证明自己是代表监察机关依法进行搜查；被搜查人或者其家属、其所在单位工作人员或者其他见证人应当在场，以便证明监察机关搜查的合法性，避免发生争议。

（三）公安机关的协助搜查义务

我国公安机关是专门的执法机关，为了维护国家安全和社会稳定，我国建立了一支强大的公安执法队伍，并被赋予了全面的执法权。监察机关在实施搜查的过程中，如果发现自己的监察力量不足以应对即将展开的搜查工作，可以依法提请公安机关协助进行搜查活动。法律对公安机关协助监察机关实施搜查行为的条件是明确的，即监察机关根据工作需要，认为需要公安机关予以协助的，按规定报批后就可以向公安机关提出要求。公安机关在接到监察机关的请求以后，应当迅速组织力量协助监察机关实施搜查行为，不得以任何理由推卸责任、拒绝协助，否则应当承担法律和纪律责任。

三、调取、查封、扣押

《监察法》第 25 条规定："监察机关在调查过程中，可以调取、查封、扣押用以证明被调查人涉嫌违法犯罪的财物、文件和电子数据等信息。采取调取、查封、扣押措施，应当收集原物原件，会同持有人或者保管人、见证人，当面逐一拍照、登记、编号，开列清单，由在场人员当场核对、签名，并将清单副本交财物、文件的持有人或者保管人。对调取、查封、扣押的财物、文件，监察机关应当设立专用账户、专门场所，确定专门人员妥善保管，严格履行交接、调取手续，定期对账核实，不得毁损或者用于其他目的。对价值不明物品应当及时鉴定，专门封存保管。查封、扣押的财物、文件经查明与案件无关的,应当在查明后三日内解除查封、扣押,予以退还。"这是关于监察机关的调取、查封、扣押权的规定,实务中监察机关行使调取、查封、扣押权需要注意以下几方面问题。

（一）调取、查封、扣押的对象

与前述的监察权力不同,监察机关行使调取、查封、扣押权力,针对的是被调查人涉嫌违法犯罪的行为。此处并没有明确被调查人涉嫌职务违法还是职务犯罪,而是笼统地规定违法犯罪。从法律解释的角度,公职人员违法犯罪的内涵比较宽泛,既可以包括职务违法和职务犯罪,也可以包括公职人员实施的其他违法犯罪;既可以包括轻微违法行为,也可以包括严重犯罪行为。很明显,《监察法》认为监察机关在对公职人员涉嫌职务违法或职务犯罪调查的过程中,实施调取、查封、扣押行为时,不论是否属于职务违法或职务犯罪的财物、文件和电子数据等信息,都要全面收集。对于不属于职务违法或职务犯罪,但可以证明被调查人存在其他违法犯罪行为的案件,可以移送有关国家机关进行处理。

（二）调取、查封、扣押的实施规则

为了规范监察机关实施调取、查封、扣押行为,法律对于监察机关如何实施上述权力作出了相对明确的规定。涉嫌违法犯罪的财物、文件等信息应当收集原件,监察机关应当会同持有人或者保管人、见证人,当面逐一拍照、登记、编号,开列清单,由在场人员当场核对、签名,并将清单副本交财物、文件等的持有人或者保管人。证据材料收集原件是证据规则的基本要求,尤其针对严重的违法犯罪行为,只有证据原件才能单独作为证据证明被调查人是否具有违法犯罪行为和事实,如果是复印件或者复制品,其证明力会受到影响。同时,为了避免和减少争议,保证调查行为能够顺利进行,监察机关在调取、查封、扣押有关证据时,应当有持有人、保管人或见证人在场证明,并通过开列证据清单等方式,将副本交给持有人或保管人。

（三）对调取、查封、扣押行为的法律控制

调取、查封、扣押行为对有关人员的权利可能产生影响,尤其是如果监察人员不当采取调取、查封、扣押措施,可能对有关人员的利益造成损害。为了规范监察机关和监察人员的调取、查封、扣押行为,《监察法》对于如何规范行使上述权力作出了强制性规定。例如,对调取、查封、扣押的财物、文件等,监察机关应当设立专用账户、专门场所,确定专门人员妥善保管,严格履行交接、调取手续,定期对账核实,不得毁损或者用于其他目的。对价值不明物品应当及时鉴定,专门封存保管。查封、扣押的财物、文件经查明与案件无关的,应当在查明后 3 日内解除查封、扣押,予以退还。

第五节　勘验检查、鉴定

一、勘验检查

《监察法》第 26 条规定:"监察机关在调查过程中,可以直接或者指派、聘请具有专门知识、资格的人员在调查人员主持下进行勘验检查。勘验检查情况应当制作笔录,由参加勘验检查的人员和见证人签名或者盖章。"这是关于监察机关勘验检查权的规定,对于确定被调查人是否存在职务违法和职务犯罪行为具有重要意义。正确理解和行使勘验检查权需要注意以下几点。

（一）勘验检查的对象

《监察法》第 11 条第 2 项规定,监察委员会依照本法和有关法律规定,对涉嫌贪污贿赂、滥用职权、玩忽职守、权力寻租、利益输送、徇私舞弊以及浪费国家资财等职务违法和职务犯罪进行调查。由此可见,监察调查主要针对公职人员的职务违法和职务犯罪行为。虽然《监察法》第 26 条没有明确规定勘验检查针对什么行为,但是从体系解释的角度看,其针对的应当是公职人员职务违法和职务犯罪行为。这里的职务违法和职务犯罪并没有明确情节轻重,也就是说,不论是轻微的还是严重的职务违法和职务犯罪行为,监察机关都可以根据个案监察调查的需要实施勘验检查行为。从监察工作实务来看,也只有经过勘验检查才能确定公职人员职务违法和职务犯罪的情节轻重。

（二）勘验检查的要求

勘验检查可能涉及法律事务,也可能涉及其他专业事务。按照法律规定,勘验检查可以由监察机关直接进行,也可以由监察机关指派或聘请具有专门知识、资格的人员在调查人员主持下进行。监察机关实施勘验检查的目的,在于收集被调查人是否存在职务违法和职务犯罪的证据,因此监察机关进行的勘验检查主要涉及的是案件的证据和事实。而勘验检查往往涉及法律与证据以外的专业事务,或者证据本身涉及专业性知识,监察机关不具备相应的专业知识,此时就需要指派或者聘请有专门知识、具备专门资格的人员,帮助监察机关进行勘验检查。

《监察法》并没有明确什么样的人员才符合"具有专门知识、资格"的要求。本书认为,一方面,那些具有法定资质或证书的人员,可以成为法律规定的"具有专门知识、资格"的人员,如具有执业医师证书。另一方面,国家可以通过立法或者监察机关通过制定统一标准,对什么是"具有专门知识、资格"的人员作出明确规定。

（三）勘验检查的程序

勘验检查也必须遵守法定程序。按照《监察法》的规定,勘验检查应当由监察机关主持,即便是监察机关指派或聘请具有专门知识、资格的人员进行勘验检查,也必须在监察机关的调查人员主持下进行。在勘验检查的过程中,检查人员应当对勘验检查情况制作笔录,由参加勘验检查的人员和见证人签名或者盖章,以保证勘验检查的客观真实性,避免不应有的法律争议。

二、鉴定

《监察法》第 27 条规定:"监察机关在调查过程中,对于案件中的专门性问题,可以指派、聘请有专门知识的人进行鉴定。鉴定人进行鉴定后,应当出具鉴定意见,并且签名。"这是法律对监察机关的鉴定权作出的规定。鉴定权既涉及监察权限,又涉及专业性事务,监察机关在行使鉴定权时应当注意以下几点。

（一）鉴定的对象

鉴定同样针对被调查人涉嫌职务违法或职务犯罪行为。与勘验检查一样,鉴定是监察机关在立案以后调查公职人员是否存在职务违法或职务犯罪的过程中实施的行为。换言之,监察机关在实行监督检查和实施处置的过程中不可以实施鉴定行为。

鉴定涉及专业性事务,是对与案件处置相关的证据和其他材料,利用专门的技术或者知识进行鉴别确定。这些证据或资料可能是可以直接证明被调查人是否存在违法犯罪行为的证据,也可能是可以间接证明被调查人是否存在违法犯罪行为的资料。如举报人提供的有关被调查人收受贿赂的录音、录像,经过技术鉴定可以直接证明本调查人是否具有收受贿赂的事实;一封电子邮件经过技术鉴定,可以证明被调查人是否就职务违法或职务犯罪行为,曾经与他人有过约定。

（二）鉴定的要求

鉴定行为由具备专门知识的人员独立进行。勘验检查应当在调查人员的主持下进行,而鉴定必须由具备专门知识的人员独立进行,不受调查人员的干涉。在鉴定过程中,因为监察人员缺乏专业知识,同时为了确保具备专门知识的技术人员能够客观得出鉴定意见,法律明确要求鉴定人员独立作出鉴定意见,监察人员不得干预鉴定人员的鉴定行为,以确保鉴定意见的客观真实性。

鉴定人员应当对鉴定意见的客观真实性承担法律责任。按照法律规定,鉴定人员通过鉴定获得鉴定结果以后应当出具鉴定意见,并且在鉴定意见上签名。同勘验检查一样,法律并没有明确规定什么是"有专门知识的人",因此在一般条件下,鉴定人只要具备法定的资格资质,就可以视为有专门知识的人,可以接受监察机关的指派或聘请实施鉴定行为。鉴定得出的结果必须以书面的形式形成鉴定意见,鉴定意见只是监察机关认定案件事实的证据之一,一般情况下不能仅仅依靠鉴定意见作出结论或者作出处置。特殊情况下,如在轻微的职务违法案件中,能否根据仅有的鉴定意见作出处置,还需要国家监察委员会作出解释。与此同时,鉴定人员应当按照法律、法规的规定,客观专业地实施鉴定行为,不得故意对有关材料作出虚假或错误鉴定,否则应当承担法律和纪律责任。

第六节　技术调查措施

《监察法》第 28 条规定:"监察机关调查涉嫌重大贪污贿赂等职务犯罪,根据需要,经过严格的批准手续,可以采取技术调查措施,按照规定交有关机关执行。批准决定应当明确采取技术调查措施的种类和适用对象,自签发之日起三个月以内有效;对于复杂、疑难案件,期限届满仍有必要继续采取技术调查措施的,经过批准,有效期可以延长,每次不得超过三 个月。对于不需要继续采取技术调查措施的,应当及时解除。"这是关于监察机关采取技术调查措施权的规定。为了查清案件事实,监察机关被法律赋予了采取技术调查措施的权力。从法律规定的内容来看,监察机关采取技术调查措施时,应当注意以下几方面问题。

一、技术调查措施的对象

技术调查措施针对涉嫌重大贪污贿赂等职务犯罪。技术调查措施是具有调查权或侦查权的机关利用信息技术手段,获取有关证据的行为。实务中,在职务犯罪调查以外的其他犯罪侦查活动中,有关国家机关依法也可以采取这一措施。从《监察法》的规定来看,对于技术调查措施,在适用范围上有着严格的限定:只有涉嫌重大贪污贿赂等职务犯罪的案件,才可以实施技术调查措施。一方面,案件本身属于重大案件。从法律解释来看,这里的"重大案件"既包括情节非常严重的职务犯罪案件,也包括案件涉及多名公职人员、涉案的公职人员级别较高、影响恶劣或者可能被判处较重刑事处罚的案件。另一方面,涉及的罪名主要是贪污贿赂,但又不限于贪污贿赂。从监察实践来看,需要采取技术调查措施的主要是重大贪污贿赂犯罪,但是法律并不排除其他重大职务犯罪案件采取技术调查措施的可能性。如果监察机关认为有现实必要性,也可以依法决定采取技术调查措施。《监察法实施条例》在此基础上作了更细致的界定,即所谓重大贪污贿赂等职务犯罪,是指具有下列情形之一:(1) 案情重大复杂,涉及国家利益或者重大公共利益的;(2) 被调查人可能被判处 10 年以上有期徒刑、无期徒刑或者死刑的;(3) 案件在全国或者本省、自治区、直辖市范围内有较大影响的。

二、技术调查措施的决定与实施

技术调查措施由监察机关决定,由其他机关执行。为了防止技术调查措施被滥用,造成不应有的损害,有关法律对技术调查措施的作出规定了严格的审批程序。《监察法》规定,监察机关认为需要采取技术调查措施的,应当经过严格的批准手续。法律一方面赋予监察机关技术调查措施的决定权,以便能够对一些重大的贪污贿赂等职务犯罪案件顺利实施调查,收集确实充分的证据;另一方面也对监察机关决定采取技术调查措施设定了权力监督机制,只有经过了严格的批准程序,才能决定采取技术调查措施,监察机关不得在调查活动中轻易采取技术调查措施。

按照法律的规定,技术调查措施由其他机关执行。通常情况下,这里的其他机关主要是公安机关。将监察机关作出的实施技术调查措施决定交由公安机关执行,在技术上是最合理的。从另一个层面看,由监察机关决定实施技术调查措施,由公安机关具体实施技术调查措施,在法律上具有相互配合、相互制约的意义。公安机关依法应当配合监察机关实施监察调查。在监察机关决定实施技术调查措施以后,公安机关应当按照监察机关决定的内容迅速有效地实施技术调查措施,获取被调查人是否存在重大职务犯罪的证据。与此同时,公安机关应当依据国家法律,依照监察机关合法的决定,合理采取技术调查措施。在实施技术调查措施时不得接受违法的指令随意变更技术调查的手段、方式、对象和范围。

技术调查措施有严格而明确的实施期限。按照法律规定,批准实施技术调查措施的决定自签发之日起 3 个月内有效,这就意味着技术调查措施的一般期限是自签发之日起 3 个月。实施技术调查措施的机关不得违法超期实施技术调查措施。与此同时,对于那些复杂、疑难的职务犯罪案件,法律规定,期限届满仍有必要继续采取技术调查措施的,经过严格批准程序,有效期可以适当延长,但是每次延长不得超过 3 个月。在调查过程中发现不需要继续采取技术调查措施的,监察机关应当及时通知有关机关解除技术调查措施。

三、技术调查措施的决定和实施需要注意的几个问题

（一）批准采取技术调查措施的决定必须有规范而明确的内容

监察机关在作出决定时,必须明确技术调查措施的种类和适用对象。不仅如此,从规范的角度来看,批准决定还应当包括实施技术调查措施的依据、原因、目的、期限等重要内容。

（二）严格把握复杂、疑难案件的标准

技术调查措施的一般期限是 3 个月,属于复杂、疑难案件的,可以延长期限。但是为了防止监察机关工作人员随意延长技术调查期限,降低办案效率,对被调查人以及其他人员权利产生不利影响,行使审批权的监察机关领导和上级机关应当严格行使批准权,并通过规范性文件明确复杂、疑难案件的具体标准。

（三）延长技术调查措施的次数没有明确限制

法律虽然规定每次延长的期限不得超过 3 个月,但是并没有明确限制延长期限的次数。从监察调查的实际情况来看,一些重大、复杂、疑难的案件,由于牵涉面广、犯罪证据难以获得等原因,无法在一定的时间内获得充分的证据证明犯罪事实,确实有必要多次延长技术调查措施的期限。我国之所以制定专门的《监察法》,将职务犯罪调查的功能从人民检察院转移到独立的监察机关,就是为了有效实施反腐工作。具体法律制度是为立法目的服务的,如果在法律制度上不当限定了监察机关延长技术调查措施的次数,很有可能导致一些被调查人利用制度的漏洞逃避调查,从而使得一些重要的犯罪证据无法被监察机关充分掌握,无法追究被调查人的法律责任。因此在立法上有必要根据职务犯罪调查的实际情况,对具体的制度作出合理设计。

第七节 通缉、限制出境

一、通缉

《监察法》第 29 条规定:"依法应当留置的被调查人如果在逃,监察机关可以决定在本行政区域内通缉,由公安机关发布通缉令,追捕归案。通缉范围超出本行政区域的,应当报请有权决定的上级监察机关决定。"这是关于监察机关决定通缉权的规定,理解和适用这一权力需要注意以下问题。

（一）通缉的对象

通缉针对应当留置而在逃的被调查人。在一般的刑事犯罪案件侦查过程中,如果犯罪嫌疑人在逃,公安机关可以决定发布通缉令加以追捕。在职务犯罪调查过程中,法律授予监

察机关决定通缉的权力。但是监察机关并非可以针对所有被调查人决定通缉。按照法律规定,只有那些依法应当留置的被调查人才可以因为在逃而由监察机关决定通缉。监察机关在决定通缉时,先要确定该被调查人是否应当被留置,确定了应留置该被调查人后,才能决定通缉。对此,需要厘清两个问题:

1. 在决定通缉之前是先决定留置再决定通缉,还是先通缉,待追捕到案后再决定留置。本书认为这一问题要依据个案具体情况确定。如果监察机关先作出了留置决定,在执行留置决定的过程中发现被调查人在逃的,就依法作出通缉决定,此时是先作出留置决定,然后作出通缉决定。而如果监察机关在作出留置决定之前,就发现被调查人已经在逃,此时留置决定即便作出也无法执行,监察机关应当先作出通缉决定,待公安机关将被调查人追捕到案以后,再作出留置决定。

2. 如何判定应当留置的被调查人在逃。监察实践中,监察机关在调查过程中可能由于多种原因无法联系或找到被调查人,此时应当以什么标准判定被调查人可能在逃,需要作出通缉决定追捕到案呢? 本书认为,监察机关应当凭借工作经验以及具体调查获得相应的证据,在确定被调查人已经逃避调查不知所踪的情况下,才能决定通缉。在不符合经验判断和证据不足的情况下,监察机关工作人员不得随意判断被调查人已经在逃,进而决定通缉。

（二）通缉的范围

按照《监察法》第16条第1款的规定,各级监察机关按照管理权限管辖本辖区内公职人员所涉监察事项。由于没有监察区的划分,所谓的本辖区内,指的是本行政区域内的公职人员。该法第7条规定,中华人民共和国国家监察委员会是最高监察机关。省、自治区、直辖市、自治州、县、自治县、市、市辖区设立监察委员会。第29条规定,通缉范围超出本行政区域的,应当报请有权决定的上级监察机关决定。监察机关必须严格遵守管辖权的规定,对于需要在超出自己管辖区的范围内决定通缉的,应当向上级监察机关报告,由上级监察机关作出通缉决定。

监察机关作出通缉决定和公安机关发布通缉令是两个不同的行为,但是又存在密切联系。公安机关发布通缉令以监察机关作出通缉决定为前提,在法律上属于对监察机关作出的通缉决定的执行行为。对职务违法和职务犯罪案件的调查不是公安机关的职责范围,公安机关显然不能在监察机关没有作出通缉决定的情况下发布通缉令。从依法配合监察机关办案的角度来看,公安机关在监察机关作出通缉决定以后,即可发布通缉令将在逃的被调查人追捕到案。

二、限制出境

《监察法》第30条规定:"监察机关为防止被调查人及相关人员逃匿境外,经省级以上监察机关批准,可以对被调查人及相关人员采取限制出境措施,由公安机关依法执行。对于不需要继续采取限制出境措施的,应当及时解除。"这是关于监察机关限制出境权的规定。监察机关在采取限制出境措施时,应当注意以下几方面问题。

（一）限制出境的对象

限制出境针对职务违法与职务犯罪案件。《监察法》第 40 条第 1 款规定，监察机关对职务违法和职务犯罪案件，应当进行调查，收集被调查人有无违法犯罪以及情节轻重的证据，查明违法犯罪事实，形成相互印证、完整稳定的证据链。因此监察调查主要针对的是涉嫌职务违法和职务犯罪的案件。监察机关在监察调查过程中，发现被调查人以及相关人员可能逃匿境外的，依法可以采取限制出境措施。

从监察实践来看，监察机关在发现问题线索初步核实的过程中，如果发现公职人员或者其他人员可能逃匿境外，是否可以采取限制出境的措施，法律对此并没有作出明确规定。本书认为，监察机关发现问题线索初步核实的过程中实施的核查行为，在本质上属于初步调查，也是监察机关对职务违法和职务犯罪行为实施的调查行为，此时的公职人员也属于被调查人员。因此，在初步核实阶段，监察机关发现被调查人和相关人员可能逃匿境外，逃避法律责任的，也可以采取限制出境措施。

被调查人与公职人员在《监察法》上应当有所区别。公职人员是一切具有或行使公权力的人员，而被调查人员应当是指被监察机关启动初步核实程序，开始予以核查、调查的公职人员。如果公职人员单纯违反道德操守，监察机关对其进行监督检查，或者虽然涉嫌职务违法，但是监察机关只对其进行谈话或者要求说明情况，没有进入初步核实阶段，那么此时的公职人员就不是被调查人，而应当属于被监督检查人。监察机关对被监督检查人没有进行初步核实，没有开始审查调查，故被监督检查人不属于限制出境的对象。当然，如果在监督检查阶段，公职人员需要出境的，监察机关应当尽快监督检查，以确定是否需要启动初步核实，是否需要对其采取限制出境措施。

被调查人以外的相关人员可能不是公职人员，但是在一定条件下监察机关也有权对其采取限制出境措施。此处的"相关人员"，主要是指与公职人员存在共同违法或犯罪，以及掌握重要证据，对证明案件事实具有关键影响的其他人员。

（二）采取限制出境措施的程序

《监察法》规定，经省级以上监察机关批准，监察机关可以对被调查人及相关人员采取限制出境措施。据此，对被调查人及相关人员采取限制出境措施的审批权，法律明确规定由省级以上监察机关行使。这一规定体现了该监察权力行使的慎重性。立法的另一层意思是，除非得到省级以上监察机关批准，其他任何监察机关不得随意决定对被调查人及相关人员采取限制出境措施。

按照法律规定，限制出境措施由公安机关依法执行。如果监察机关认为需要对被调查人及相关人员采取限制出境措施，在经过批准作出决定以后，监察机关应当将采取限制出境措施的决定交给公安机关协助执行。此时公安机关实施的限制出境行为是执行监察机关决定的行为，法律性质上属于监察调查行为，不是公安机关的行政强制措施或刑事强制措施。与此同时，监察机关应当尽快对案件实施调查，调查过程中发现不需要继续采取限制出境措施的，应当及时解除，以免被调查人及相关人员的合法权益受到不应有的损害。

● 拓展阅读

　　1. 秦前红、石泽华:《监察委员会调查活动性质研究——以山西省第一案为研究对象》,载《学术界》2017 年第 6 期。

　　2. 江国华、王冲:《监察委员会留置措施论析》,载《湖北社会科学》2018 年第 9 期。

　　3. 程衍:《论监察权监督属性与行权逻辑》,载《南京大学学报(哲学·人文科学·社会科学)》2020 年第 3 期。

● 课后思考

　　1.《监察法》赋予了监察机关哪些监察权?

　　2. 留置权的适用条件是什么?

　　3. 搜查与勘验检查有哪些异同?

　　4. 决定通缉与发布通缉令有哪些异同?

典型案(事)例　　即测即评

第十一章　监察程序

监察程序在《监察法》中有着重大意义。首先，受我国"重实体轻程序""重打击轻保护"等传统法制思维的影响，有些立法不规定程序事项，或者仅笼统地规定程序事项，而缺乏对公权力的具体规范。因此，在监察实践中，更应重视监察程序，确保监察权按照监察程序活动。其次，作为一种新型国家权力，监察权的不当行使易对监察对象的合法权益造成损害，为防止监察权的恣意滥用，必须形成一套完善的程序法对其予以规制。最后，监察权的运行需要监察机关、监察人员具体实施，他们是我国反腐败工作的重要组成部分，本身应保持廉洁性，应当恪尽职守、秉公用权，确保监察反腐工作的正当性、合法性。因此，《监察法》及其实施条例都以专章的形式对监察程序作了详尽的规定，确保"不敢腐、不能腐、不想腐"的监督、调查、处置职责得以实现。另外，《监察法》规定，监察机关有权采取讯问、询问、留置、搜查、调取、查封、扣押、勘验检查、鉴定、留置等调查措施，对这些措施，应根据其性质、程度、功能等不同，设置与之匹配的相应程序规范，确保监察权依法规范运行，这亦是监察程序设置的应有之义。

第一节　线索处置

一、报案、举报

我国《宪法》第 41 条第 1 款规定："中华人民共和国公民对于任何国家机关和国家工作人员，有提出批评和建议的权利；对于任何国家机关和国家工作人员的违法失职行为，有向有关国家机关提出申诉、控告或者检举的权利，但是不得捏造或者歪曲事实进行诬告陷害。"《刑事诉讼法》第 110 条第 1—3 款规定："任何单位和个人发现有犯罪事实或者犯罪嫌疑人，有权利也有义务向公安机关、人民检察院或者人民法院报案或者举报。被害人对侵犯其人身、财产权利的犯罪事实或者犯罪嫌疑人，有权向公安机关、人民检察院或者人民法院报案或者控告。公安机关、人民检察院或者人民法院对于报案、控告、举报，都应当接受。对于不属于自己管辖的，应当移送主管机关处理，并且通知报案人、控告人、举报人；对于不属于自己管辖而又必须采取紧急措施的，应当先采取紧急措施，然后移送主管机关。"第 111 条第 1款规定："报案、控告、举报可以用书面或者口头提出。接受口头报案、举报的工作人员，应当写成笔录，经宣读无误后，由报案人、控告人、举报人签名或者盖章。"第 112 条规定："人民法院、人民检察院或者公安机关对于报案、控告、举报和自首的材料，应当按照管辖范围，迅速进行审查,认为有犯罪事实需要追究刑事责任的时候,应当立案;认为没有犯罪事实,或者犯罪事实显著轻微,不需要追究刑事责任的时候,不予立案,并且将不立案的原因通知控告人。控告人如果不服,可以申请复议。"

《宪法》和《刑事诉讼法》的这些规定,为公民以控告、检举、举报的方式对国家机关和国家机关工作人员行使监督权提供了法律保障,使举报成为我国公民同职务违法犯罪行为作斗争的有力武器和重要手段,也成为我国司法机关、监察机关以及其他有关机关和部门发现、查处职务违法犯罪案件的主要线索的来源和渠道。公民举报可以通过电话举报、信函举报、传真举报、网上举报、当面举报、预约举报或者认为方便的其他形式进行。按照法律规定,公民举报必须实事求是,如实提供情况;捏造或者歪曲事实,诬告陷害他人的应负法律责任。对于公民举报,司法机关、监察机关以及其他有关机关和部门均应受理。受理后依照有关管辖分工的原则,进行分流,归口办理,分级负责,并由承办部门将办理情况及时答复举报人。任何单位和个人均不得私自扣押公民举报的线索,也不得对举报人进行压制和打击报复。

《监察法》第35条规定:"监察机关对于报案或者举报,应当接受并按照有关规定处理。对于不属于本机关管辖的,应当移送主管机关处理。"《监察法实施条例》第169条进一步规定:"监察机关对于报案或者举报应当依法接受。属于本级监察机关管辖的,依法予以受理;属于其他监察机关管辖的,应当在五个工作日以内予以转送。"监察活动中的报案是指任何机关、团体、企事业单位和公民在发现属于监察范围的违纪违法事实后,或者被害人对侵犯其人身权、财产权等属于监察范围的违纪违法事实,向监察机关以口头或书面的形式报告、控诉,请求监察机关进行调查并作出处置的行为。需要注意的是,报案人员可能是偶然知悉犯罪事实的人,也可能是受害者,但他们并不必然知晓具体的违纪违法人。监察活动中的举报是指任何机关、团体、企事业单位和公民在发现属于监察范围的违纪违法事实后,向监察机关以口头或书面的形式报告、控诉,请求监察机关进行调查并作出处置的行为。

二、移送和管辖

《监察法》第4条第2款规定:"监察机关办理职务违法和职务犯罪案件,应当与审判机关、检察机关、执法部门互相配合,互相制约。"这一规定要求各级监察机关与其他国家机关之间依法履行法律赋予各自的职责,同时各级监察机关与审判机关、检察机关、执法部门互相配合、互相制约,有利于明晰分工、职责,有利于问题线索得到及时的处置,避免公共资源的浪费,提升反腐实效。

《监察法》第35条规定的管辖是一种外部意义上的管辖,是监察机关与其他国家机关对问题线索或者案件管辖权的外部分工。监察管辖权主要表现为排他性、专属性、独占性等特征,因此,对于立案管辖需要注意以下几个方面:(1) 监察机关是《宪法》规定的专责机关,其依法履行国家监察职能,对职务违法、职务犯罪开展调查、处置工作,其他国家机关在发现监察机关管辖的相关线索后,应当将问题线索移送相应的监察机关。(2)《监察法》第34条第1款规定:"人民法院、人民检察院、公安机关、审计机关等国家机关在工作中发现公职人员涉嫌贪污贿赂、失职渎职等职务违法或者职务犯罪的问题线索,应当移送监察机关,由监察机关依法调查处置。"这里的"等国家机关""等职务违法或者职务犯罪"都表明监察机关管辖不局限于法条所列举的国家机关和具体犯罪①。(3)《监察法》第35条规定:"⋯⋯对于不属于本机关管辖的,应当移送主管机关处理。"这就涉及管辖权竞合问题,需注意以下两个方面:首先,对于不属于监察机关管辖的案件,监察机关应当将案件移送给具有管辖权的其他国家机关管辖,如属于公安机关管辖的刑事犯罪、经济犯罪以及检察机关管辖的司法工作人员利用职权实施的14类犯罪案件,监察机关应当依法将其移送具有管辖权的国家机关。其次,《监察法》第35条对管辖权的规定较为笼统,对监察机关接收的问题线索既属于监察机关管辖又属于其他国家机关管辖,以及上下级、同级监察机关均有管辖权等情况应当如何处理,《监察法》及其实施条例当前都未作出明确规定。因此,在管辖权出现竞合时如何处置,需要未来《监察法》修法及相关解释等作出具体明确的规定。

三、线索处置的工作机制

《监察法》第36条规定:"监察机关应当严格按照程序开展工作,建立问题线索处置、调查、审理各部门相互协调、相互制约的工作机制。监察机关应当加强对调查、处置工作全过程的监督管理,设立相应的工作部门履行线索管理、监督检查、督促办理、统计分析等管理协调职能。"这是各级监察机关开展执纪监督、审查调查工作的内部工作机制,也可以说是一套严格的内部监督程序。

(一) 部门职责分工制度

《监察法》规定各级监察机关应当建立健全内部分工,细化履行职责方式,明晰职责,完善相关配套。如各级监察机关应设置接收报案举报部门(如信访室)、案件监督管理部门、审查调查部门、作风监督部门、信息技术保障部门等,并赋予各部门相应职权职责,各部门之间独立运行,既相互配合,又相互制约。

(二) 领导职责分工制度

《监察法》规定在各级监察机关内部领导体制上应当坚持"统分结合"的原则,实行既集中又分工的体制。通常各监察机关的副职(副主任)分管执纪监督、审查调查、案件监督管理、案件审理、信息技术保障、组织人事财务等工作,具体的业务工作由分管领导负责,若在开展监察工作过程中遇重大事项,按照程序报请监察机关正职决定是否召开监委委员会议,集体研究并形成一致意见,再按照程序报批。

(三) 部门间相互协调、相互制约的机制

《监察法》规定各级监察机关内部要形成相互协调、相互制约的工作机制。如报案、举报

---

① 《国家监察委员会管辖规定(试行)》规定了国家监察机关管辖的88个罪名,主要由单独管辖的四大类和部分管辖的两大类构成。其中贪污贿赂、滥用职权、玩忽职守、徇私舞弊四类55个罪名的犯罪案件由监察机关单独管辖;而公职人员在行使公权力过程中发生的重大责任事故和其他犯罪案件共计30个罪名,监察机关按照主体是公职人员、客观方面是行使公权力过程中这两个必备要件进行专门管辖;同时,公职人员涉嫌贪污贿赂犯罪案件中的非国家工作人员受贿罪,对非国家工作人员行贿罪,对外国公职人员、国际公共组织官员行贿罪也由监察机关专门管辖。可以说,监察机关的专门管辖是按人(公职人员)和事(行使公权力过程中)进行管辖的。随着2018年《刑事诉讼法》的公布,国家监察机关管辖罪名范围有扩大的趋势。

接收部门在收到问题线索后应当具体分析研判,再依法分类处置;案件监督管理部门集中统一管理所有问题线索,动态跟踪、汇总核对、全程监控,形成对执纪监督、审查调查工作的协调与监管;执纪监督部门负责对所联系区域和部门开展日常监督工作,发现职务犯罪问题线索应当移送案件监督部门,再由案件监督部门登记审批后移送审查调查部门;审查调查部门负责对重大职务违法、职务犯罪开展审查调查工作;案件审理部门负责对证据审核把关,对事实不清、证据不足的,要及时与审查调查部门沟通,或退回审查调查部门补充证据,或重新调查。同时,案件审理部门还要制定取证指南、证据标准,发布典型案例等,对审查调查部门的工作进行业务指导与支持。

因此,一个问题线索从进入监察机关伊始,报案、举报接收部门首先必须进行初步分析研判,分类处置,将具有可查性的问题线索按照程序审批移送至相应部门。此后,案件监督管理部门、执纪监督部门、审查调查部门等之间相互配合、相互制约,形成"权威高效"的工作机制。

四、线索处置程序

监察机关对有关报案、举报问题线索受理后,工作程序上须履行受理、分流等。对不属于监察机关管辖的问题线索应当在接收后转送相应机关;对属于监察机关管辖的问题线索,应当详细分析研判:对于属于本级管辖的问题线索,应当按照程序处置;对于属于上级或者下级监察机关管辖的问题线索,应当报请上级监察机关移送或按照程序直接移送下级监察机关处置。

关于问题线索处置具体程序,实践中问题线索有多种来源途径,通常由监察机关内部的纪检、信访管理部门进行接收归口管理,之后将问题线索整理、分类、摘要移送至案件监督管理部门。①《监察法实施条例》第168条规定:"监察机关应当对问题线索归口受理、集中管理、分类处置、定期清理。"案件监督管理部门将收集、整理的问题线索进行汇总、核对、摘要,提出拟办意见,送主要负责人(先由分管监委副职审批,然后提请监委正职审批)审批后交相应部门处置。如审查调查部门正在办理职务犯罪案件,审查调查部门应当及时将案件办理的进度定期汇总、存档并按规定通报案件监督管理部门。同时,案件监督管理部门按规定定期检查和抽查,监督审查调查部门办理案件的进度、质量等。

线索处置须注意:(1) 监察机关在处置具体问题线索时,要提高政治站位,把握"树木"与"森林"的关系,不能只停留于处置具体的线索和案件,只见"树木"、不见"森林"。应既研究被反映公职人员的个人情况,还要结合问题线索涉及地区、部门、单位的总体情况,在综合研判分析的基础上,对具体的问题线索提出处置意见。(2) 监察机关应当根据工作要求,定期召开专题会议,听取问题线索综合情况汇报,进行分析研判,对重要检举事项和反映问题集中的领域深入研究,提出处置要求。

第二节　初 步 核 实

初步核实是指在进入正式立案调查之前,监察机关对需要调查处置的问题线索进行初

---

① 周长军:《监察委员会调查职务犯罪的程序构造研究》,载《法学论坛》2018年第2期。

步了解和核实,以判定该问题线索是否符合立案条件的系列活动。初步核实的目的是对具体问题线索的可查性、可成案性进行初步判定①,即根据初步收集的相关材料形成初步核实的情况报告,该情况报告既是纪检处置的重要依据,也是启动监察立案调查的前提。

需要注意的是,监察机关的调查对象大部分是公职人员,特别是对于一些重大问题线索,初步核实工作必须严格保密,这就要求调查人员必须具备极强的纪律意识。监察机关对问题线索的初步核实工作应按照以下步骤展开:

一、依法审批,成立核查组

《监察法》第 38 条规定:"需要采取初步核实方式处置问题线索的,监察机关应当依法履行审批程序,成立核查组。"问题线索是查办职务违法犯罪案件的重要基础,开展核查工作应当依照法定程序进行并严格保密。根据《监察法实施条例》第 177 条,"采取初步核实方式处置问题线索,应当确定初步核实对象,制定工作方案,明确需要核实的问题和采取的措施,成立核查组。在初步核实中应当注重收集客观性证据,确保真实性和准确性。"

成立核查组是为初步核实工作提供人员保障。核查组的工作人员是监察机关开展初步核实工作的具体执行人员,因此,在制定具体初核方案时要具体到相关执行人员,经审批予以成立且不得随意更改或扩大执行人员范围。此外,核查组经批准可以采取必要措施收集证据,如与相关人员谈话,要求相关组织、人员作出说明,调取个人相关事项报告,查阅复制文件、账目、档案等资料,查核资产情况、银行账户明细,以及鉴定勘验等。另外,需要采取技术调查或者限制出境等措施的,监察机关应当在严格履行审批手续后,交由相应机关具体执行。

二、形成初核报告,提出处置建议

形成初核报告是指监察机关依法成立的核查组,按照审批程序针对具体问题线索完成初步核实工作后,对收集的材料进行整理形成的工作情况报告。《监察法实施条例》第 179 条规定:"核查组在初步核实工作结束后应当撰写初步核实情况报告,列明被核查人基本情况、反映的主要问题、办理依据、初步核实结果、存在疑点、处理建议,由全体人员签名。承办部门应当综合分析初步核实情况,按照拟立案调查、予以了结、谈话提醒、暂存待查,或者移送有关部门、机关处理等方式提出处置建议,按照批准初步核实的程序报批。"

监察机关根据初核报告反映的情况,作出如下具体处置:(1) 违纪违法事实极其轻微或不存在违纪违法事实的,或谈话提醒,或予以了结等。(2) 存在职务违法、职务犯罪的事实,但情节轻微且不符立案条件的,应当依照相关规定处置,如政务处分、问责决定、问责建议、谈话提醒、批评教育、责令检查、诫勉等。(3) 存在重大职务违法、职务犯罪的事实且符合立案条件,需要进一步调查的,按照《监察法》第 39 条规定处置。

---

① 初步核实阶段的主要任务是核实所反映的主要问题是否存在,以及是否需要给予所涉及的监察对象党纪处分、政务处分,对存在重大职务违法、职务犯罪的,应当进行"双立案"。因此,在初步核实工作中,核查组要突出重点,抓住主要问题收集证据、查清事实。

第三节　立案调查

一、立案调查的概念

《监察法》及其实施条例详尽地规定了监察工作中的立案调查程序。立案调查是指监察机关对问题线索进行初步核实之后，认为达到立案调查条件，需要追究法律责任的，依照法定程序决定案件成立并正式启动监察调查程序的活动。立案调查是启动监察措施的前提，通过后续的调查活动，逐步揭露相关人员的违纪、违法犯罪行为，对职务违法犯罪行为进行追究，使被调查人员得到相应的惩处。因此，立案调查是监察机关启动调查涉嫌职务违法犯罪行为的重要程序起点，它关乎整个调查职务违法犯罪案件后续阶段的推进。

二、立案调查启动的条件

立案调查的启动，须符合以下四个方面的要件：

（一）明确的违法主体

如前所述，《监察法》第15条将监察对象划分为六大类。可以看出，《监察法》确立了公权力与公职人员这两大识别监察对象的标准，但该条款采用列举式规定并不完全周延，不能穷尽所有依法行使公权力履行公职的人员。而国家监察全面覆盖已经超越了对传统公权力的理解，是由公权、公职、公务、公财等实质要素组合构成的一种新型国家公权力。因此，具体判断一个人是否属于国家监察的对象，要综合运用公权、公职、公务、公财四个要素标准予以判断。另外，还须注意人大代表与监察对象识别的界限问题。

1. 监察对象的识别标准。要实现对所有行使公权力的公职人员监察全面覆盖，就必须以监察权这种新型国家公权力为基础，以其蕴涵的四个基本要素为标准来具体认定一个人是否属于监察对象。一个人只要符合上述任一基本要素，就可认定为在行使公权力从而成为国家监察对象。

（1）公权。公权是识别监察对象最为重要的标准。现代意义上的公权通常包括国家公权力、社会公权力和国际公权力三类。国家公权力纵向上可以划分为中央权力和地方权力，横向上可以划分为立法权、行政权、司法权、监察权。国家公权力是所有公权力中最强大、最具强制力与权威性的权力类型，享有国家公权力的国家机关必须受到严格的监督，以防止国家公权力的滥用。由此，国家公权力构成了识别监察对象最基础的标准。社会公权力是指社会内部治理和国家公共治理中，以实现社会公共利益为目的的公共权力。社会公权力通常表现为国家公权力社会化、私法化，但依然不影响社会公权力构成识别国家监察对象的重要标准。国际公权力是指国家作为国际社会的成员，结成各种国际组织以实现国际社会共同参与的共治与善治。自然人参与国际事务，行使被赋予的国际公权力，其实质是国家主权或国家公权力的延伸。将国际组织中行使公权力、从事公务的中国公民纳入监察识别对象范围,是国家监察全面覆盖的应有之义。[1]

(2) 公职。公职是识别国家监察对象最为直接的标准。公职具有更为直接客观的识别标准,包括公职人员、公共岗位。监察对象识别标准中,公职人员比我国《公务员法》中的"公务员"和我国《刑法》中的"国家工作人员"范围更广泛,这样设计的目的是实现国家监察全面覆盖。因此,公职人员的外延可以解释为包括公务员、依职权或者受委托从事公务或提供公共服务的人员、依职权或受托经营管理公共财产的人员以及其他依法履行公职的人员。公共岗位是指国家机关和中国共产党以及各民主党派机关、政协机关、人民团体等国家与社会团体组织中设置的具有公共职能的岗位。判断一个职位是否属于监察法意义上的公共岗位,可采取静态判断和动态判断两种标准。静态判断以设置岗位所具有的公共权能和负有的权责为标准,动态判断以公共岗位被赋予的职权的运行及其规范为标准。 只有符合公职所具有的权能和权责两个要素表现,才能被认定为《监察法》意义上的公共岗位。另外,须注意公共岗位与监察对象的区分:公共岗位是识别监察对象的一个判断要素,监察对象是指具体的人,公共岗位是识别监察对象的辅助性判断标准。[2]

(3) 公务。公务是区别于私主体事务的重要标志,具体表现为公共行政中的履行职务或执行公务,包括实施公共管理与提供公共服务。实施公共管理的目的是建立和维持良好的社会秩序。在识别监察对象的公务性上要注意:一方面,监察范围的公务活动具有管理公共事务与维护公共利益的属性;另一方面,管理行为具有公共权力属性。提供公共服务是现代国家由传统管理型向服务型行政模式的转变,其实质是公权力的社会化。因此,提供公共服务是识别监察对象的一个标准。[3]

(4) 公财。公财与公共利益相关,包括公共财产和公共资源。公共财产包括国有和集体所有的财产,对国有或集体所有财产负有经营管理监督责任的人员应属于监察对象,主要是国有企业中的管理人员。公共资源是国家和集体所有的各种资源,包括:国有土地、森林、草原、河流、海域、石油、煤矿等自然资源;铁路、公路、航空以及历史文物、名胜古迹、风景旅游区和国家与集体所建设的各种公共基础设施等资源;公共服务意义上的科学教育、医疗卫生、供水等为公民和组织等生产、生活、发展提供社会保障的具有公共属性的资源。由此,运用国家权力对这些公共资源进行配置及负有经营管理监督责任的人员就应该成为监察对象,公共资源是识别监察对象的标准之一。

2. 人大代表与监察对象识别的界限。人大代表是特殊的公职人员,不宜将其与纯粹的公职人员等同而不加考察地纳入监察范围,否则会损害人民代表大会制度并动摇人大代表的政治基础。人大代表以参加行使国家权力为基本形式。同时,参加行使国家权力与行使国家权力是有区别的。对于人大代表是否属于国家监察对象的问题,《监察法实施条例》已经作了规定,判断的关键在于是否在履行职责,如果人大代表正在履行人民代表大会职责,就属于监察的对象,反之不属于。

① 谭宗泽:《论国家监察对象的识别标准》,载《政治与法律》2019 年第 2 期。
② 谭宗泽:《论国家监察对象的识别标准》,载《政治与法律》2019 年第 2 期。
③ 谭宗泽:《论国家监察对象的识别标准》,载《政治与法律》2019 年第 2 期。

（二）有证据证明违法犯罪事实存在

所谓违法犯罪事实，是指监察对象违反法律、法规行为的时间、地点、手段、动机、目的、行为、侵犯客体及造成危害后果等各种法律事实的总和。在此需注意，立案调查不需要全部的违法犯罪事实，这需要通过启动立案调查至结束后方能全部查清。因此，只要监察机关经过初步核实，认为存在符合立案条件的违法犯罪事实的，便可立案调查。

（三）达到法律规定的处罚条件

监察对象具有职务违法犯罪事实，只是监察立案调查的必要条件之一，是否进行监察立案，还必须达到追究法律责任的处罚条件。如果情节显著轻微，不需要追究法律责任，则不应当立案调查。

（四）属于监察管辖的范围

具备管辖权是监察机关立案调查的基础。若经初步核实，认为案件不属于监察机关管辖的范围，则不应当立案调查。

三、立案调查程序

《监察法》第 39 条第 2 款、第 3 款规定："监察机关主要负责人依法批准立案后，应当主持召开专题会议，研究确定调查方案，决定需要采取的调查措施。立案调查决定应当向被调查人宣布，并通报相关组织。涉嫌严重职务违法或者职务犯罪的，应当通知被调查人家属，并向社会公开发布。"这两款规定明确了监察立案调查的程序。

（一）依法批准

立案须经监察机关主要负责人依法批准后，方可进入下一调查阶段。这里的监察机关主要负责人通常是指监察委员会正职，即监察委员会主任。监察机关主要负责人批准是启动监察立案的"第一道关口"，没有监察委员会主要负责人批准，就无法正式启动立案程序。

（二）专题会议研究，确立调查方案与调查措施

在立案阶段，监察机关主要通过召开专题会议的方式开展调查的准备工作。按照《监察法》的规定，专题会议由监察机关主要负责人召开，研究确定调查方案。调查方案内容包括：应当查明的问题和线索归类；调查步骤及方法；调查过程中需要采取的措施；调查人员的部署及安排；调查方向及进度；调查过程中应当注意的事项；等等。

专题会议研究充分体现了监察机关坚持民主集中制的原则。通过召开专题会议，将具体案件的调查方案、调查措施、具体调查人员等确定下来，可以防止个人随意更改调查方案和方向，保障调查活动有序进行。需更改调查方案的，应当按照程序重新报监察机关主要负责人批准。

（三）向调查对象宣布立案调查决定并及时通知相关单位和个人

监察机关在作出立案调查决定后，应当制定立案调查决定书、立案调查通知书。立案调查决定书应当向被调查人当场宣布，立案调查通知书应当报送相关组织[①]。对涉嫌严重职务违法或职务犯罪的案件，应当通知被调查人家属，并向社会公布。这里的"涉嫌严重职务违法或职务犯罪的案件"，通常是指需采取留置措施的案件。因此，通知被调查人家属，也是对被调查人家属知情权的保障和尊重。另外，向社会公布，是保护和尊重公众对职务违法犯罪调查工作知情权的体现。

四、具体执行中的注意事项

（一）不得随意扩大调查范围

监察机关在作出立案调查决定后，调查人员应当严格执行调查方案，不得随意扩大、变更调查对象和事项等，保障被调查人的人权，维护调查程序正义，避免监察机关过度行使监察权。在调查过程中需要变更调查方案的，应当按照法定程序重新审批。

（二）调查中应当坚持民主集中制原则

对于调查过程中的重要事项，应当集体研究后请示报告。在作出请示报告之前，集体研究参与人以调查小组成员、监察机关主要负责人为限，充分体现调查工作的民主性和参与性。

第四节　证据体系与法律规制

证据在监察活动中具有重要的价值和意义。监察活动中的证据体系在《监察法》中具有独立的价值。《监察法》第33条规定："监察机关依照本法规定收集的物证、书证、证人证言、被调查人供述和辩解、视听资料、电子数据等证据材料，在刑事诉讼中可以作为证据使用。监察机关在收集、固定、审查、运用证据时，应当与刑事审判关于证据的要求和标准相一致。以非法方法收集的证据应当依法予以排除，不得作为案件处置的依据。"该条款明确规定监察活动中收集的证据应当与以"审判为中心"的刑事审判关于证据的要求和标准一致。《监察法》规定了证据种类、证据法律规则等内容。

一、证据种类

证据种类是指证据之间互相区别独立的外在表现形式。根据《监察法》及其实施条例

---

① 监察机关的立案调查通知书共一式六份，一份由案管室留存，一份附移送检察机关，两份送案件监督管理部门统一交组织人事部门，一份送被调查人单位，一份送被调查人党委（党组）。将被调查人立案调查通知书通报其单位，有利于其工作单位掌握被调查人被监察机关立案调查的情况，以更好地支持和配合调查工作，同时有利于警示相关单位及人员认真履职、遵纪守法。另外，基于职务违法犯罪案件的特殊性，立案调查通知书通报相关组织、单位应当依具体情况灵活把握时机。

的规定,证据种类主要包括物证,书证,证人证言,被害人陈述,被调查人陈述、供述和辩解,鉴定意见,勘验检查、辨认、调查实验等笔录,视听资料、电子数据共 8 种。

（一）物证

物证是指以其存在的形状、质量、规格、特征等证明案件事实的证据。物证通过其外部特征和自身所体现的属性来证明案件的真实情况,它不受人们主观因素的影响而转移。物证与其他证据相比较,具有三个特性:(1) 物证具有较强的客观性、真实性;(2) 物证具有独立的证明性;(3) 物证具有不可代替的特定性。监察活动中常见的物证如贿赂犯罪中的赃物、赃款(文物、现金等)。

（二）书证

书证是指用文字、符号或图画所表达的思想内容来证明案件事实的证据。主要从以下两个方面理解:(1) 用思想内容来证明案件事实;(2) 通过文字、符号或者图画等表达。书证可以分为以下几类:文字书证,指以文字记载的内容证明案件有关事实的书证;图画书证,指以图画表现的内容证明案件有关事实的书证;符号书证,指以符号证明案件有关情形的书证。监察活动中常见的书证如任职文件、结婚证、合同协议、公私文书、公私账目、租赁契约、房屋产权证、车船票据、运输单据、银行凭证等。书证具有明确性、稳定性等特性。监察活动中,书证是不说话的"口供",它可以较为直观地证明案件的事实,在监察活动中具有重要的价值。

（三）证人证言

证人证言是指证人在监察活动过程中向监察机关陈述的与案件情况有关的内容。证人证言具有以下三个特征:(1) 证人证言具有一定的客观性;(2) 证人证言具有可塑性;(3) 证人证言常含有非客观叙述的内容。监察活动中的证人证言主要是案件证人的口供。证人证言的主体是证人,证人必须具备独立的辨别是非能力和表达能力,在生理上、精神上有缺陷或者年幼的人不能作为证人,获取的言词材料只能作为认定案件事实的参考。此外,实践中,单位提供的说明材料通常可以作为证据使用,因此,监察活动中的证人证言也包含单位作的说明、证明等。

（四）被害人陈述

被害人陈述是指职务违法或者职务犯罪行为的直接受害者就案件情况向监察机关作的陈述。被害人直接受到职务违法犯罪行为的侵害,通常对案件情况比较了解,其陈述对于揭露违法犯罪行为、查获嫌疑人和认定案情等具有重要作用。但同时也要注意,被害人和案件有密切的利害关系,可能会因私人怨愤而作出不符合事实的描述;也可能因突然遭受犯罪行为的侵害,精神高度紧张、激动,而发生认识上、记忆上的错误。因此,被害人陈述与事实不一定完全相同,它和其他证据一样需经过认真审查核实才能作为定案的依据。监察机关在听取被害人陈述时,应首先告知其具有相应的权利和如实陈述的义务,对于有意的虚假陈述需要负法律责任。

（五）被调查人陈述、供述和辩解

被调查人陈述、供述和辩解是指被调查人就其涉嫌职务违法犯罪和案件有关情况向监察机关所作的说明。被调查人陈述、供述和辩解的内容主要包括三个方面：一是对监察机关提出的问题进行如实、全面的说明；二是全面交代自己违法犯罪行为、违法犯罪情节和经过；三是全面否认自己的违法犯罪行为、违法犯罪情节和经过，或部分承认或否认自己的违法犯罪行为、违法犯罪情节和经过。在监察活动中，不论被调查人陈述、供述还是辩解，监察人员都应当客观公正地记录。被调查人陈述、供述和辩解在监察活动中是最全面、最直接的证据，但因其主观性、随意性较强，虚假的可能性较大，因此必须结合其他证据核实后，方可作为定案依据。

（六）鉴定意见

《监察法》第 27 条规定："监察机关在调查过程中，对于案件中的专门性问题，可以指派、聘请有专门知识的人进行鉴定。鉴定人进行鉴定后，应当出具鉴定意见，并且签名。"可见，鉴定意见也属于监察证据的范畴，是《监察法》第 33 条对监察证据规定"等证据材料"的延伸。鉴定意见是指各行业的专家[①] 对监察案件中的专门性问题出具的专门性书面意见。鉴定意见一般可以分为法医鉴定意见、法医精神鉴定意见、刑事技术鉴定意见、会计鉴定意见、技术问题鉴定意见等。监察活动中常用的鉴定意见是会计鉴定意见和技术问题鉴定意见。会计鉴定主要对账目、表册、单据、发票、支票等书面材料进行鉴别判断；技术问题鉴定主要对涉及工业、交通、建筑等方面的科学技术进行鉴别判断。另外，需要注意鉴定意见与证人证言之间的异同。它们之间的相同点是均可独立证明案件事实。不同点则是鉴定意见是鉴定人针对案件的专门性问题，提出的非法律的专业性意见，其属于中间性、科学性、专业性的证据材料。鉴定意见因鉴定人的不同而存在差异或存在错误，因此，鉴定人可以因案件需要被及时更换。而证人或直接或间接感知案件事实，其作出的证言是不可替代的，证人不可更换。

（七）勘验检查、辨认、调查实验等笔录

《监察法实施条例》规定的第七类证据包括勘验检查、辨认、调查实验等笔录。勘验检查笔录是指监察机关指派调查人员对与案件有关的场所、物品、人身、尸体、电子数据等进行勘验检查所制作的书面记录。《监察法实施条例》对勘验检查的具体程序作了相关的规定，比如第 138 条明确："勘验检查应当由二名以上调查人员主持，邀请与案件无关的见证人在场。勘验检查情况应当制作笔录，并由参加勘验检查人员和见证人签名。勘验检查现场、拆封电子数据存储介质应当全程同步录音录像。对现场情况应当拍摄现场照片、制作现场图，并由勘验检查人员签名。"辨认笔录是指调查人员依法让被害人、证人和被调查人对与违法犯罪有关的人或物进行辨认所形成的书面记录。《监察法实施条例》第 141—144 条对辨认的程序作了较为详细的规定。调查实验笔录是指监察机关为查明案情而聘请有关专业人员，或者要求被调查人、被害人、证人进行相关的调查实验所形成的书面记录。《监察法实施条例》

[①] 监察机关指派、聘请的鉴定人须具备法律法规规定的条件，可以是公安机关等侦查机关的刑事技术人员或其他专职人员，也可以是其他具有专门知识的鉴定人。

第 140 条第 2 款规定:"进行调查实验,应当全程同步录音录像,制作调查实验笔录,由参加实验的人签名。进行调查实验,禁止一切足以造成危险、侮辱人格的行为。"

（八）视听资料、电子数据

视听资料是指利用录音、录像、电子计算机储存的资料等来证明案件事实的一种证据。视听资料一般可分为三种类型:(1) 视觉资料,也称无声录像资料,包括图片、摄影胶卷、幻灯片、投影片、无声录像带、无声影片、无声机读件等。(2) 听觉资料,也称录音资料,包括唱片、录音带等。(3) 声像资料,也称音像资料或音形资料,包括电影片、电视片、录音录像片、声像光盘等。在监察活动中,"走读式"谈话的同步录音录像就属于典型的视听资料。其一方面以音频的形式记录谈话内容,另一方面以图像的形式记录谈话人、被谈话人、谈话环境等信息。视听资料具有客观性、丰富性、直观性等特点,其在证明监察案件事实中具有重要价值。但其容易被篡改或伪造,因此,对视听资料,要注意审查其连续性、完整性等,防止其被删减、剪辑、篡改。

电子数据也称计算机数据,与计算机的产生、应用、发展密不可分。《联合国国际贸易法委员会电子商务示范法》第 2 条（a）款规定:"'数据电文'系指经由电子手段、光学手段或类似手段生成、储存或传递的信息,这些手段包括但不限于电子数据交换（EDI）、电子邮件、电报、电传或传真。"因此,电子数据是指以电子、电磁、光学、数字等形式或类似形式生成、传送、接收或储存的数据信息,包括计算机程序及程序所处理的数据信息。前者如各种系统软件和应用软件,后者如文本、图形等。电子证据具有直接性、明确性、轻量性等特点,其在证明监察案件事实中发挥着传统证据材料无法替代的作用。但其具有易变性、无痕性、开放性等特点,所以要注意依据严格的程序予以取证保存。

二、证据法律规则

证据法律规则是指确认证据的范围,规范证据收集、审查判断等证明行为的法律准则。从《监察法》相关法律条文规定来看,主要涉及相关性规则、合法性规则、非法证据排除规则等证据法律规则。这些证据法律规则均以或隐或显的形式存在于《监察法》之中。

（一）监察证据在刑事诉讼过程中的认定与转化

根据《监察法》规定,监察机关既有内部的监察程序及对职务违法行为的依法处置,还需要将涉嫌职务犯罪的案件"移送人民检察院依法审查、提起公诉",进而从较为封闭和特殊的调查空间转向公开和普遍的诉讼程序（空间）。由于监察机关负责调查职务违法和职务犯罪,监察法赋予监察机关"依照法律规定独立行使监察权,不受行政机关、社会团体和个人的干涉"的权限,又要求其"与审判机关、检察机关、执法部门互相配合,互相制约"。《监察法实施条例》将监察证据划分为八种,在"刑事诉讼中可以作为证据使用",且"应当与刑事审判关于证据的要求和标准相一致"。[①] 需要注意的是,不同种类的监察证据在刑事诉讼过程中应一些要求,如:物证、书证、视听资料、电子数据要求保持真实性和同一性;鉴定意见

---

① 中共中央纪律检查委员会、中华人民共和国国家监察委员会法规室编写:《〈中华人民共和国监察法〉释义》,中国方正出版社 2018 年版,第 123 页。

和勘验检查笔录除了法定的形式要件,还要求有关人员具备相应的资质或专门知识,遵守相关程序和方法;证人证言必须具有真实性和可靠性;被调查人供述和辩解应当具有真实性和任意性。因此,只有监察机关依法收集的证据材料,在刑事诉讼过程中方可直接作为诉讼证据加以认定和使用。

《监察法》赋予监察机关收集的证据材料在刑事诉讼中的法律效力,是监察机关实现"法法衔接"的重要基础。一方面,赋予监察机关收集的证据材料在刑事诉讼中的法律效力,提高了反腐效率,是构建"集中统一,权威高效"的新型监察制度的张力。另一方面,证据标准合法性问题,即监察机关收集的证据材料能否在刑事诉讼过程中予以认定和转化的问题,倒逼监察机关对职务犯罪的监察调查结果最终要经过审查起诉和审判的双重检视,在封闭调查环境下搜集的证据最终要纳入公开、平等、控辩的刑事诉讼环境中进行审查,接受庭审质化透视镜下的司法审视。[1] 这对监察机关的证据收集工作提出了更高的要求:监察机关收集的证据,要经得起检察机关和审判机关的审查。对于证据不扎实的案件,轻则由检察机关退回调查,重则作为非法证据予以排除。侵犯被调查人合法权益且产生严重影响的,应当对相关人员依法处理并给予被调查人国家赔偿。因此,《监察法》与《刑事诉讼法》的衔接,应当严格遵循"程序二元,证据一体"的证据体系要求。当然,我们也应当看到,监察法立法还处于不断完善的过程中,其与刑事诉讼法的衔接仍在深化。

(二) 监察活动中证据的收集、固定、审查、运用

《监察法》第 33 条规定了监察机关所收集的证据的法律效力、取证的要求和标准。刑事审判对于证据的要求和标准有严格、详尽的规定。监察机关收集的证据材料,要在刑事诉讼中作为证据使用,必须与刑事审判关于证据的要求和标准相一致、相衔接。

1. 证据的收集及规范。监察证据的收集是指监察机关依照法定程序取得证据的行为。监察证据的收集是查清监察案件事实的前提,也是保障被调查人合法权益的前提。国家监察体制改革以来,各级监察机关都非常重视监察证据的收集。为保证监察证据收集合法有效地开展,应当坚持三大原则:严格按照程序法定原则;收集证据客观全面原则;证据保密原则。严格按照程序法定原则要求调查人员在收集证据的过程中,严格依照法定程序收集与案件相关的证据。如《监察法》第 25 条第 1 款、第 41 条第 1 款、第 42 条等,均对调查活动过程中的人员、形式、方案、权限和程序等作出了严格的规定。超越程序或者以非法方法收集证据的行为,不仅会受到法律制裁,基于这种行为收集的证据也会因非法而无效,进而被排除。收集证据客观全面原则要求调查人员对案件必须做到全面客观了解,收集、调取证据应客观全面。对于被调查人有无职务违法犯罪、法律责任重或轻的证据都要收集,不得有意遗漏,这充分体现了监察机关开展调查工作秉持客观的价值遵循。证据保密原则是指调查人员对监督、调查过程中知悉的国家秘密、商业秘密、个人隐私等证据材料,应当妥善保管并严格保密,不得遗失、泄露及用作其他用途。

2. 证据的固定及规范。监察证据的固定是指监察机关依照法定程序将发现的证据材料用一定的形式提取固定下来的活动。可以说,证据的收集和固定是证据形成链条上最基础的两个环节,它们之间既相互联系又相互独立,是监察证据体系的重要组成部分。由于监

---

[1] 陆而启:《我国监察证据规则的构造解析》,载《证据科学》2018 年第 4 期。

察证据的种类繁多,必须对不同的证据,采取不同的方法、方式予以固定。如对证人的调查询问要形成笔录,对被调查人的讯问及其供述和辩解应当采用同步录音录像和笔录的方式加以固定,笔录形成过程必须与录音录像同步且吻合。笔录形成后应当向被调查人宣读或让其阅读,被调查人认为笔录内容有遗漏或错误的,应当允许其更正或补充,在按指印确认无误后,由其在笔录最后的"问答"中书写"以上 × 笔录,调查人员已向我宣读,和我讲的一致或相符"或"以上 × 页笔录,我已看过,和我讲的一致或相符",最后由其在签字、日期上按指印。搜查、查封、扣押证据,应当收集原物、原件,会同持有人、见证人,当面逐一拍照、登记、编号,开具清单,由在场人员核对签字,并将清单副本交持有人或者保管人。对收集的原物、原件应当设立专户和场所,由专人保管,搜查、查封、扣押证据的全过程应当同步录音录像并留存备查。对一些物证的固定可以通过勘验笔录、绘制图、拍照或录像等方法提取。对书证,通常通过提取原件、复印件等方式予以固定,提取复印件需要注明提取人、提取时间并加盖原件单位的公章。需注意的是,在证据的固定中必须严格按照法定程序,确保证据的客观性、真实性。

3. 证据的审查及规范。监察证据的审查是指监察机关对收集的证据材料进行分析、甄别,判明真伪,保证证据客观、准确地证明案件的事实。证据的审查贯穿监察调查全过程,既是对证据收集、证据固定的判断和审视,又是对调查人员合法收集证据意识的反向监督。在审查证据的过程中,首先要对证据进行形式审查,即无论什么类型的证据,其形式上必须合法。其次要对证据进行实质审查,对每个证据的来源、内容、关联性、可疑点、收集程序是否合法、合理等进行审查,排除一切合理怀疑。最后要对证据进行综合审查,即对全案证据、事实之间的关联性进行综合审查,排除矛盾及合理怀疑,做到事实清楚,证据确实、充分。

4. 证据的运用及规范。监察证据的运用是指监察机关收集的证据在刑事审判、政务处分和纪律处分中证明案件事实的活动。可见,监察证据的运用既包括监察证据与刑事审判关于证据要求和标准的衔接,也包括监察证据与纪律处分、政务处分关于证据要求和标准的衔接等。这里主要讲《监察法》规定的监察证据应当与刑事审判关于证据的要求和标准相衔接的问题。需要从以下两个方面理解:(1) 运用监察证据证明待证事实,如被调查人的主体身份;违法犯罪事实是否存在;该违法犯罪事实是否为被调查人的行为;被调查人实施违法犯罪行为的主观要件;被调查人实施违法犯罪行为的客观要件;被调查人实施违法犯罪行为侵犯的客体;共同违法犯罪中各被调查人的地位、作用;被调查人的相关处罚情节以及其他需要证明的事实;等等。(2) 运用监察证据证明案件事实的标准。《监察法》第 40 条第 1 款规定:"监察机关对职务违法和职务犯罪案件,应当进行调查,收集被调查人有无违法犯罪以及情节轻重的证据,查明违法犯罪事实,形成相互印证、完整稳定的证据链。"《监察法实施条例》进一步细化了证明案件事实的标准,并且区分了职务违法和职务犯罪两种不同情况。该条例第 62 条规定:"监察机关调查终结的职务违法案件,应当事实清楚、证据确凿。证据确凿,应当符合下列条件:(一) 定性处置的事实都有证据证实;(二) 定案证据真实、合法;(三) 据以定案的证据之间不存在无法排除的矛盾;(四) 综合全案证据,所认定事实清晰且令人信服。"第 63 条规定:"监察机关调查终结的职务犯罪案件,应当事实清楚,证据确实、充分。证据确实、充分,应当符合下列条件:(一) 定罪量刑的事实都有证据证明;(二) 据以定案的证据均经法定程序查证属实;(三) 综合全案证据,对所认定事实已排除合理怀疑。证据不足的,不得移送人民检察院审查起诉。"

(三) 非法证据排除规则

非法证据排除规则是指以违法方法收集的证据依法在案件处置中加以排除,不能作为案件处置依据的证据规则。[①]《监察法》第 40 条第 2 款规定:"严禁以威胁、引诱、欺骗及其他非法方式收集证据,严禁侮辱、打骂、虐待、体罚或者变相体罚被调查人和涉案人员。"第 33 条第 3 款规定:"以非法方法收集的证据应当依法予以排除,不得作为案件处置的依据。"这一系列的规定彰显了监察活动的权威,保障了被调查人的基本人权,推动了程序合规合法,规范了调查人员的行为。

需要注意的是,监察证据非法证据排除规则与刑事诉讼中的非法证据排除规则具有较大的不同。《刑事诉讼法》第 56 条规定:"采用刑讯逼供等非法方法收集的犯罪嫌疑人、被告人供述和采用暴力、威胁等非法方法收集的证人证言、被害人陈述,应当予以排除。收集物证、书证不符合法定程序,可能严重影响司法公正的,应当予以补正或者作出合理解释;不能补正或者作出合理解释的,对该证据应当予以排除。在侦查、审查起诉、审判时发现有应当排除的证据的,应当依法予以排除,不得作为起诉意见、起诉决定和判决的依据。"从《监察法》与《刑事诉讼法》的规定比较分析得出,《监察法》关于非法证据排除规定比较宽泛、抽象,适用空间较大。《刑事诉讼法》将非法证据作言词证据与实物证据的区分,对以非法方法收集的言词证据采取绝对排除,对以非法方法收集的实物证据采取相对排除,即可由相关机关通过作出补正或合理解释而取得绝对证据资格;而《监察法》规定监察机关对于"以非法方法收集的证据""应当"依法排除,即对所有以非法方法收集的证据不予以区分地排除。此外,《监察法》未明确规定提出非法证据排除的主体,需要未来监察立法、释义等作出回应。

三、具体执行中的注意事项

监察活动中,证据的程序规制是监察案件取证工作必须严格遵循的底线,旨在明确监察机关调查案件应具备的必要条件、必要步骤,促进调查工作的专业化、规范化、法治化。通过证据的程序规制,监察机关主要负责人可以掌握调查进度、结果,监督调查全过程,规范调查人员调查行为。在具体调查活动中须坚持以下几个原则:

(一) 程序合法性原则

《监察法》第 41 条第 1 款规定:"调查人员采取讯问、询问、留置、搜查、调取、查封、扣押、勘验检查等调查措施,均应当依照规定出示证件,出具书面通知,由二人以上进行,形成笔录、报告等书面材料,并由相关人员签名、盖章。"首先,在监察证据收集中出示证件、出具书面通知书,形成笔录、报告等书面材料,由相关人员签名、盖章,即调查人员完成调查取证工作后,对所形成的笔录、报告等书面材料,通过相关人员签名、盖章等形式加以法律确认,这是形成完整、可信、合法的证据材料的必要条件。其次,执行调查案件时,应由两名以上监察人员进行,既可以保证调查工作的高效运行,又可以形成监察人员之间的互相监督,防止个

---

① 卞建林:《监察机关办案程序初探》,载《法律科学(西北政法大学学报)》2017 年第 6 期。

人非法取证行为。另外,对女性被调查人采取讯问、询问、留置、搜查等监察措施时,应当至少保证有一名女性调查人员在场并参与调查活动。比如《监察法实施条例》第139条第1款规定,"检查女性身体,应当由女性工作人员或者医师进行。被调查人拒绝检查的,可以依法强制检查"。

(二) 审批制度化原则

调查形成的笔录、报告等书面材料,应当具有调查对象基本情况、调查的主要内容、调查涉及的证据、调查执行的相关程序、下一步调查方向或者调查结论等内容。对调查证据材料,应当由调查组长、调查人员签字,并送监察机关主要负责人审核。实践中,调查组在启动每个阶段的监察调查措施前,均应将相关文书层送监察机关主要负责人审核,以便监察机关主要负责人及时掌握、监督调查进度和方向,指明下一步调查具体方向,规范调查人员的调查行为。若发现调查中存在调查人员违纪违法行为,可以及时对调查方案及人员作出调整,对相关调查人员追究相应的纪法责任,保障监察调查活动的权威性和高效性。

(三) 录音录像制度同步原则

《监察法》第41条第2款规定:"调查人员进行讯问以及搜查、查封、扣押等重要取证工作,应当对全过程进行录音录像,留存备查。"这是调查人员取证工作进行录音录像的必要程序,其目的在于规范调查取证行为,防止调查人员以刑讯逼供等非法方法取证,客观记录调查内容与调查笔录的吻合性。这比《刑事诉讼法》的规定更科学、更严格,因为"录音录像除了防止采取违法手段取证之外,最为主要的作用就是保障证据的真实可靠性,为司法人员判断证据的证明力提供辅助证据"[①]。因此,调查人员在取证过程中依法同步录音录像,既可确保取证程序和取证方式的合法性,又体现了调查人员依法取证的权威性。

第五节　处　置　形　式

处置形式是指监察机关依法取得监督、调查结果后,依法对被调查人作出的处置意见及档次。作出监督、调查结果,需要监察机关依法经过一系列的监督、调查活动后,认定案件事实已调查清楚,证据确实充分,法律程序完备规范,并依法对被调查人提出处置意见及档次。因此,进入监察处置环节,确定监督、调查终结应当符合以下条件:一是案件事实已调查清楚;二是证明案件的证据已确实充分;三是从启动监督、调查到终结全过程法律程序完备规范。

《监察法》第45条规定:"监察机关根据监督、调查结果,依法作出如下处置:(一) 对有职务违法行为但情节较轻的公职人员,按照管理权限,直接或者委托有关机关、人员,进行谈话提醒、批评教育、责令检查,或者予以诫勉;(二) 对违法的公职人员依照法定程序作出警告、记过、记大过、降级、撤职、开除等政务处分决定;(三) 对不履行或者不正确履行职责负有责任的领导人员,按照管理权限对其直接作出问责决定,或者向有权作出问责决定的机关提出问责建议;(四) 对涉嫌职务犯罪的,监察机关经调查认为犯罪事实清楚,证据确实、充分

---

① 纵博:《监察体制改革中的证据制度问题探讨》,载《法学》2018年第2期。

的,制作起诉意见书,连同案卷材料、证据一并移送人民检察院依法审查、提起公诉;(五)对监察对象所在单位廉政建设和履行职责存在的问题等提出监察建议。监察机关经调查,对没有证据证明被调查人存在违法犯罪行为的,应当撤销案件,并通知被调查人所在单位。"根据该条款规定,监察机关监督、调查结束后,对被调查人的处置形式主要有如下几类:

一、谈话提醒、批评教育、责令检查、予以诫勉

根据党内监督必须把纪律挺在前面,运用监督执纪"四种形态"不断净化政治生态的精神,对有职务违法行为但情节较轻的公职人员,可以免于处分(罚),而是代之以谈话提醒、批评教育、责令检查或予以诫勉等相对较轻的处理。与《监察法》第19条规定的预防性质的提醒谈话措施相比,这里的提醒谈话属于调查之后的处理结果。对这种方式,有管辖权的监察机关可以直接作出上述处理,也可以委托公职人员所在单位、上级主管部门或者上述单位负责人代为作出。对谈话提醒、批评教育、责令检查、予以诫勉四种处理方式,监察机关应当结合公职人员的一贯表现、职务违法行为性质和情节轻重,经综合判断后作出决定。

二、政务处分

政务处分是指监察机关依法监督、调查之后,发现被调查人存在职务违法行为的事实,对被调查人采取行政处分的惩罚措施,包括警告、记过、记大过、降级、撤职、开除等。政务处分是对过去政纪处分的替代,是坚持全面依法治国与依规治党的有机统一。

需要注意的是,《公职人员政务处分暂行规定》第3条规定,监察机关实施政务处分的依据,主要包括《监察法》《公务员法》《法官法》《检察官法》《企业国有资产法》《行政机关公务员处分条例》《事业单位人事管理条例》《事业单位工作人员处分暂行规定》《国有企业领导人员廉洁从业若干规定》以及《农村基层干部廉洁履行职责若干规定(试行)》等。2020年出台的《公职人员政务处分法》进一步对政务处分的种类、适用、程序等作了明确规定。需要注意的是,监察机关给予公职人员政务处分,应当坚持实事求是和惩前毖后、治病救人的原则,应当做到事实清楚、证据确凿、定性准确、处理恰当、程序合规合法、手续完备,使公职人员所受的政务处分与其职务违法行为的性质、情节、危害程度相适应。

三、问责决定与问责建议

"有权必有责、有责要担当、失责必追究。"监察机关开展廉政建设和反腐败斗争,要紧紧抓住落实主体责任,把问责作为从严治党、从严治国的利器。国家监察体制改革后,明确规定问责的主体是监察机关,也是有权作出问责决定的机关。问责的对象是负有责任的领导干部,而不是一般工作人员,这样做的目的是抓好领导干部这个"关键少数"。被问责的原因主要是领导干部不履行职责或不正确履行工作职责,如管理失之于宽松软,该发现问题没有发现,发现问题不报告不处置,造成严重后果的;推进廉政建设和反腐败、落实精准扶贫等工作不坚决、不扎实的;等等。

问责决定与问责建议是指监察机关对不履行或不正确履行职责负有责任的领导干部,

依法直接作出问责决定或向有权作出问责决定的机关提出问责建议的一种处置措施。从形式分类上看,监察问责处置形式分为直接问责与间接问责(向有权作出问责决定的机关提出问责建议),属于双罚制设计,实现了对不履行或不正确履行职责负有责任的领导干部追责全面覆盖。从强制程度来看,直接问责比间接问责的强制力要强。间接问责是监察机关建议相应机关问责,而直接问责具有明确的法定效力,表达直接的强制力。从问责的方式上看,直接问责是监察机关按照管理权限直接作出通报、诫勉、组织调整或组织处理、处分等,而间接问责是向有权作出问责决定的机关提出问责建议或意见书,由相关机关自行作出处置决定。

四、移送人民检察院

移送人民检察院是指监察机关对监察案件调查终结后,查清被调查人涉嫌职务犯罪,且犯罪事实清楚,证据确实、充分,依法将案卷材料、证据材料、法律文书等一并移送人民检察院审查起诉。

1. 移送的主体是有管辖权的监察机关,包括接受指定管辖的监察机关;移送的对象是涉嫌职务犯罪的被调查人以及监察机关制作的起诉意见书、案卷材料、证据材料等;移送的条件是经调查认为犯罪事实清楚,证据确实、充分,能够直接证明被调查人涉嫌犯罪,能够排除合理怀疑,并形成稳定、完整、闭合的证据链条。

2. 接受移送的主体是检察机关。对监察机关移送的案件,应由检察机关作为公诉机关直接依法审查、提起公诉,具体工作由公诉部门负责。在审查起诉阶段,检察机关对被调查人采取的拘留、逮捕等强制措施属于保障刑事诉讼进行的必要措施。

五、监察建议与撤销程序

(一) 监察建议

监察建议是指监察机关依法针对监察对象所在单位廉政建设和履行职责存在的问题等职责范围内的事项,向相关单位和人员提出的建议。监察建议具有法律效力,相对人无正当理由必须履行监察建议要求其履行的义务,否则应当承担相应的法律责任。

监察机关遇有下列情形时,可以提出监察建议:一是拒不执行法律、法规或者违反法律、法规,应当予以纠正的;二是有关单位作出的决定、命令、指示违反法律、法规或者国家政策,应当予以纠正或者撤销的;三是给国家利益、集体利益和公民合法权益造成损害,需要采取补救措施的;四是录用、任免、奖惩决定明显不适当,应当予以纠正的;五是需要完善廉政建设制度的;等等。

(二) 撤销程序

监察机关在调查过程中,发现不应对被调查人追究法律责任的,应当立即终止调查,决定撤销案件。撤销程序的设置,有利于保护被调查人的合法权利,及时终止错误或者不当的调查行为,促使监察机关尊重调查结果和调查证据,避免监察机关脱离调查依据、肆意追究无职务犯罪行为人的法律责任。需要注意的是,为保障被调查人的合法权益,一经发现不应追究被调查人法律责任的情形,应当立即撤销案件;被调查人已经被采取留置措施的,监察机关应当立即报告原批准留置的上级监察机关,及时解除对被调查人的留置。

六、涉案财物的处置与没收违法所得程序

(一) 涉案财物的处置

《监察法》第 46 条规定:"监察机关经调查,对违法取得的财物,依法予以没收、追缴或者责令退赔;对涉嫌犯罪取得的财物,应当随案移送人民检察院。"该条款旨在规范监察机关对涉案财物的处理工作。主要包括以下两个方面内容。

1. 没收、追缴或者责令退赔。对被调查人违法取得的财物,监察机关可以依法予以没收、追缴或者责令退赔。没收是指将违法取得的财物强制收归国有的行为。没收的财物一律上缴国库。追缴是指将违法取得的财物予以追回的行为。有原所有人或原持有人的,追缴的财物退回原所有人或者原持有人;依法不应退回的,上缴国库。责令退赔是指责令违法公职人员将违法取得的财物予以归还。违法取得的财物已经被消耗、毁损的,以与之价值相当的财物予以赔偿。

2. 财物随案移送。对被调查人涉嫌犯罪取得的财物,监察机关应当在移送检察机关依法提起公诉时随案移送,以保障检察机关顺利开展审查起诉工作。对随案移送检察机关的财物,监察机关要制作移送登记表或清单。与检察机关办理交接手续时,双方应当根据移送登记表或清单,逐笔核对移送财物情况以及相对应的犯罪事实。需要注意的是,在法院依法作出判决后,检察机关应将未认定的涉案财物退回监察机关,监察机关应当视情况作出相应处理:对违法取得的财物,可以依法予以没收、追缴或者责令退赔;对被调查人的合法财产,应当及时将财物予以归还;财物被消耗、毁损的,以与之价值相当的财物予以赔偿。

(二) 没收违法所得程序

《监察法》第 48 条规定:"监察机关在调查贪污贿赂、失职渎职等职务犯罪案件过程中,被调查人逃匿或者死亡,有必要继续调查的,经省级以上监察机关批准,应当继续调查并作出结论。被调查人逃匿,在通缉一年后不能到案,或者死亡的,由监察机关提请人民检察院依照法定程序,向人民法院提出没收违法所得的申请。"该条款是关于被调查人逃匿、死亡案件没收违法所得程序的规定。该条款旨在规范监察机关提请司法机关依法启动被调查人逃匿、死亡案件没收违法所得行为,保护国家和人民的利益。因此,监察机关在调查贪污贿赂、失职渎职等职务犯罪案件中,对被调查人逃匿、死亡的案件,应当采取何种没收违法所得程序,须根据具体情况判定。

1. 没收违法所得程序启动。监察机关提请司法机关依法启动没收违法所得程序必须符合三个条件:(1) 涉嫌贪污贿赂、失职渎职等职务犯罪案件。贪污贿赂犯罪主要指刑法分则第八章规定的国家工作人员贪污罪和贿赂犯罪;失职渎职犯罪主要指刑法分则第九章规定的国家机关工作人员渎职犯罪。(2) 被调查人逃匿且通缉 1 年后不能到案或者死亡。需要注意的是,对逃匿的被调查人启动没收违法所得程序,需满足监察机关依法通缉 1 年后不

到案的前提条件。(3) 须经省级以上监察机关批准继续调查,并作出结论。对被调查人逃匿或者死亡的职务犯罪案件继续调查的批准权限,在省级以上监察机关。

2. 没收违法所得申请与衔接。没收违法所得申请是指监察机关提请人民检察院依法向人民法院提出没收违法所得的申请。应当注意以下两个方面:(1) 没收违法所得的涉案财物应当符合《刑法》第 64 条关于追缴违法所得及其他涉案财产的规定,即:犯罪分子违法所得的一切财物,应当予以追缴或者责令退赔;对被害人的合法财产,应当及时返还;违禁品和供犯罪所用的本人财物,应当予以没收。没收的财物和罚金,一律上缴国库,不得挪用和自行处理。(2) 与《刑事诉讼法》有关规定的衔接问题。《刑事诉讼法》第 298 条规定了犯罪嫌疑人、被告人逃匿、死亡案件违法所得的没收程序,《监察法》第 48 条规定与《刑事诉讼法》《人民检察院刑事诉讼规则》《关于适用犯罪嫌疑人、被告人逃匿、死亡案件违法所得没收程序若干问题的规定》的立法精神相一致且形成法法有效衔接。因此,人民检察院在收到监察机关的没收违法所得申请后,应当按照《刑事诉讼法》《人民检察院刑事诉讼规则》的规定,依法向人民法院提出没收违法所得的申请,由人民法院依法对其违法所得及其他涉案财产进行审理并作出裁定。

第六节 移送司法机关

移送司法机关又称移送审查起诉。《监察法》中的移送司法机关制度是对《刑事诉讼法》中移送审查制度的引用和延续。监察机关案件调查终结后,根据调查证据认定被调查人涉嫌职务犯罪的,移送人民检察院依法提起公诉,人民检察院对是否符合提起公诉的条件进行审查。

一、人民检察院依法对被调查人采取强制措施

《监察法》第 47 条第 1 款规定:"对监察机关移送的案件,人民检察院依照《中华人民共和国刑事诉讼法》对被调查人采取强制措施。"可见,自监察机关将被调查人涉嫌职务犯罪的案件移送人民检察院之日起,案件就正式进入刑事诉讼阶段。与普通刑事案件不同,监察机关移送起诉的案件,不需要经刑事立案、侦查两个阶段,这就涉及监察措施与刑事诉讼强制措施的转化问题。

我国《刑事诉讼法》规定的刑事诉讼强制措施有拘传、取保候审、监视居住、拘留和逮捕五种。对监察机关移送的被调查人,检察机关可以依照《刑事诉讼法》的规定进行审查,视情况采取拘留、逮捕、监视居住等强制措施。做好监察机关与检察机关办理职务犯罪案件衔接工作,需要把握好两点:(1) 被调查人已经被采取留置措施的案件,监察机关可以在进入案件审理阶段后,书面商请检察机关派员提前介入。检察机关在收到提前介入书面通知后,应当及时派公诉部门的检察官介入,并成立工作小组。工作小组应当及时审核案件材料,对证据标准、事实认定、案件定性及法律适用提出书面意见,对是否需要采取强制措施,是否达到移送审查起诉条件等进行审查。(2) 监察机关已经采取留置措施且经检察机关介入审查后,具备移送人民检察院审查起诉条件的案件,检察机关应当在监察机关移送案件之前对是否采取和采取何种强制措施进行审查,在移送之日作出决定并执行。自检察机关作出强制

措施之日起,监察机关留置措施自动解除。

二、人民检察院对监察机关移送的案件作出审查起诉

《监察法》第 47 条第 2 款规定:"人民检察院经审查,认为犯罪事实已经查清,证据确实、充分,依法应当追究刑事责任的,应当作出起诉决定。"人民检察院对监察机关移送的调查终结案件,依照《刑事诉讼法》规定进行审查后,决定是否对被调查提起公诉。对监察机关移送检察机关审查起诉的案件,同时满足以下三个条件的,检察机关应当作出起诉决定:一是犯罪事实已经查清。犯罪事实是指犯罪的主要事实,对主要事实已经查清,但基于各种原因,一些个别细节无法查清或没有必要查清,且不影响定罪量刑的,应当视为犯罪事实已经查清。一人犯有数罪的,如果有一罪已经查清,而其他罪一时难以查清,也可以就已经查清的罪提起公诉。二是证据确实、充分。即用以证明案件事实的证据真实可靠,取得的证据足以证实调查认定的犯罪事实和情节。《刑事诉讼法》第 55 条第 2 款对证据确实、充分的条件作了明确规定,即:(1) 定罪量刑的事实都有证据证明;(2) 据以定案的证据均经法定程序查证属实;(3) 综合全案证据,对所认定事实已排除合理怀疑。三是依法应当追究刑事责任。根据法律规定,犯罪嫌疑人有刑事责任能力,不存在《刑事诉讼法》第 15 条规定不追究刑事责任的情形的,应当对犯罪嫌疑人判处刑罚。

三、人民检察院对监察机关移送的案件作出审查不起诉

《监察法》第 47 条第 4 款规定:"人民检察院对于有《中华人民共和国刑事诉讼法》规定的不起诉的情形的,经上一级人民检察院批准,依法作出不起诉的决定。监察机关认为不起诉的决定有错误的,可以向上一级人民检察院提请复议。"本款反映了检察机关对监察机关调查活动的事后监督属性。另外,基于查办职务犯罪案件的特殊性,"依法作出不起诉的决定"上提一级作出批准,可以避免检察机关受到不当干扰,保持检察机关的独立性。

《刑事诉讼法》规定的不起诉情形为两类,即法定不起诉和酌定不起诉。

(一) 法定不起诉

1. 犯罪嫌疑人没有犯罪事实。包括犯罪行为并非本犯罪嫌疑人所为,以及该案所涉行为依法不构成犯罪。

2. 犯罪嫌疑人有《刑事诉讼法》第 16 条规定的不追究刑事责任的情形,即:情节显著轻微、危害不大,不认为是犯罪的;犯罪已过追诉时效期限的;经特赦令免除刑罚的;依照刑法告诉才处理的犯罪没有告诉或者撤回告诉的;犯罪嫌疑人、被告人死亡的;其他法律规定免予追究刑事责任的。

(二) 酌定不起诉

对于犯罪情节轻微,依照《刑法》规定不需要判处刑罚或者免除刑罚的,检察机关可以作出不起诉的决定。其中,"不需要判处刑罚"是指《刑法》第 37 条规定的情形,即对于犯罪情节轻微不需要判处刑罚的,可以免予刑事处罚。"免除刑罚"则是《刑法》针对自首、立

功、未成年人犯罪、中止犯、正当防卫、紧急避险等情形规定的一种处理措施。

四、退回补充侦查与自行补充侦查

《监察法》第 47 条第 3 款规定："人民检察院经审查,认为需要补充核实的,应当退回监察机关补充调查,必要时可以自行补充侦查。对于补充调查的案件,应当在一个月内补充调查完毕。补充调查以二次为限。"理解本款规定需要注意两点。

（一）退回补充调查应先于自行补充侦查适用

监察机关移送的案件具有极强的政治性、敏感性,检察机关公诉部门审查后认为需要补充证据的,应当先退回监察机关进行补充调查。实践中,某些事务性或者形式材料可由检察机关自行补充侦查,主要包括:(1) 证人证言、犯罪嫌疑人供述和辩解、被害人陈述的内容主要情节一致,个别情节不一致且不影响定罪量刑的。(2) 书证、物证等证据材料需要补充鉴定的。(3) 其他由检察机关查证更为便利、更有效率、更有利于查清案件事实的。

（二）补充调查、侦查的期限与次数

补充调查、侦查的案件,监察机关、检察机关应当在 1 个月内补充调查、侦查完毕,并且补充调查、侦查均不得超过两次。

第七节　从宽处罚的建议

《监察法》第 31 条规定："涉嫌职务犯罪的被调查人主动认罪认罚,有下列情形之一的,监察机关经领导人员集体研究,并报上一级监察机关批准,可以在移送人民检察院时提出从宽处罚的建议:(一) 自动投案,真诚悔罪悔过的;(二) 积极配合调查工作,如实供述监察机关还未掌握的违法犯罪行为的;(三) 积极退赃,减少损失的;(四) 具有重大立功表现或者案件涉及国家重大利益等情形的。"本条旨在鼓励被调查人犯罪后改过自新、将功赎罪,积极配合监察机关的调查工作,争取宽大处理,充分体现了"惩前毖后、治病救人"的方针。

从内容上划分,从宽处罚的建议可以分为从轻处罚、减轻处罚和免除处罚。从轻处罚是指在法定刑的幅度内适用相对较轻的刑罚;减轻处罚是指在法定最低刑以下判处刑罚;免除处罚是指虽已构成犯罪,但可以不判处刑罚。

一、对被调查人的从宽处罚建议

从宽处罚建议源于刑事诉讼法中的认罪认罚从宽制度。这里的"从宽"不仅包含实体处理上的从宽,也包含程序适用上的从宽。[1]《监察法》仅对涉嫌职务犯罪的被调查人提出从宽处罚的建议。可以提出从宽处罚建议的情形主要有如下几种。

---

[1] 魏晓娜:《完善认罪认罚从宽制度:中国语境下的关键词展开》,载《法学研究》2016 年第 4 期。

（一）自动投案、真诚悔罪悔过

自动投案和真诚悔罪悔过都反映了涉嫌职务犯罪的被调查人内心的悔悟，以及其行动上积极主动地降低给党和国家、人民利益带来的危害。

1. 自动投案。自动投案是指涉嫌职务犯罪的被调查人在被监察机关采取强制措施之前，出于自己的意愿或意志而向有关机关或个人承认自己的犯罪行为，并且自愿地将自身置于有关机关控制之下等待进一步调查、处置的行为。判断自动投案需要满足以下三个条件：(1) 时间上的限制条件。即被调查人应在犯罪以后，犯罪事实被监察机关发现以前；或者犯罪事实虽被发现，但不知何人所为之时；或者犯罪事实和被调查人虽然均已被发现，但是尚未受到监察机关的询问、讯问或者尚未采取留置措施之时，主动到监察机关或者所在单位、基层组织等投案并接受调查。(2) 被调查人的意志条件。即自动投案行为本身并没有违背被调查人的意愿。被调查人犯罪后逃到异地，又向异地的监察机关投案的，以及被调查人因患病、身受重伤，委托他人先行代为投案的，也应当认定为自动投案。有的被调查人在投案的途中被捕获，只要查证属实的，也应当认定为自动投案。有的被调查人投案并非完全出于自己主动，而是经亲友劝告，由亲友送去投案，对于这些情形也应认定为自动投案。(3) 被调查人被控制条件。即被调查人必须自愿投案且将自身置于监察机关的控制之下。被调查人自动投案后又逃跑的，不应当认定为自动投案。

2. 真诚悔罪悔过。真诚悔罪悔过是指涉嫌职务犯罪的被调查人对自身所犯罪行发自内心的忏悔在思想和行为上的表现，如主动退账退赔、主动作为以防止危害后果的扩大等。《监察法》第 5 条、第 6 条在总则部分统领性地规定了国家监察工作必须坚持惩戒与教育相结合、宽严相济的监察政策和原则，这充分说明我国监察机关提出从宽处罚的建议，既注重对被调查人思想观念的改造和教育，又坚持人道主义原则。关于真诚悔罪悔过，须从以下两个方面把握：(1) 悔罪悔过必须由被调查人本人作出。(2) 悔罪悔过行为必须基于内心的真实意愿。在监察实践中，对被调查人真诚悔罪悔过的判定必须结合被调查人行为、心理等方面综合考量，如是否第一时间退赃退赔、向组织提交的忏悔书中悔过内容是否真实等。

（二）积极配合调查工作、如实供述监察机关尚未掌握的违法犯罪行为

积极配合调查工作是指被调查人自动投案以后，能够按照监察机关的要求，积极主动地予以配合，除了如实供述监察机关已掌握的违法犯罪行为外，还应当如实供述监察机关尚未掌握的其他违法犯罪行为。

如实供述是指涉嫌职务犯罪的被调查人在监察机关的调查过程中能够如实地交代自己的犯罪行为。首先，如实供述的内容须是监察机关尚未掌握的，如果供述监察机关已经掌握的事实，则不能成立。其次，如实供述的对象[①]是被调查人未被掌握的犯罪行为。对于涉嫌共同职务犯罪的被调查人，不仅应供述自己的犯罪行为，还应供述与其共同实施犯罪的其他共犯的共同犯罪行为。对于共同职务犯罪，供述监察机关未掌握的他人的犯罪行为，符合重

---

① 关于如实供述的对象存在两种观点：第一种观点认为如实供述的对象应当是本人实施的监察机关尚未掌握的违法犯罪行为；第二种观点认为如实供述的对象包括本人、他人实施的监察机关尚未掌握的违法犯罪行为。《监察法》第 32 条明确将从宽处罚建议的主体、行为界定为被调查人本人和职务犯罪行为。如果将职务违法行为、如实供述他人的违法犯罪行为纳入提起从宽处罚建议的范围，必定造成监察管辖权行使的混乱。因此，本书建议采纳第一种观点。

大立功条件的,应当按照重大立功处理。

(三) 积极退赃,减少损失

积极退赃是指涉嫌职务犯罪的被调查人依照法律规定主动上交违法犯罪所得赃款赃物,减少国家、集体和公民受到的损失,弥补过错,求得从宽处罚的行为。退赃中的赃物是指被调查人非法侵占的公私资财。减少损失要求被调查人积极行为,有效避免或减少国家利益、社会公共利益和他人合法利益的损失。

(四) 重大立功表现或涉及国家重大利益

重大立功表现是指涉嫌职务犯罪的被调查人检举揭发他人犯罪行为,经查证属实;或者提供重要线索查获其他重大案件,以及其他对国家、社会具有重大贡献的行为。具体包括以下情形:首先,被调查人检举、揭发他人的重大犯罪行为;其次,阻止他人实施重大犯罪活动;再次,协助监察机关抓捕其他重大职务犯罪被调查人;最后,对国家和社会有其他重大贡献等。

国家利益可以分为国家一般利益和国家重大利益,涉及国家统一、国家安全、社会制度、领土完整、政权稳定、发展战略、国家荣誉、人民福祉、财产安全等。《监察法》规定的"国家重大利益"包括国家安全、社会稳定、经济发展等关系国家各项事业的重大情形。在监察实践中,对国家重大利益的认定和把握应当审慎,既要区分国家利益与非国家利益,又要区分国家重大利益与国家一般利益,避免脱责脱罪,出现有损国家利益、社会公共利益、个人利益的情形。

二、对涉案人员的从宽处罚建议

《监察法》第 32 条规定:"职务违法犯罪的涉案人员揭发有关被调查人职务违法犯罪行为,查证属实的,或者提供重要线索,有助于调查其他案件的,监察机关经领导人员集体研究,并报上一级监察机关批准,可以在移送人民检察院时提出从宽处罚的建议。"本条规定的是对监察机关调查案件中除涉嫌职务犯罪的被调查人之外的需要追究法律责任相关人员的从宽处罚建议。

职务违法犯罪涉案人员具有下列情形之一的,监察机关可以提出从宽处罚建议。

(一) 涉案人员揭发他人职务犯罪行为且查证属实的

在监察实践中,涉案人员争取从宽处罚须满足以下条件:(1) 揭发有关被调查人职务犯罪行为。首先,被调查人必须适格,即属于职务犯罪的主体。其次,必须揭发他人的职务犯罪行为,如果是其他犯罪行为,则不在此列。(2) 所揭发的内容经过查证属实。即涉案人员揭发的他人职务犯罪行为通过调查、核实,并且通过收集的证据材料证明该职务犯罪事实客观存在。

(二) 涉案人员提供重要线索有助于调查其他案件的

在监察实践中,涉案人员提供的重要线索是指具有关联性、重要性且事关被调查人职务犯罪行为、事实、性质等的材料。这些重要线索必须有助于调查其他案件,提供的线索必须有价值,有助于监察机关查办除被调查人、涉案人员涉嫌职务犯罪之外的其他案件。

- **拓展阅读**

　　1. 谭宗泽:《论国家监察对象的识别标准》,载《政治与法律》2019 年第 2 期。

　　2. 龙宗智:《监察与司法协调衔接的法规范分析》,载《政治与法律》2018 年第 1 期。

　　3. 刘艳红:《程序自然法作为规则自治的必要条件——〈监察法〉留置权运作的法治化路径》,载《华东政法大学学报》2018 年第 3 期。

　　4. 汪海燕:《监察制度与〈刑事诉讼法〉的衔接》,载《政法论坛》2017 年第 6 期。

　　5. 陈伟:《监察建议在监察全覆盖中的表现形态与规范运行》,载《南京师大学报(社会科学版)》2020 年第 6 期。

- **课后思考**

　　1. 初步核实需要经过哪些程序?

　　2. 监察活动中证据如何与刑事诉讼法相衔接?

　　3. 谈谈你对处置形式的理解。

典型案(事)例　　即测即评

第十二章　监察法律责任与救济

《监察法》及其实施条例详细规定了监察法律关系中相关主体的法律责任,坚持"权责对等,严格监督"的基本原则,是监察制度和监察秩序的重要保障。监察法律责任既有一般法律责任的基本特征,也有针对监察法律关系的特殊之处,特别是在责任追究依据、责任主体、责任追究方式等方面。根据《监察法》及其实施条例监察法律责任主要体现在以下几个方面:监察失职的问责及其法律责任;拒不执行处理决定、无正当理由拒不采纳监察建议的法律责任;阻碍干扰监察工作的法律责任;报复陷害、诬告陷害的法律责任;监察机关及其工作人员违法违纪的法律责任;相关的刑事责任;等等。监察救济制度主要包括复审与复核制度、申诉制度以及国家赔偿制度。

第一节　监察法律责任

《监察法》第 62—67 条,《监察法实施条例》第 274—281 条,对监察法律关系主体的违法违纪行为及其法律责任分别予以规定。

一、监察法律责任的意义与影响

专章规定法律责任,是法律在体例结构与规范表达上的一般做法,也是法律规范构成要素的基本要求。传统的"假定处理制裁"三要素说及"行为模式与法律后果"二因素说,其"制裁"和"法律后果"虽各有侧重,但都无法忽视或否认法律关系主体的行为所应承担的法律责任。责任是法律制度的生命,是违法者应当承担的法律后果。有权利无救济的权利不是权利,同理,有权力无责任的权力不是权力。

在《监察法》中专章规定,明确不同法律主体的法律责任,对于我国新时期监察制度,有突出的现实意义和深远影响。我国在《全面推进依法治国若干重大问题的决定》中强调"必须以规范和约束公权力为重点,加大监督力度,做到有权必有责、用权受监督、违法必追究"。我国监察制度从试行到确立再到发展完善,作为制度推行和体系建构的重要保障,都需要明确相关主体的法律责任,并依法依规 [①] 贯彻落实。《监察法》第 1 条要求"加强对所有行使公权力的公职人员的监督,实现国家监察全面覆盖",第 5 条明确"权责对等,严格监督"的基本原则。监督所有行使公权力的监察机关及其工作人员,保障其依法行使监察权,不仅是监

[①] 这里的"依规",基于监察法律体系与监察法律关系主体身份的特殊性,主要指的是依据党规。

察制度的重要保障,也是现代法治国家权力监督与制约原则的基本要义。明确其权力,夯实其责任,是监察法律制度中的重要内容和有力保障,"规定法律责任的目的主要在于保障监察权始终在法治轨道上运行,维护国家监察法律关系及监察工作秩序"[①]。因此,对于监察法律责任,除适用《监察法》第八章"法律责任"的规定之外,还需结合第七章"对监察机关和监察人员的监督"进行系统考察,贯彻"权责对等,严格监督"的基本原则,实现监察机关权力和责任的统一。

二、监察法律责任的概念与分类

对于监察法律责任,虽然《监察法》和《监察法实施条例》中有专章规定,但对其概念内涵的解释和界定,更多地体现在学术研究中。关于监察法律责任的内涵,总的来看主要有以下几种观点:一是将其置于监察法律关系中予以概括,简言之,监察法律责任是指违反监察法规定的义务而应承担的相关后果;[②]二是认为监察法律责任是法律责任的一种,是指监察法律关系主体违反监察法设定的义务,依法必须承担的,带有强制性的法律后果;[③]三是重点明确监察法律责任的制约对象和表现内容,即监察法律责任不仅是指监察机关及其工作人员违反监察法要承担的责任,还包括相关个人和单位违反监察法规定所要承担的责任。[④]由此可见,监察法律责任既有一般法律责任的共性,也有其特殊性,特别是在责任追究依据、责任主体、责任追究方式等方面。

根据规范行为和责任性质的不同,监察法律责任亦有不同类别。有学者根据《监察法》第八章的规定,将其分为三类:第一类是不配合或故意阻碍类,主要针对除监察机关及其工作人员之外涉及监察工作的相关人员;第二类是诬告陷害类,既针对监察对象对控告人、检举人、证人或者监察人员的报复陷害行为,也针对控告人、检举人、证人或者监察人员对监察对象的诬告陷害行为;第三类针对监察机关及其工作人员在行使职权过程中的违法违纪行为。[⑤]监察法不仅规定了监察机关的监察义务,还规定了其他相关个人和单位的配合、协助义务。[⑥]因此,根据《监察法》第七章、第八章的规定,违反监察法的法律责任,从主体上看,主要包括监察主体、监察对象以及其他主体的法律责任。监察主体的法律责任,即监察委员会及其工作人员违反监察法而应承担的法律责任;监察对象的法律责任,即所有行使公权力的公职人员违反监察法而应承担的法律责任;其他主体的法律责任,主要是监察对象、监察主体之外的监察法律关系中其他主体,如控告人、检举人、证人等,违反监察法而应承担的法律责任。

---

① 马怀德主编:《中华人民共和国监察法理解与适用》,中国法制出版社2018年版,第255页。
② 秦前红主编:《监察法学教程》,法律出版社2019年版,第417页。
③ 谢尚果、申君贵主编:《监察法教程》,法律出版社2019年版,第235页。
④ 秦前红主编:《监察法学教程》,法律出版社2019年版,第417页。
⑤ 马怀德主编:《中华人民共和国监察法理解与适用》,中国法制出版社2018年版,第254-255页。
⑥ 秦前红主编:《监察法学教程》,法律出版社2019年版,第417页。

三、监察失职的问责及其法律责任

《监察法》第 61 条明确规定,监察机关及其工作人员行使监察权有严重违法行为的,也需承担法律责任。"责任追究是监督管理的应有之义,没有责任追究,监督管理便形同虚设。"[1] 正是基于此,该条明确规定"应当追究负有责任的领导人员和直接责任人员的责任"。在责任追究机制上采用典型的"一案双查"[2],即监察机关在进行责任追究时,既要追究当事人的直接责任,也要追究相关领导失职的领导责任,本质在于加强对失职行为的问责。这种责任追究机制在我国相关党内法规责任追究中也有相应规定。监察人员失职失责行为的情形主要包括以下三种。

(一)立案依据不充分或者失实

行使监察权的过程中,初核工作至关重要。如果初核证据收集不扎实、问题定性不准确,不仅会影响立案决定的合法性,而且会直接影响监察对象及其他人员的合法权益。"结合《监察法》第 38、39 条关于初核及立案之规定,此处立案依据是指监察机关履职中发现的或者有关单位、组织或个人向监察机关提交的有关监察对象违反职务相关法律法规行为的线索和材料。"[3]《监察法》第 39 条明确规定,经过初步核实后监察对象涉嫌职务违法犯罪并需要追究法律责任的,监察机关应当按照规定权限和程序,办理立案手续。只有掌握了确凿证据,才能办理立案程序;监察机关主要负责人依法批准立案后,应当主持召开专题会议,研究确定调查方案,决定需要采取的调查措施。强化初核、立案工作的审核把关,将"一案双查"的责任追究机制落到实处。

(二)案件处置出现重大失误

充分调查、认真审理,合法、公正、实事求是地处理违法犯罪案件,是惩戒和保护监察对象的基本要求。根据《监察法》及其实施条例的规定,判断是否为"案件处置的重大失误",主要看是否根据第四章"监察权限"、第五章"监察程序"的相关规定,严格按照《监察法》规定的权限和程序开展处置工作。

对于"案件处置出现重大失误",判断哪些情形属于"重大失误",是追查问责的关键和前提。实务和理论界对此有不同主张。在监察机关看来,"重大失误"最为典型的是违法采取留置措施、违反规定发生办案安全事故等[4]。有学者聚焦于案件处置中直接涉及监察对象权利义务的"重大失误",如以批评替代政务处分、以政务处分替代移送起诉、该撤销案件而不撤销案件等[5]。有学者则系统梳理了可能出现"重大失误"的情形,主要包括:对于有职务违法行为但情节较轻情形的处理;对违法公职人员作出政务处分决定;作出问责决定或者提

---

[1] 中共中央纪律检查委员会、中华人民共和国国家监察委员会法规室编写:《〈中华人民共和国监察法〉释义》,中国方正出版社 2018 年版,第 264 页。

[2] 马怀德主编:《中华人民共和国监察法理解与适用》,中国法制出版社 2018 年版,第 251 页。

[3] 江国华:《中国监察法学》,中国政法大学出版社 2018 年版,第 320 页。

[4] 中共中央纪律检查委员会、中华人民共和国国家监察委员会法规室编写:《〈中华人民共和国监察法〉释义》,中国方正出版社 2018 年版,第 264 页。

[5] 马怀德主编:《中华人民共和国监察法理解与适用》,中国法制出版社 2018 年版,第 253 页。

出问责建议;经调查认为构成职务犯罪移送起诉的;提出监察建议的;监察机关没收、追缴和责令退赔财物的。[1] 将"案件处置出现重大失误"的情形予以具体化,是贯彻执行《监察法》责任追究机制,推动监察制度实践发展的客观需要。由于我国监察制度正式确立时间不久,对于"重大失误"的判断及责任追究,还需要强化相关法律在适用中的解释以及监察实践中典型案例的积累。

(三) 监察人员严重违法

监察人员严重违法,直接影响办案的公正性,也会损害监察机关和监察工作的权威性和公信力。判断监察人员行使监察权是否严重违法,要以《监察法》第65条和《监察法实施条例》第278条所规定的情形为依据。对于该些情形及其法律责任,下文将在"监察机关及工作人员违法违纪的法律责任"中作相应的分析。

根据《监察法》的规定,监察人员有监察失职行为时,采取"一案双查",追究负有责任的领导人员和直接责任人员的责任。在监察活动中,监察人员开展初核、立案调查、案件处置等具体工作时出现违法失职行为的,应该追究开展工作直接责任人员的责任。监察机关主要负责人在批准立案、决定采取调查措施中,如出现违法失职行为,应当追究责任。

四、拒不执行处理决定、拒不采纳监察建议的法律责任

《监察法》第62条规定了被监察单位拒不执行处理决定、无正当理由拒不采纳监察建议的法律责任。具体来看,包括被监察单位法律责任追究的具体情形、被监察单位法律责任追究的具体内容两个方面。被监察单位法律责任追究的具体情形,主要是第62条规定的拒不执行处理决定、无正当理由拒不采纳监察建议两种。被监察单位法律责任追究的具体内容,主要体现为对单位通报批评、对负有责任的领导人员和直接责任人员依法处理。仔细对照发现,虽然对"处理决定"和"监察建议"规定了相同的法律责任,但在责任追究的前提上有明显差异:对于处理决定是"拒不执行",而对"监察建议"则是"无正当理由拒不采纳"。

(一) 拒不执行处理决定

根据宪法和《监察法》规定,监察委员会是代表国家行使监察权的法定机关,其所作出的处理决定,是代表国家行使监察权的结果。处理决定一经生效便具有法律效力,相关单位必须依法执行。关于监察机关作出的处理决定,《监察法》第45条作了明确规定,一般是指监察机关根据监督、调查结果,向职务违法的监察对象作出警告、记过、记大过、降级、撤职、开除等政务处分决定;对不履行、不正确履行职责负有责任的领导人员,按照管理权限直接作出问责决定,或者向有权作出问责决定机关提出问责建议。

对于监察机关作出的处理决定,所谓"拒不执行",参照刑法中拒不执行判决、裁定罪的

---

[1] 江国华:《中国监察法学》,中国政法大学出版社2018年版,第321页。

规定,可以解释为对监察机关作出的处理决定有能力执行而拒不执行。[①] 在现实中,拒不执行的方式多种多样,包括积极作为的抗拒执行或消极不作为的抗拒执行、暴力方式的抗拒执行或非暴力方式的抗拒执行、公开的抗拒执行或暗地抗拒执行等。

对于监察机关的处理决定,监察对象不服的,可以根据《监察法》第 49 条规定,在法定期限内向作出决定的监察机关申请复审,以及向上一级监察机关申请复核。但复审、复核期间,不停止原处理决定的执行。复核机关经审查,认定处理决定有错误的,原处理机关应当及时予以纠正。

(二) 无正当理由拒不采纳监察建议

根据《监察法》第 45 条规定,监察机关在监督、调查的基础上,对监察对象所在单位廉政建设和履行职责存在的问题等提出监察建议。从目的价值上来看,"监察建议的目的就是发现一个人的问题,解决一类人的问题;由一个问题的解决推动多个问题的解决;由一个层面的治理推动多个层面的治理;由一个领域的规范推动多个领域的规范"[②]。同时,相较处理决定,监察建议本身所具有的灵活性和协商性,在惩治预防腐败行为的同时,也有利于实现监察机关行使监察权的主动性与监察对象行使职权的自主性之间的协调。《监察法》围绕"监察建议"有 4 处规定,除了第 62 条有关法律责任追究之外,第 11 条、第 45 条规定,向监察对象所在单位提出监察建议,是监察机关履行监督、调查、处置职责的重要内容,亦是监察机关在监督调查基础上的一种处置结果。同时,根据第 13 条规定,对公职人员提出监察建议,对于派驻或者派出的监察机构、监察专员而言,则是根据授权和管理权限监督公职人员的重要方式。

关于监察建议的含义、效力以及具体适用等问题,《监察法》尚未作出明确规定,目前更多地体现在规范解释与学术研究中。对于监察建议的概念,监察机关根据《监察法》规定进行解释,认为"监察建议是指监察机关依法根据监督、调查结果,针对监察对象所在单位廉政建设和履行职责存在的问题等,向有关单位和人员就其职责范围内的事项提出的具有一定法律效力的建议"[③]。学界提出的监察建议的概念,主要有以下几种:一是重点强调监察建议的法律效力,即"监察建议是监察法明确规定的,是监察建议权的有效载体,具有强制性和普遍的约束力"[④],"监察建议不同于一般的工作建议,而是有强制力作保证的监督性建议"[⑤];二是从职权行使和法律责任结合角度进行界定,即监察建议"是我国监察机关根据监督、调查结果,在监察职权范围内向有关单位提出的一种无正当理由必须履行其内容,否则即须承担相应法律责任的建议性的职权措施"[⑥];三是从明确职权行使及其方式的角度界定,即"监察建议是监察机关在履行监察职能过程中,根据监督、调查结果,向监察对象所在单位提出纠正措施、完善管理、健全制约和监督权力制度等建议,是促进法律正确实施、推进廉

[①] 参见马怀德:《〈国家监察法〉的立法思路与立法重点》,载《环球法律评论》2017 年第 2 期;江国华:《中国监察法学》,中国政法大学出版社 2018 年版,第 322 页。

[②] 本书编写组编写:《〈中华人民共和国监察法〉案例解读》,中国方正出版社 2018 年版,第 525 页。

[③] 中共中央纪律检查委员会、中华人民共和国国家监察委员会法规室编写:《〈中华人民共和国监察法〉释义》,中国方正出版社 2018 年版,第 207 页。

[④] 姜明安:《监察工作理论与实务》,中国法制出版社 2018 年版,第 144 页。

[⑤] 本书编写组编写:《〈中华人民共和国监察法〉案例解读》,中国方正出版社 2018 年版,第 526 页。

[⑥] 秦前红、石泽华:《基于监察机关法定职权的监察建议:功能、定位及其法治化》,载《行政法学研究》2019 年第 2 期。

政建设的一种重要方式"①。由此可见,相较一般的工作建议,监察建议具有一定的法定性、强制性和特定性。法定性,即监察建议根据《监察法》规定是监察机关行使监督调查和处置职责的重要方式之一;强制性,即监察建议对于监察对象而言无正当理由不得拒绝履行;特定性,即监察建议主要针对监察对象所在单位的廉政建设和履行职责提出,并不替代相关单位的具体工作。

针对监察建议,判断是否属于《监察法》第 62 条规定的"无正当理由拒不采纳",则是法律责任追究的前提和关键所在。这一限定性规定实际上明确了监察建议的不同处理方式,即有正当理由并履行相应程序后,可以不采纳或部分采纳;如果没有正当理由拒不采纳监察建议,则应承担相应的法律责任。② 但在实践中,该如何判断和操作"正当理由""拒不采纳""责任追究",则需要具体化。为此有学者提出,不仅需要明确"正当理由"的类型,还需要具体化"无正当理由拒不采纳"的情形。③"正当理由"的类型主要包括监察建议主体超越职权或滥用职权、无法律依据或适用法律错误、所依据的违法违纪事实证据不足、程序上严重违法以及形式上存在重大明显缺陷等。被建议单位"无正当理由拒不采纳"的情形主要包括:规定期限内未作书面回复,且经催告仍未作书面回复的;规定期限内作出拒不采纳的书面回复,且未提出理由的;规定期限内作出回复接受监察建议但未履行,且经催告仍不履行的;双方对是否存在正当理由有争议,经有关机关认定不存在正当理由,被建议单位仍不采纳的。这种类型化分析,对于完善监察建议的法律责任追究机制十分必要,也是深化国家监察体制改革的现实所需。围绕监察建议及其法律责任追究,不仅涉及监察机关与其他国家机关在行使职权过程中的监督与制约,也涉及规范解释及其类型分析与程序环节之间的协调,比如针对监察建议,被建议单位何时有权提出"正当理由";对"正当理由"的判断产生争议时,如何确定有权评判的主体和程序;等等。

（三）拒不执行处理决定、无正当理由拒不采纳监察建议的责任追究

拒不执行处理决定、无正当理由拒不采纳监察建议的责任追究,也采用"一案双查",不仅追究当事人责任,而且追究相关领导的监管责任,同时处理当事人和监管者。对单位,由其主管部门、上级机关责令改正,对单位给予通报批评;对负有责任的领导人员和直接责任人员依法予以处理。依法处理的情形,则包括政务处分、问责等,构成犯罪的,依法追究刑事责任。

"责令改正",是指本着处罚与教育相结合的原则,监察机关责令违法行为人停止、纠正违法行为,以恢复原状或维持法定秩序。"通报批评",是指在一定范围内公布行为人的缺点和错误,达到惩罚和教育的双重效果。从国家机关实施的通报批评而言,主要有两种形式:(1) 作为一种行政处分,国家机关内部上级对下级、监察机关对违反纪律的人进行通报批评;(2) 国家机关在一定范围内将违法行为人的违法事实予以公布,以制裁违法者和教育他人,此时的通报批评属于行政处罚范畴。④

---

① 高伟:《监察建议运用研究》,载《中国纪检监察报》2018 年 5 月 23 日,第 8 版。
② 本书编写组编写:《〈中华人民共和国监察法〉案例解读》,中国方正出版社 2018 年版,第 526–527 页。
③ 有关监察建议及其法律责任追究的分析,参见秦前红、石泽华:《基于监察机关法定职权的监察建议:功能、定位及其法治化》,载《行政法学研究》2019 年第 2 期。
④ 马怀德主编:《中华人民共和国监察法理解与适用》,中国法制出版社 2018 年版,第 257–258 页。

五、阻碍、干扰监察工作的法律责任

为保障监察权的合法行使和监察活动的顺利进行,需要排除对监察机关行使权力的各种阻碍和干扰。为此,《监察法》第 63 条明确规定了阻碍、干扰监察工作的行为及其责任追究。阻碍、干扰监察工作的情形主要体现在:

1. 不按要求提供有关材料,拒绝、阻碍调查措施实施等拒不配合监察机关调查的。这主要是指监察对象及其相关人员不履行配合监察调查义务,故意拖延履行或拒绝履行提供材料义务,拒绝、阻碍搜查、留置等调查措施的实施等。

2. 提供虚假情况,掩盖事实真相的。即在监察机关及其工作人员要求提供违法犯罪行为的真实情况和违法犯罪事实时,监察对象故意提供虚假情况、虚假证明,或者掩盖违法犯罪事实,意图阻碍监察机关调查、逃避法律责任。

3. 串供或者伪造、隐匿、毁灭证据的。这主要是因为相关主体违反了《监察法》规定的法定配合义务。"串供",主要是指监察对象为逃避处罚,与他人相互串通,捏造虚假口供的行为。"伪造、隐匿、毁灭证据",主要是指相关人员编造虚假证据、提供虚假的事实证明,或者毁灭、隐藏能够证明案件真实情况的书证、物证或其他证据,影响案件事实情况的证明或调查。"伪造",在行为上则包括伪造、变造和篡改。

4. 阻止他人揭发检举、提供证据的。主要是监察对象通过各种方式,对他人揭发检举、提供证据的行为设置障碍,影响案件的调查处置。

5. 其他违反《监察法》规定、情节严重的行为。相对于上述 4 项的明确列举,该项是保障监察工作顺利开展的概括性条款,也是基于监察工作事项的复杂多样、监察制度实践与法律规范之间的发展变化,为实现现实与规范的统一,在立法上采用的兜底性条款。除上述 4 项情形之外,有阻碍、干扰监察机关行使监察权的其他行为,情节严重的,也要追究法律责任。

根据阻碍、干扰监察工作的情形不同,追究责任的形式亦有不同,具体包括:所在单位、主管部门、上级机关责令改正,依照相关法律法规给予行政处分;监察机关责令改正,依据相关法律法规给予政务处分;构成犯罪的,追究刑事责任。

六、报复陷害、诬告陷害的法律责任

《监察法》第 64 条和《监察法实施条例》第 275、276 条对报复陷害和诬告陷害的法律责任进行了明确规定,以保障公民的控告权和检举权,保障监察人员合法行使职权。具体而言,主要包括两种情形:一是监察对象对控告人、检举人、证人或者监察人员报复陷害;二是控告人、检举人、证人捏造事实诬告陷害监察对象。

(一)监察对象实施报复陷害的法律责任

监察对象实施报复陷害,主要是对控告人、检举人、证人或者监察人员实施报复陷害,包括监察对象滥用职权,假公济私,对控告人、检举人、证人或者监察人员采用多种方式打击报复,如污蔑陷害、围攻阻挠、谩骂殴打,以及借职务便利在工作调动、职称评定、提职晋级等方

面给予不公正对待。

《监察法实施条例》第275条规定："监察对象对控告人、申诉人、批评人、检举人、证人、监察人员进行打击、压制等报复陷害的,监察机关应当依法给予政务处分。构成犯罪的,依法追究刑事责任。"

（二）诬告陷害监察对象的法律责任

诬告陷害监察对象,即控告人、检举人、证人捏造事实,陷害监察对象,意图使其受到党纪政务处分或者刑事责任的行为。从主观意图上而言,诬告陷害监察对象既包括使监察对象受到刑事追究,也包括使监察对象的名誉受损、奖励提升受阻等。诬告陷害监察对象的行为,主要是诬告其有违法违纪行为。

《监察法实施条例》第276条规定："控告人、检举人、证人采取捏造事实、伪造材料等方式诬告陷害的,监察机关应当依法给予政务处分,或者移送有关机关处理。构成犯罪的,依法追究刑事责任。监察人员因依法履行职责遭受不实举报、诬告陷害、侮辱诽谤,致使名誉受到损害的,监察机关应当会同有关部门及时澄清事实,消除不良影响,并依法追究相关单位或者个人的责任。"

七、监察机关及其工作人员违法违纪的法律责任

《监察法》第65条为强化对监察机关及其工作人员依法行使职权的监督,分9项对监察机关及其工作人员违法行使职权的责任追究进行了详细规定。监察机关及其工作人员违法行使职权的行为主要包括:

1. 未经批准、授权处置问题线索,发现重大案情隐瞒不报,或者私自留存、处理涉案材料。这主要违反了监察机关及其工作人员对于问题线索、重大案情、涉案材料的禁止性规定:一是问题线索应当按照有关规定分类办理。所谓"问题线索",既包括涉案人交代、检举、揭发的被调查人以外的其他监察对象违法犯罪的问题线索,也包括被调查人交代、检举、揭发的其他监察对象不涉及本案的违法犯罪的问题线索。二是在工作中发现重大案情的,应当按照要求及时上报,不得隐瞒。三是涉案材料应当按照有关规定严格管理。此处的"涉案材料",包括在案件调查过程中形成的、与案件有关的所有书面资料、图片、声像资料,以及留存在电脑、移动硬盘等存储介质中的电子资料。

2. 利用职权或者职务上的影响干预调查工作、以案谋私。即监察机关及其工作人员利用职权或职务上的影响力,在线索处置、日常监督、调查、审理、处置等各个环节,打听、过问以及干预案件等。《监察法》第57条明确规定,监察人员打听案情、过问案件、说情干预的,办理监察事项的监察人员应当及时报告,有关情况应当登记备案。

3. 违法窃取、泄露调查工作信息,或者泄露举报事项、举报受理情况以及举报人信息。主要体现为:(1) 监察机关及其工作人员违法窃取不该由其掌握的调查工作信息;(2) 向被调查人、其他人员泄露其在工作中掌握的调查信息;(3) 向被举报人、其他人员泄露举报事项、举报受理情况以及举报人信息。

4. 对被调查人或者涉案人员逼供、诱供,或者侮辱、打骂、虐待、体罚或者变相体罚。《监察法》第40条第2款明确规定:"严禁以威胁、引诱、欺骗及其他非法方式收集证据,严禁侮

辱、打骂、虐待、体罚或者变相体罚被调查人和涉案人员。"该规定禁止伤害被调查人的身心，以防止发生冤案错案，在监察体制中贯彻法治原则。

5. 违反规定处置查封、扣押、冻结的财物。《监察法》第 25 条对监察机关在调查过程中对财务、文件和电子证据等信息的处理作了专门规定，即监察机关应当设立专门账户、专门场所、专门存储设备，确定专门人员妥善保管，严格履行交接、调取手续，定期对账核实，不得毁损或者用于其他目的。

6. 违反规定发生办案安全事故，或者发生安全事故后隐瞒不报、报告失实、处置不当。监察机关在办案期间要严格依法依规履行职责，保障办案安全，对于发生被调查人死亡、伤残、逃跑等安全事故的，应当认真应对，妥善处置，及时报告。

7. 违反规定采取留置措施。《监察法》第 43 条对采取留置措施的主体、程序以及期限作了明确规定。对于未经批准留置被调查人或超期留置被调查人的，应当依法追究相关人员的法律责任。

8. 违反规定限制他人出境，或者不按规定解除出境限制。《监察法》第 30 条明确规定了限制出境措施的采取、执行以及解除。根据该条规定，由公安机关依法执行限制出境措施。违反规定限制他人出境或者未按规定及时解除出境限制的，应当依法追究相关人员的法律责任。

9. 其他滥用职权、玩忽职守、徇私舞弊的行为。这是在上述 8 项情形之外的一项概括性规定，以适应监察制度发展的现实需求。"滥用职权"主要是指监察人员违反法律法规的规定或者超越法定职责范围行使职权。"徇私舞弊"主要是指监察人员为了私利采用欺骗或其他不正当手段实施违法犯罪的行为。一般而言，主要表现为，监察人员利用职权或职务上的便利，为自己或为他人牟取私利，袒护或帮助违法犯罪人员掩盖事实、逃避制裁，或者陷害他人的行为。"玩忽职守"主要是指监察人员不履行或不正确履行法定职责，致使国家、集体和人民利益遭受损失的行为。与"滥用职权""徇私舞弊"不同，对于"玩忽职守"，"一定要注意只有在造成了损害后果的情况下才追究责任"①。

需要明确的是，监察机关及其工作人员一旦实施了上述违法违纪行为，不仅对直接责任人员依法处理，对负有责任的领导人员也要追究法律责任。

八、刑事责任

这里的"刑事责任"，主要指违反监察法规定可能承担的刑事责任。从主体上而言，主要分为五类：领导干部；监察人员；监察对象；控告人检举人和证人；任何个人。一般而言，主要包括以下情形：

1. 领导干部违反《监察法》第 4 条规定，严重干扰、干涉监察机关依法独立行使监察权，造成严重后果和严重政治影响的，可能构成《刑法》规定的滥用职权罪。

2. 监察人员违反《监察法》规定实施的可能承担《刑法》规定的刑事责任的行为，主要包括以下四种：一是监察人员违反《监察法》第 22—25 条，导致严重后果，情节严重的，可能

---

① 中共中央纪律检查委员会、中华人民共和国国家监察委员会法规室编写：《〈中华人民共和国监察法〉释义》，中国方正出版社 2018 年版，第 279 页。

构成《刑法》中的滥用职权罪;监察人员违反《监察法》第 57 条,违法过问案件、说情干预,造成严重后果和严重政治影响的,可能构成《刑法》规定的滥用职权罪。二是监察人员违反《监察法》第 40 条规定,以威胁、引诱、欺骗及其他非法方式收集证据,对被调查人或者涉案人员侮辱、打骂、虐待、体罚或者变相体罚,情节严重,导致被调查人或者涉案人员身体伤残或死亡的,可能构成《刑法》中的故意伤害罪或过失致人死亡罪[①]。三是监察人员违反《监察法》第 43 条规定,对被调查人留置时间超过 3 个月,或者经批准延长后留置时间超过 6 个月,情节严重的,可能构成《刑法》中的非法拘禁罪。四是监察人员实施了《监察法》第 65 条规定的违法行为,情节严重的,可能构成《刑法》中的滥用职权罪(第 1、2、3、5、7、8 项规定的违法行为)、玩忽职守罪(第 6 项规定的违法行为)、徇私舞弊罪(第 1、2 项规定的违法行为)和泄露国家秘密罪(第 3 项规定的违法行为)。

3. 监察对象实施了《监察法》第 64 条规定的违法行为,对控告人、检举人、证人或者监察人员进行报复陷害,情节严重的,可能构成《刑法》规定的报复陷害罪。

4. 控告人、检举人、证人实施了《监察法》第 64 条规定的违法行为,捏造事实诬告监察对象,情节严重的,可能构成《刑法》规定的诬告陷害罪。

5. 任何个人违反《监察法》第 18 条,实施了《监察法》第 63 条规定的以下违法行为的,可能构成《刑法》规定的伪证罪、妨害作证罪和毁灭、伪造证据罪:提供虚假情况,掩盖事实真相;串供或者伪造、隐匿、毁灭证据;阻止他人揭发检举和提供证据,情节严重的。

第二节　监察救济

监察救济,是指监察机关行使监察权对公民、法人或其他组织的合法权益造成损害的,依法给予救济的制度。监察救济制度主要包括复审与复核制度、申诉制度以及国家赔偿制度。

一、复审与复核制度

(一) 复审与复核申请主体

《监察法》第 49 条规定,监察对象对监察机关作出的涉及本人的处理决定不服的,可以申请复审和复核。复审和复核,即对已经作出的监察决定是否合法再次进行审查。有权提出复审、复核申请的主体,是《监察法》规定"监察对象"。对于"监察对象"的具体范围,《监察法》第 15 条作出了明确规定。监察对象的广泛性,不仅保障了监察权全方位、全面覆盖的行使,也决定了申请复审、复核主体的广泛性。

在监察机关行使监察权时,相关单位亦负有配合、提供方便和协助的义务。《监察法》第八章对于相关人员或者单位违反法律所承担的法律责任,特别是第 62 条、第 63 条、第 64 条、第 65 条的规定,其范围远远大于第 15 条明确列举的"监察对象"。对于这些人员是否可以

[①] 有学者提出刑法中的刑讯逼供罪目前只适用于"司法工作人员",也应随着我国监察制度实践,将监察人员纳入其中。参见姜明安:《监察工作理论与实务》,中国法制出版社 2018 年版,第 119 页。

就监察法律责任决定提出复审和复核,监察法并未作出规定。有学者指出,"基于合法权益保护原则,这些人员应当同样享有监察复核申请权"①。

(二) 复审与复核程序

监察对象对监察机关作出的涉及本人的处理决定不服的,应当在收到处理决定之日起1个月内,向作出决定的监察机关申请复审,复审主体应当在1个月内作出复审决定;监察对象对复审决定仍然不服的,可以在收到复审决定之日起1个月内,向上一级监察机关申请复核,复核机关应当在2个月内作出复核决定。

复审、复核期间,不停止原处理决定的执行。复核机关经审查,认定处理决定有错误的,原处理机关应当及时予以纠正。

二、申诉制度

申诉制度,是指相关主体对于滥用或不当行使监察权的行为,向监察机关申诉情由,诉说请求,监察机关在收到申诉后依法作出调查和处理的制度。

(一) 申诉主体

《监察法》第 60 条规定"被调查人及其近亲属有权向该机关申诉"。据此,被调查人及其近亲属被视为监察法规定的申诉主体。"被调查人的近亲属,是指被调查人的夫、妻、父、母、子、女、同胞兄弟姐妹。"②

此条规定申诉权的意义,主要体现在以下三个方面:(1) 对于申诉主体而言,申诉是宪法规定的公民基本权利,被调查人及其近亲属,即使在接受监察机关调查期间也应当依法享有作为公民所享有的申诉权。同时,监察机关在调查过程中所采用的留置措施以及对财产的查封、扣押、冻结等措施,直接与被调查人的人身自由和财产权益等密切相关。(2) 对于监察机关而言,申诉权赋予了申诉主体对调查人员的监督权,有助于防止权力的滥用。(3) 从制度上而言,保障申诉权,既是监察工作贯彻全面依法治国理念的体现,也是对监察机关及其工作人员强化外部监督的具体体现。

从理论上而言,根据我国现行《宪法》第 41 条的规定,公民对于任何国家机关和国家工作人员的违法失职行为,有向有关国家机关提出申诉、控告或者检举的权利。这是公民申诉、控告和检举权的宪法依据,被视为公民对国家机关及其工作人员进行监督的权利基础。当然,对于这里的"公民",亦有学者指出不仅指自然人,也包括公民通过结社形成的各种各类组织和团体。

从理论上和实践上而言,申诉主体是否局限于《监察法》第 60 条的规定,在实践中并非毫无疑问。基于法条的规范解释,按照《监察法》第 60 条规定明确申诉权的主体,是较为通常的做法,因此强调"纪检监察机关应当依法保障被调查人及其近亲属的申诉权、保障其合

---

① 秦前红主编:《监察法学教程》,法律出版社 2019 年版,第 410 页。

② 中共中央纪律检查委员会、中华人民共和国国家监察委员会法规室编写:《〈中华人民共和国监察法〉释义》,中国方正出版社 2018 年版,第 260 页。

法权益"[1]。"但这一规定应当理解为对申诉主体中特定类别的强调,而非排除其他的有权申诉主体"[2],因此,可以申诉的主体至少应该包括:监察对象、调查对象(包括证人,涉案人员,财产受限制的个人或者单位,被搜查人员,被查封、扣押的财物、文件的权利人,被技术调查人员,被通缉人员,以及被限制出境人员等)以及其他被侵权人员或者单位。

(二)申诉条件

《监察法》第60条第1款规定了以下几种可以提出申诉的情形:(1)留置法定期限届满,不予以解除的。关于留置的时间期限、延长以及解除,应根据《监察法》第43条的规定确定。(2)查封、扣押、冻结与案件无关的财物的。(3)应当解除查封、扣押、冻结措施而不解除的。这与前一项一样都是针对财物措施的规定,不同的是前一项针对的是采取措施范围的不合法扩大,本项则针对采取措施的不适当解除,即查明与案件无关的财物、文件,未按规定在查明后3日内解除查封、扣押并退还,以及解除冻结。(4)贪污、挪用、私分、调换以及违反规定使用查封、扣押、冻结的财物的。此项主要针对的是将相关财物占为己有、挪作他用、私下瓜分、擅自使用等违法违纪行为。(5)其他违反法律法规、侵害被调查人合法权益的行为。

对于有权提请申诉的情形,仔细对照上述规定,不难发现,虽然《监察法》第60条第1款只是以列举的方式分五项对提请申诉的情形进行了规定,但由于第5项属于兜底条款,因此实际上授予了被调查人及其近亲属相当广泛的监督权,这个监督权只要具备了两个要件就可以提请:一是调查人员违反了法律法规;二是侵害了被调查人的合法权益。[3]但需要说明的是,实践中只要被调查人及其亲属有合理理由相信这两个条件存在,就可以依法提起申诉;而这两个条件是否真的存在,则由监察机关予以甄别,或解释说明,或决定受理。

(三)申诉程序

对于公民个人或单位提出的申诉,监察机关应当依法作出处理。《监察法》第60条第2款规定了申诉的两级处理模式。申诉,既包括对工作人员监察行为的申诉,也包括对监察机关监察决定的申诉。

对于工作人员监察行为的申诉,应根据该工作人员的工作隶属关系,向其所在监察机关申诉。而对于监察机关监察决定的申诉,则需要具体分析。一般而言,对由监察机关独立作出的监察决定不服的,直接向该监察机关申诉。但若是经上级审批作出的监察决定,是向作出监察决定的监察机关申诉,还是向作出审批的上级机关申诉? 对此,有学者指出,"从权利保障的角度而言,宜向批准的监察机关提出申诉"[4]。对于留置措施不服的,根据《监察法》第43条规定,如果是经上一级监察机关批准的,向该机关申诉;对上级监察机关作出留置措施不服的,向省级监察机关申诉。

根据《监察法》第60条第2款的规定,受理申诉的监察机关应当在受理申诉之日起1个月内作出处理决定。申诉人对处理决定不服的,可以在收到处理决定之日起1个月内向上一级监察机关申请复查,上一级监察机关应当在收到复查申请之日起2个月内作

---

① 本书编写组编写:《〈中华人民共和国监察法〉案例解读》,中国方正出版社2018年版,第512页。

② 秦前红主编:《监察法学教程》,法律出版社2019年版,第411页。

③ 本书编写组编写:《〈中华人民共和国监察法〉案例解读》,中国方正出版社2018年版,第516页。

④ 秦前红主编:《监察法学教程》,法律出版社2019年版,第414页。

出处理决定,情况属实的,及时予以纠正。但是,"需要注意的是,监察机关不是行政机关,被调查人及其近亲属对于上一级监察机关复查结果不服的,不能提起行政复议或行政诉讼"①。

三、国家赔偿制度

《监察法》第 67 条规定:"监察机关及其工作人员行使职权,侵犯公民、法人和其他组织的合法权益造成损害的,依法给予国家赔偿。"虽然该条将监察赔偿纳入国家赔偿的范围,但当前的《国家赔偿法》尚未涉及。"监察法出台后,《国家赔偿法》应作相应修改,对监察机关的国家赔偿责任相关内容作出规定"②,这是学界的共识。也有学者指出,第 67 条规定的意义,不仅在于国家赔偿范围的修改和扩大,更在于一种新型国家赔偿的确立。"国家监察机关既不属于行政机关,也不属于刑事侦查机关,其监察行为过错导致侵权结果发生的国家赔偿属于一种新的类型,即国家监察赔偿"③,涉及监察权行使的国家赔偿制度,也应当参照《国家赔偿法》予以处理。

(一)监察赔偿的范围

监察赔偿的范围,主要是指哪些情形应当给予国家赔偿。根据《监察法》第 67 条规定,监察机关及其工作人员在行使职权时侵犯公民、法人和其他组织的合法权益并造成损害的,应当给予赔偿。监察机关行使监察权,主要包括监督、调查和处置权,以及监察法规定的调查措施。

根据国家赔偿的构成要件,监察机关因履行职责构成侵权,应当承担国家赔偿责任的,一般需要具备以下几个条件:(1)职权性。即公民、法人或其他组织受到的损害必须是监察机关及其工作人员行使职权造成的。所谓"行使职权",一般是指监察机关及其工作人员依据职责和权限进行的活动。监察人员因为实施与行使职权无关的个人行为造成损害的,监察机关不承担国家赔偿责任。(2)因果关系。即违法行使职权的行为与造成的损害事实之间有因果关系,比如违法提请人民法院冻结存款、采取留置措施超过法定期限等,侵犯了权利人的财产权、人身权。(3)损害的真实性与直接性。即对公民、法人或其他组织的损害已经现实发生,而不是想象的;是直接的,而非间接的。(4)法定性。即申请国家赔偿,必须在法定范围和期限内按照法定程序提出。对于不符合法定条件,或者不属于法定赔偿范围的,国家不负责赔偿。④

(二)监察赔偿的主体

监察赔偿的主体包括监察赔偿的权利主体和监察赔偿的义务主体。监察赔偿的权利

---

① 中共中央纪律检查委员会、中华人民共和国国家监察委员会法规室编写:《〈中华人民共和国监察法〉释义》,中国方正出版社 2018 年版,第 263 页。

② 谢尚果、申君贵主编:《监察法教程》,法律出版社 2019 年版,第 246 页。

③ 徐汉明、李少波:《〈监察法〉与〈刑事诉讼法〉实施衔接路径探究》,载《法学杂志》2019 年第 5 期。

④ 中共中央纪律检查委员会、中华人民共和国国家监察委员会法规室编写:《〈中华人民共和国监察法〉释义》,中国方正出版社 2018 年版,第 284 页。

主体,即合法权益受到监察权行使侵害并遭受损失,有权要求赔偿的公民、法人和其他组织。根据《监察法实施条例》第 280 条第 2 款的规定,受害公民死亡的,其继承人、其他有扶养关系的亲属有权要求赔偿;受害的法人或其他组织终止的,其权利承受人有权要求赔偿。以自己的名义行使监察权,对公民、法人和其他组织的合法权益造成损害的监察机关,是监察赔偿义务主体。

（三）监察赔偿的程序

《监察法》对监察赔偿程序并未直接作出规定。从根本上而言,监察赔偿程序主要包括赔偿请求、监察行为判断、赔偿决定程序。

针对公民、法人或其他组织依法提出的赔偿请求,若监察行为已经被有权机关确认违法,赔偿义务机关应当立即作出赔偿决定;如果该监察行为未被有权机关确认违法,赔偿义务机关应当请求有权机关或自行确认监察行为是否违法,并根据确认结果作出赔偿决定。

当然,在监察机关内部,监察法规定了复核、申诉程序。对于监察行为是否违法的确认,有学者坦言:"鉴于确认监察行为违法意味着相关监察机关及其工作人员将承担法律责任,因此,监察机关并无太大动力对监察行为合法与否进行确认。有权对监察行为是否合法进行确认的监察机关拒不确认,或者确认不违法时,赔偿请求人应当有权向其上级申请复核,或者径直向人民法院申请国家赔偿。人民法院应当有权审查监察行为的合法性并据此作出监察赔偿决定。"[1] 这一建议,从保障赔偿请求人的权益角度而言,的确大有必要。但需要思考的是,当下的法律体系中,人民法院直接审查监察行为的合法性,并在此基础上作出监察赔偿决定,是否具有法律依据和制度空间。为此,有学者指出"监察赔偿的方式和标准可以参照国家赔偿法的相关规定"[2]。

在参照《国家赔偿法》相关规定的同时,随着我国监察制度实践的不断深入,准确界分国家监察赔偿的类型,不仅涉及监察机关国家赔偿责任的承担,也会涉及监察机关与检察机关、审判机关之间单独赔偿义务机关或共同赔偿义务机关的确立及其责任承担[3]。从本质上而言,在国家赔偿制度中,监察国家赔偿的确立、适用情形、赔偿义务机关、赔偿标准等问题,是监察法律责任以及监察制度贯彻落实的基本要求,更在深层次上反映了监察机关与检察机关、审判机关之间权力行使的相互关系和责任承担的宪法体制问题。

● 拓展阅读

1. 中共中央纪律检查委员会、中华人民共和国国家监察委员会法规室编写:《〈中华人民共和国监察法〉释义》,中国方正出版社 2018 年版。

2. 王青斌:《论监察赔偿制度的构建》,载《政法论坛》2019 年第 3 期。

3. 张红:《监察赔偿论要》,载《行政法学研究》2018 年第 6 期。

4. 王小光:《论监察赔偿义务机关的认定》,载《行政法学研究》2022 年第 3 期。

---

[1] 秦前红主编:《监察法学教程》,法律出版社 2019 年版,第 415–416 页。

[2] 秦前红主编:《监察法学教程》,法律出版社 2019 年版,第 416 页。

[3] 徐汉明、李少波:《〈监察法〉与〈刑事诉讼法〉实施衔接路径探究》,载《法学杂志》2019 年第 5 期。

● **课后思考**

1. 如何认识监察法律责任的概念与分类?

2. 有关人员阻碍、干扰监察工作进行责任追究的情形主要包括哪些?

3. 监察机关及其工作人员违法行使职权进行责任追究的情形主要包括哪些?

4. 根据《监察法》和《国家赔偿法》的规定,如何认识监察机关国家赔偿责任的意义与构成要件?

典型案(事)例　　即测即评

读者意见反馈

为收集对教材的意见建议,进一步完善教材编写并做好服务工作,读者可将对本教材的意见建议通过如下渠道反馈至我社。

咨询电话 400-810-0598

反馈邮箱 zz_dzyj@pub.hep.cn

通信地址 北京市朝阳区惠新东街 4 号富盛大厦 1 座

高等教育出版社总编辑办公室

邮政编码 100029